Torsten Dennin

Kontinent der Chancen

Wettlauf um die Rohstoffe des Schwarzen Kontinents

AFRIKA

Gestaltung Cover: Johanna Wack, Börsenmedien AG
Gestaltung, Satz und Herstellung: Martina Köhler, Börsenmedien AG
Lektorat: Claus Rosenkranz
Druck: CPI – Ebner & Spiegel, Ulm

ISBN 978-3-86470-100-9

Bibliografische Information der Deutschen Nationalbibliothek:
Die Deutsche Nationalbibliothek verzeichnet diese Publikation in der Deutschen Nationalbibliografie; detaillierte bibliografische Daten sind im Internet über <http://dnb.d-nb.de> abrufbar.

BÖRSEN MEDIEN
AKTIENGESELLSCHAFT

Postfach 1449 • 95305 Kulmbach
Tel: +49 9221 9051-0 • Fax: +49 9221 9051-4444
E-Mail: buecher@boersenmedien.de
www.boersenbuchverlag.de
http://www.facebook.com/boersenbuchverlag

„He declared he would shoot me unless I gave him the ivory."

Joseph Conrad, Heart of Darkness (1899)

„This is Africa."

Leonardo DiCaprio, Blood Diamond (2006)

Stimmen zum Buch

„Der Autor nimmt seine Leser mit auf einen Streifzug durch einen rohstoffreichen Kontinent." – Frank Doll, Wirtschaftswoche

„Dr. Dennin zeigt sehr nachvollziehbar, detail- und pointenreich die Gründe für ein Investment auf dem Schwarzen Kontinent auf. Dem Leser wird anschaulich vermittelt, warum die Story aus Rohstoffen und Afrika eine Erfolg versprechende ist. Als Standardwerk für Investoren geeignet, die anhand der Fakten Entscheidungen fällen, über den Tellerrand hinausschauen und den Schwarzen Kontinent als Chance begreifen." – Alexander Heftrich, Finanzwelt

„In seinem neuen Buch zeigt Dr. Torsten Dennin auf, welche Investmentmöglichkeiten der Schwarze Kontinent bietet, und vermittelt gleichzeitig einen sehr guten Überblick über die politischen Situationen und Entwicklungen der einzelnen Staaten in den vergangenen Jahren. Afrika ist nicht gleich Afrika und wer sich als Anleger im Rohstoff-Eldorado Afrika engagieren will, kommt an diesem Buch kaum vorbei." – Hannes Huster, Der Goldreport

„Dr. Dennin zeigt anhand zahlreicher Details, warum dies nicht nur für chinesische Investoren gilt und welche Unternehmen am besten auf diesem wilden Kontinent bestehen." – Christoph Schmuck, Morgan Stanley

„Endlich ein Buch, welches drei der spannendsten globalen Wachstumsthemen (China, Rohstoffe und Afrika) zusammenbringt und Anlagechancen für die Zukunft aufzeigt." – Leif Millarg, Deutsche Bank

„Die Welt braucht Afrikas Ressourcen … Chinas steigender Rohstoffhunger ist ein weiterer Beweis für die globale Bedeutung des Schwarzen Kontinents. Der Autor befasst sich detailliert mit diesem spannenden Markt und zeigt Möglichkeiten auf, wie der Anleger davon profitieren kann."
– Alexander Dinev, Barclays Capital

„Der Schwarze Kontinent und die neue gelbe Gefahr! – Wie kann ein Anleger heute und zukünftig von der Rohstoffkammer Afrika profitieren? Der Rohstoffexperte Dr. Dennin schafft Verständnis und zeigt nachvollziehbare und risikobalancierte Lösungen." – Philipp Mercker, Hauck & Aufhäuser

„Rohstoffe und Afrika … der Autor zeigt Fluch und Segen des Rohstoffreichtums auf und welche Chancen, auch für Anleger, damit verbunden sind."
– Matthias Hanske, Commerzbank

„In seinem dritten Buch gibt Dr. Torsten Dennin einmal mehr hochinteressante Einblicke in die Rohstoffwelt – diesmal mit Fokus Afrika."
– Peter Boesenberg, Société Générale

„Afrika und seine Rohstoffe, eine der letzten realen Investitionschancen, die der Autor offenzulegen versteht." – Timo Bartell, BNP Paribas

„Entwicklungen zu erkennen und zu analysieren, ist eine Kunst. Die richtigen Schlüsse daraus zu ziehen und davon zu profitieren, eine andere. Dr. Dennin beweist mit diesem Werk, dass er beides beherrscht."
– Markus Rohn, Rothschild Wealth Management

„Sehr anschaulich beleuchtet der Autor dieses hochaktuelle Thema aus verschiedenen Sichtweisen." – Hergen Vollmers, Steubing Wertpapierhandel

„Bei der Rohstoffsuche kann man derzeit viele Fehler machen. Der Autor hilft diese zu vermeiden und erfolgreiche Trends am Beispiel von Afrika zu identifizieren." – Daniel Friedmann, ABG Sundal Collier

„Afrika besitzt alle Rohstoffe dieser Welt, die in einer Zeit steigender weltweiter Destabilisierungen alternativlos sind. Dieses Buch beschreibt die Facetten des Kontinents und gibt einen tief greifenden Einblick in die Welt der natürlichen Ressourcen." – Markus Geisbüsch, Macquarie Capital

INHALT

INHALT

VORWORT

Auf welchem Kontinent liegt das bis 2050 wohl am stärksten wachsende Land der Erde? Welche Weltregion bietet für Banken und Finanzdienstleister künftig das größte Potenzial? Wo werden Konsumgüterhersteller auf einige der vielversprechendsten Absatzmärkte stoßen? Auf diese Fragen haben viele groß angelegte Studien der vergangenen Monate und Jahre eine klare Antwort: Afrika! Auf dem ehemals verlorenen Kontinent herrscht Aufbruchsstimmung. Ausgangspunkt der beginnenden Erfolgsgeschichte war ein vielerorts immenser Reichtum an Rohstoffen, der dann den Stein des wirtschaftlichen Aufschwungs ins Rollen gebracht hat. Die Entwicklung nimmt zügig Fahrt auf und immer mehr Unternehmen und Investoren drängen nach Afrika, um ihre Chance auf Pioniergewinne zu nutzen.

Als ich 2006 begann, mich schwerpunktmäßig mit Investitionen in Afrika zu beschäftigen, war ich überrascht von der Hartnäckigkeit der Vorurteile gegenüber dem von vielen so genannten „verlorenen" Kontinent. Sogar professionelle Investoren waren teils nur schwer von den Argumenten, die für Afrika sprechen, zu überzeugen. Zugegeben, damals steckte der wirtschaftliche Erfolg vieler afrikanischer Länder noch in den Kinderschuhen. In der Zwischenzeit haben jedoch viele Nationen sogar optimistische Erwartungen übertroffen. Das gilt ganz besonders für die Förderung von Rohstoffen. Damals hätte wohl niemand gedacht, dass Ghana und Uganda heute Öl fördern; oder dass vor der Küste Mosambiks riesige Erdgasvorkommen liegen. Ähnliches zeigt sich bei Eisenerz, das rund um den Globus, aber insbesondere von China dringend benötigt wird: Bis zu 20 Prozent der weltweiten Produktion des Erzes könnten westafrikanische Länder bis zum Jahr 2020 erzeugen – gegenüber nur einem Prozent im Jahr 2006. Zu den vielversprechendsten neuen Produktionsländern gehören Sierra Leone, Kamerun, Guinea oder der Kongo.

Viel getan hat sich in den vergangenen Jahren auch im Hinblick auf die politische Stabilität in Afrika. So schreitet beispielsweise die Demokratisierung voran, wie zuletzt der Arabische Frühling oder das einst verloren geglaubte Liberia, das heute von einer Nobelpreisträgerin als Präsidentin regiert wird, gezeigt haben. Damit einher geht eine steigende Rechtssicherheit und oft auch eine voranschreitende Privatisierung von Staatsbetrieben, was wiederum in verbesserten Investitionsbedingungen resultiert. Auch bei den Unternehmen haben zunehmend westliche Qualitätsstandards bei der Unternehmensführung sowie bei Transparenz- und Reporting-Standards Einzug gehalten. Zweifelsohne gibt es noch immer eine ganze Reihe von Herausforderungen, die gemeistert werden wollen. Doch die Zahl und die Deutlichkeit der Argumente *für* ein wirtschaftliches Engagement in Afrika sind für Investoren und Unternehmen stetig gestiegen. Ein Beleg: Nachdem ich 2008 den ersten Publikumsfonds für afrikanische Aktien in Deutschland mit zwei Millionen Euro aufgelegt hatte, vertrauten mir Investoren Ende 2010 knapp 400 Millionen Euro an. Investoren stimmen mit den Füßen ab und die Abstimmung fällt zunehmend zugunsten von Afrika aus!

Der langsame positive Sinneswandel von professionellen und privaten Investoren zeigt aber auch, dass es eine verständliche Aufklärung über die Chancen – und Risiken – eines Engagements in Afrika braucht. In den Fokus der Betrachtung gehören dabei insbesondere die zum Teil enormen Rohstoffvorkommen des Kontinents. Denn sie haben vielerorts das am Anfang stehende Wirtschaftswunder Afrikas erst möglich gemacht. Umso höher ist der Beitrag einzuschätzen, den Dr. Dennin mit seinem neuen Buch leistet. In unserer gemeinsamen Zeit bei der VCH Vermögensverwaltung habe ich seine langjährige Erfahrung und seine tiefe Kenntnis der Rohstoffmärkte sehr schätzen gelernt. Für viele Investitionsentscheidungen in Afrika war sein Hintergrundwissen eine wertvolle Unterstützung. Denn in vielen afrikanischen Ländern tragen Rohstoffe nicht nur zu einem großen Teil der Wirtschaftsleistung bei, sondern stehen meist auch für den Großteil der Staatseinnahmen. Mit den Erträgen aus der Rohstoffförderung kann in die oft desolate Infrastruktur investiert werden, dessen Erneuerung zu den größten Herausforderungen des Kontinents zählt. Die logische Konsequenz: Wer sich mit Afrika beschäftigt, kommt an Rohstoffen nicht vorbei.

Der Autor beleuchtet mit seinem neuen Buch also einige der wichtigsten Faktoren für das Erstarken des afrikanischen Kontinents. Dabei untersucht er nicht nur die gigantischen Chancen, sondern auch die zu beachtenden Risiken. Wer sich intensiver mit der Wirtschaft Afrikas auseinandersetzen will, sollte dieses Buch lesen. Meine persönliche Hoffnung ist, dass die Argumente auch einen Beitrag dazu leisten können, Vorurteile gegenüber dem „Kontinent der Chancen" abzubauen.

Jens Schleuniger,
Afrika-Experte und Fondsmanager des VCH Africa,
im November 2012

EINLEITUNG

„In Africa today, we recognise that trade and investment, and not aid, are pillars of development."

– Paul Kagame, Präsident von Ruanda

Die öffentliche Meinung in der entwickelten Welt zeichnet meistens ein negatives Bild von Afrika. Schon beinahe klischeehaft wird in vielen Medien das Image der Dritten Welt gepflegt.

Gewalt, Armut und Hungerkatastrophen sind an der Tagesordnung und die ihr Leben in Elend fristenden Eingeborenen, im Fernsehen oft bemalt mit Speer und Lendenschurz dargestellt, sind auf Spenden aus der entwickelten Welt für den täglichen Kampf ums Überleben angewiesen. Tatsächlich sind in Afrika über 1.000 internationale Hilfsorganisationen tätig und bewirken

Gutes und doch kommt es immer wieder zu schrecklichen Hungerkatastrophen wie zuletzt 2011 in Ostafrika.

Wenn Europäer nach Afrika kommen, dann meist als Touristen der großen Safariparks und auf der Jagd nach Fotomotiven der Big Five – Elefant, Nashorn, Büffel, Löwe und Leopard. Nur selten sind es Unternehmer auf der Suche nach attraktiven Geschäftsmöglichkeiten. Doch gibt es diese in Afrika öfter, als man denkt. Denn was bei der Diskussion über den afrikanischen Kontinent oft unter den Tisch fällt:

Afrika ist nicht gleich Afrika!

Zusammengenommen sprechen wir über mehr als eine Milliarde Menschen und über 50 verschiedene Länder, die unterschiedlicher kaum sein können. Demokratischen Musterländern wie Botswana, Ghana und Südafrika stehen gescheiterte Staaten oder totalitäre Regime wie der Sudan, Algerien oder Simbabwe gegenüber.

Und auch wenn Armut, Gewalt, Korruption und soziale Ungerechtigkeit in vielen Ländern Afrikas noch immer ein Problem darstellen, so haben sich doch die wirtschaftlichen und politischen Rahmendaten in nur wenigen Jahren in der Summe deutlich verbessert. Organisationen wie *Transparency International* und *Freedomhouse* bescheinigen vielen afrikanischen Ländern in Bezug auf gesellschaftliche Freiheit und die Bekämpfung von Korruption enorme Fortschritte. Neben Asien zählt Afrika seit einigen Jahren zu den wachstumsstärksten Regionen der Welt.

Das Wirtschaftswachstum vieler afrikanischer Länder lässt sich auf einen gemeinsamen Nenner bringen: Rohstoffe und China.

Afrika ist reich an Rohstoffen. Die enormen Bodenschätze des Schwarzen Kontinents weckten nicht nur im Zeitalter des Kolonialismus Begehrlichkeiten: Seit einigen Jahren sind es insbesondere die Chinesen, die weltweit auf Einkaufstour sind, um sich den Zugang zu wichtigen Rohstoffen zu sichern. Das rasante Wachstumstempo der chinesischen Wirtschaft seit der Jahrtausendwende hat

Hauptstadt	Berlin
Fläche (km^2)	357.022
Einwohnerzahl (Millionen)	81,5
Bruttoinlandsprodukt (BIP), in Mrd. USD	3.316
BIP pro Einwohner, in USD	40.702
Human Development Index (HDI)	9/187

DEUTSCHLAND

Quelle: UNDP, CIA World Factbook, Auswärtiges Amt 2012

dazu geführt, dass sich die Preise wichtiger Rohstoffe im Durchschnitt verfünffacht haben. Der Preis für ein Fass Rohöl stieg innerhalb von zehn Jahren von weniger als 25 US-Dollar auf mehr als 120 US-Dollar, eine Tonne Kupfer verteuerte sich von unter 2.000 US-Dollar auf fast 10.000 US-Dollar und die Feinunze Gold war 2001 noch für weniger als 300 US-Dollar zu haben. Heute liegt der Goldpreis bei mehr als 1.600 US-Dollar. Diese Entwicklungen haben an den internationalen Rohstoffmärkten bereits zu spürbaren Verwerfungen geführt.

Doch schauen wir ins Frühjahr 2012: Es ist Anfang Februar, Hochsommer im südafrikanischen Kapstadt und die Temperaturen sind auf über 25° C gestiegen. Die Strände sind wegen der vielen Touristen und der südafrikanischen Sommerferien regelrecht überfüllt. In der zweiten Februarwoche tummeln sich von der Öffentlichkeit weitgehend unbemerkt im International Convention Center mehr als 6.000 Vertreter von über 1.000 Unternehmen, finanzstarke Investoren und Abgeordnete von über 40 Regierungsdelegationen. Es ist die jährliche wichtigste Zusammenkunft von Entscheidungsträgern rund um die Bergbauindustrie Afrikas, der mit Abstand wichtigsten Branche des gesamten Kontinents: Mining Indabe.

Abseits der Vorträge werden beim Networking Lunch, Galadiner oder dem jährlichen Golfturnier Kontakte geknüpft, Neuigkeiten ausgetauscht, Geschäfte abgeschlossen und die Zukunftschancen der Bergbauindustrie diskutiert.

Das Branchentreffen hat in den letzten Jahren stark an Bedeutung gewonnen, spätestens der China-Afrika-Gipfel 2006 war ein nicht zu überhörender Weckruf für die Branche. Die Vertreter von 48 afrikanischen Ländern reisten nach Peking, der chinesische Staatspräsident Hu Jintao erklärte 2006 zum „Jahr Afrikas", erließ Schulden, sagte für die nächsten drei Jahre Kredite von rund fünf Milliarden US-Dollar zu und stellte für den gleichen Zeitraum eine Verdoppelung der Entwicklungshilfe in Aussicht. 2010 hat China mehr in Afrika investiert als die Weltbank. Der überwiegende Teil des Kapitals floss dabei in die Sektoren Bergbau, Energie und Infrastruktur. Die Wochenzeitung *Die Zeit* titelte: „China erobert Afrika. Es geht um Öl und Bodenschätze. Auch afrikanische Diktatoren sind willkommene Geschäftspartner."

Die Aktivitäten Chinas in Afrika seit der Jahrtausendwende sind ein Vorstoß in ein politisches und ökonomisches Machtvakuum, das die Europäer nach der Dekolonisierung und die Amerikaner und Russen nach dem Ende des Kalten Krieges hinterlassen haben. Für das seit Jahren dynamisch wachsende chinesische Riesenreich ist Afrika ein wahrer „Kontinent der Chancen": eine riesige Landmasse, unermessliche Bodenschätze, ein potenzieller Markt mit fast einer Milliarde Konsumenten und einer Armee billiger Arbeitskräfte. In Bezug auf den Rohstoffreichtum Afrikas agieren die Chinesen als die neuen Kolonialherren. Amerikaner und Europäer haben gleichermaßen den Startschuss für den Wettlauf um die Rohstoffe des Schwarzen Kontinents verschlafen. Bei der dreitägigen Afrika-Reise der deutschen Bundeskanzlerin Angela Merkel im Juli 2011 nach Kenia, Angola und Nigeria standen demzufolge Wirtschaftsinteressen nicht im Vordergrund. Währenddessen stammen bereits über 25 Prozent der Ölimporte Chinas aus Afrika, schon 2006 löste Angola Saudi-Arabien als größter Öl-Lieferant von China ab. Auch die großen, multinationalen Energie- und Bergbaukonzerne sind mit von der Partie – alle wollen vom Rohstoffhunger Chinas profitieren.

Und genau an diesem Punkt setzt „*Afrika – Kontinent der Chancen*“ an. Wer profitiert von diesem immensen Ressourcenreichtum, nachdem Bodenschätze in Afrika oft der Anlass für gewalttätige Auseinandersetzungen waren?

Allzu oft häuften Despoten und Diktatoren, Glücksritter und Spekulanten unglaubliche Reichtümer an und schafften diese außer Landes, während der überwiegende Teil der Bevölkerung weiter in Armut und Elend lebte.

Rohöl, Eisenerz, Kupfer, Bauxit, Kobalt, Coltan und Uran sind neben Gold, Platin und Diamanten international begehrte Rohstoffe und kommen gehäuft in einigen afrikanischen Ländern vor. Um die Hintergründe der aktuellen wirtschaftlichen Entwicklung zu verstehen, wird ein Bogen gespannt, der für dieses Thema wichtige Aspekte der afrikanischen Geschichte aufgreift. Besonderes Gewicht fällt dem „Wettlauf um Afrika“ im Zeitalter des Imperialismus und Kolonialismus sowie dem aktuellen Wettlauf um die Ressourcen des Schwarzen Kontinents zu.

Im Fokus dieses Buches stehen die Bodenschätze Afrikas, die unterschiedlichen Akteure, die sie suchen und erschließen, sowie die Folgen dieses Handelns für die Menschen und die Umwelt. Daneben werden viele Beispiele angeführt und Möglichkeiten aufgezeigt, wie der interessierte Anleger an den Finanzmärkten von dieser strukturellen Entwicklung profitieren und dabei die wirtschaftliche Entwicklung in den jeweiligen Ländern unterstützen kann.

Für ein vollständiges und repräsentatives Bild der Anlagechancen der unterschiedlichen afrikanischen Wirtschaftsräume greift die Fokussierung auf Rohstoffe natürlich zu kurz. Denn Afrika und die afrikanischen Kapitalmärkte bieten auch jenseits des Rohstoffsektors langfristig attraktive Anlagechancen. Der Bedarf an Infrastruktur und eine steigende Konsumnachfrage sind hierbei nur zwei gewichtige Beispiele.

Durch die gesellschaftlichen Veränderungen des „Arabischen Frühlings“ befinden sich außerdem viele Länder, befindet sich vielleicht der ganze Kontinent im Umbruch. Somit ist die aktuelle Frage, ob der Rohstoffreichtum Afrikas die Chance auf mehr Demokratie, Wachstum und Entwicklung in sich trägt, berechtigter denn je. Oder führen der Rohstoffreichtum sowie die Aktivitäten der Chinesen und der multinationalen Konzerne im Gegenteil zu einer Zunahme der wirtschaftlichen, politischen, sozialen und ökologischen Spannungen, an denen sich nur eine kleine Minderheit bereichern kann?

Für wen ist Afrika ein Kontinent der Chancen? Für die afrikanische Bevölkerung? Für die politische und wirtschaftliche Elite der jeweiligen Länder? Für die multinationalen Bergbau- und Energiekonzerne oder für China? Und kann der Anleger, der diese fundamentale Entwicklung und die Zeichen der Zeit erkannt hat, hiervon profitieren?

Wer hält die Trümpfe in diesem Spiel in der Hand?

KAPITEL 1

Afrika – Kontinent der Chancen?

„There are as many Africas as there are books about Africa."

– Beryl Markham, Buschpilotin und Autorin

Der afrikanische Kontinent gilt als „Wiege der Menschheit", als Ort, an dem die Entwicklung zum modernen Menschen ihren Anfang nahm und von wo die Verbreitung des Menschen über die ganze Welt begann.

Nach einer sehr wechselvollen Geschichte, von der Entstehung einer der frühesten Hochkulturen der Menschheit im Alten Ägypten über die Entstehung verschiedener Großreiche auf dem afrikanischen Kontinent, unter anderem in Westafrika und Simbabwe, sowie die spätere Kolonisierung durch Europa, bildeten sich die weitgehend bis heute gültigen Staatsgrenzen. Da diese von den ehemaligen Kolonialmächten zumeist willkürlich ohne Rücksicht auf die Siedlungsgebiete der oft sehr heterogenen Völker Afrikas gezogen wurden, trug dies zu den zahlreichen blutigen Auseinandersetzungen, Bürgerkriegen und der politischen Instabilität auf dem Kontinent bei. Diese Faktoren prägen bis heute das Bild, das sich die westliche Welt von den Ländern des afrikanischen Kontinents macht.

Bei den vielen Pauschalurteilen über Afrika wird häufig vergessen, das Afrika aus über 50 zum Teil sehr unterschiedlichen Ländern mit zusammen mehr als einer Milliarde Einwohnern besteht, deren ethnischer und kultureller Hintergrund sich zum Teil stark unterscheidet. Auch bestehen hinsichtlich der wirtschaftlichen Entwicklung beträchtliche regionale Unterschiede.

Regionale Unterschiede in Afrika – über eine Milliarde Menschen in über 50 Ländern!

Die wohlhabendsten Regionen liegen nördlich der Sahara und im Süden des Kontinents. Nordafrika, wo hauptsächlich Berber und Araber leben, ist schon lange mit den Wirtschaftsräumen Europa und Naher Osten verbunden. Im Süden sind Südafrika und Botswana die wirtschaftlich am höchsten entwickelten Staaten des Kontinents, deren wirtschaftliche Stärke auch die der Nachbarstaaten beeinflusst. Daneben begünstigt der Ölreichtum einiger Länder wie Angola, Gabun und Äquatorialguinea deren wirtschaftliche Entwicklung.

Der Sudan, Algerien und die Demokratische Republik Kongo sind in dieser Reihenfolge die flächengrößten Länder in Afrika. Nigeria mit knapp 150 Millionen, Äthiopien mit 85 Millionen und Ägypten mit 83 Millionen Einwohnern sind die bevölkerungsreichsten Staaten. Die größte Stadt Afrikas ist Kairo in Ägypten mit knapp 16 Millionen Einwohnern, gefolgt von Lagos in Nigeria mit über elf Millionen Menschen. Kinshasa in der Demokratischen Republik Kongo ist mit rund acht Millionen Einwohnern die drittgrößte Stadt auf dem afrikanischen Kontinent und mehr als doppelt so groß wie Berlin.

Überblick zu Ländern und Regionen in Afrika

Nordafrika

1	2	3	4	5	6	7
Ägypten	Algerien	Libyen	Marokko	Sudan	Südsudan	Tunesien

Westafrika

1	2	3	4	5	6	7	8	9	10	11	12	13	14	15	16
Benin	Burkina Faso	Elfenbeinküste	Gambia	Ghana	Guinea	Guinea-Bissau	Kap Verde	Liberia	Mali	Mauretanien	Niger	Nigeria	Senegal	Sierra Leone	Togo

Ostafrika

1	2	3	4	5	6	7	8	9	10	11	12	13
Äthiopien	Burundi	Dschibuti	Eritrea	Kenia	Madagaskar	Mauritius	Mosambik	Ruanda	Seychellen	Somalia	Tansania	Uganda

Zentralafrika

1	2	3	4	5	6	7
Äquatorialguinea	Gabun	Kamerun	DR Kongo	Republik Kongo	Tschad	Zentralafr. Republik

Südliches Afrika

1	2	3	4	5	6	7	8	9	10	11
Angola	Botswana	Lesotho	Madagaskar	Malawi	Mosambik	Namibia	Sambia	Simbabwe	Südafrika	Swasiland

In vielen afrikanischen Ländern herrschen noch immer Autokraten und trotz des leichten wirtschaftlichen Aufschwungs der letzten Jahre grassieren an vielen Orten noch immer Hunger und Armut. Die Hungerkatastrophe 2011 in Ostafrika ist dabei lediglich das jüngste Beispiel. Afrika südlich der Sahara ist zudem die weltweit am schwersten von der AIDS/HIV-Epidemie betroffene Region der Welt. Rund zwei Drittel der weltweit mit AIDS/HIV infizierten Menschen leben in Afrika, in einigen Ländern wie Botswana, Namibia oder Südafrika liegt die Ansteckungsquote bei über 20 Prozent der Bevölkerung.

Afrika heute – der K-Kontinent? Kriege, Konflikte, Katastrophen, Krankheiten, Korruption und Kriminalität

Auch ist Afrika im internationalen Vergleich bei Weitem der ärmste Kontinent: Gemäß des jährlich aktualisierten *Human Development Index* der Vereinten Nationen liegen von den 24 Ländern mit dem niedrigsten Entwicklungsstand 22 in Afrika. Nirgendwo auf der Welt gibt es so viele Länder, in denen das Bruttoinlandsprodukt pro Kopf unter 1.000 US-Dollar liegt und so viele Menschen von umgerechnet weniger als einem US-Dollar pro Tag leben müssen, wie in Afrika. Die Folgen der Armut, wie Krankheiten, eine geringe Lebenserwartung, Gewalt, Korruption und politische Instabilität, haben sich in den letzten Jahrzehnten als ein Bremsklotz in der wirtschaftlichen Entwicklung vieler afrikanischer Länder erwiesen.

Dies sind die Faktoren, die die westliche Vorstellung von Afrika als Abbild der Dritten Welt prägen: der verlorene Kontinent, auf dem Kriege und Konflikte an der Tagesordnung sind, der von Katastrophen und Krankheiten heimgesucht und der von Korruption und Kriminalität beherrscht wird.

Seit dem Demokratisierungsschub der 1990er-Jahre in Afrika haben sich die politischen Verhältnisse sehr stark auseinanderentwickelt. Die Anzahl der diktatorischen Regime ist zwar deutlich zurückgegangen, aber die Zulassung von Mehrparteiensystemen hat sich nicht als Garant einer demokratischen Entwicklung herausgestellt. Mitte der 1990er-Jahre kam es zum Beispiel in Ruanda zum Völkermord der Hutus an den Tutsis. Staatsführer wie Joseph Kabila im Kongo, Omar al-Baschir im Sudan, Paul Biya in Kamerun oder Robert Mugabe in Simbabwe verfestigten das Klischeebild vom afrikanischen Gewaltherrscher. Auf keinem anderen Kontinent betrügen die politischen Führer ihre Wähler so schamlos und unverblümt wie in Afrika. Jüngstes Beispiel ist die Elfenbeinküste, wo sich der ehemalige Präsident Laurent Gbagbo weigert, seinen Posten in Abidjan zu räumen. Der 1980 aus den ersten freien Wahlen in Simbabwe als Sieger hervorgegangene Robert Mugabe hat sich zu einem der schlimmsten afrikanischen Despoten gewandelt und die Wahlen 2008 massiv manipuliert. Durch internationalen Druck gestand Mugabe nachträglich dem Wahlsieger den rangniederen Posten des Premierministers zu. In Kenia führte die Wahl Ende 2007 zu einem Blutvergießen, als sich der unterlegene Präsident Mwai Kibaki noch vor dem Abschluss der Auszählung der Stimmen für eine weitere Amtszeit vereidigen ließ.

Der Arabische Frühling und das Diktatoren-Sterben auf dem afrikanischen Kontinent – Umbruch und positiver Katalysator für die zukünftige Entwicklung

Dieses Bild lässt außen vor, dass es auch positive Beispiele gibt. Das jüngste Beispiel ist Ghana. Das westafrikanische Land hielt im Januar 2009 friedliche Wahlen ab, es kam zu einem ganz normalen Regierungswechsel wie in jedem europäischen Land. In Mali hat sich Präsident Amadou Touré einen Namen als Demokrat und

Friedensstifter gemacht. Botswana, das wirtschaftliche Vorzeigeland Afrikas, wird von Ian Khama umsichtig regiert. Tansanias Staatschef Jakaya Kikwete, derzeit Vorsitzender der Afrikanischen Union, ist ein international angesehener Staatsmann. In Namibia hat der besonnene Hifikepunye Pohamba den Autokraten Sam Nujoma abgelöst. In Liberia kämpft die resolute Ellen Johnson-Sirleaf um eine bessere Zukunft für die von einem Bürgerkrieg traumatisierten Menschen. In Sierra Leone arbeitet Präsident Ahmad Tejan Kabbah am Wiederaufbau seines zerstörten Landes. Und selbst im scheinbar unregierbaren Nigeria versucht Präsident Umaru Yar'Adua die Demokratie zu stabilisieren.

Als nach westlichen Standards freiheitlich und demokratisch können auf dem afrikanischen Kontinent derzeit elf von über 50 Ländern angesehen werden: Benin, Botswana, Ghana, Kap Verde, Lesotho, Mali, Mauritius, Namibia, São Tomé & Príncipe, Senegal und Südafrika. Die als „Arabischer Frühling" seit Dezember 2010 begonnene Serie von Protesten und Aufständen in der arabischen Welt, welche sich, ausgehend von der Revolution in Tunesien, in etlichen Staaten im Nahen Osten und in Nordafrika gegen die dort autoritär herrschenden Regime und die politischen und sozialen Strukturen dieser Länder richtet, könnte sich als ein positiver Katalysator für die politische Landschaft in Afrika erweisen. Tunesiens Ben Ali und Ägyptens Husni Mubarak wichen bereits dem Druck der Demonstranten. Libyens Despot Gaddafi klammerte sich an die Macht, führte Krieg gegen sein eigenes Land und fand ein gewaltsames Ende. Diese Entwicklung trägt den Keim zu einer positiven Veränderung der gesellschaftlichen Ordnungen in sich und eröffnet vielen Afrikanern die Chance, an der positiven Entwicklung zu mehr Wachstum, Demokratie und Wohlstand zu partizipieren.

Die negativ geprägte Berichterstattung in den Medien täuscht ebenfalls darüber hinweg, dass sich die wirtschaftlichen Rahmendaten Afrikas seit mehreren Jahren verbessern. Die durchschnittliche Wirtschaftsleistung pro Einwohner liegt mittlerweile bei fast 1.000 US-Dollar und seit rund zehn Jahren weist der Kontinent ein jährliches Wirtschaftswachstum von über fünf Prozent auf. Damit zählt Afrika neben Asien zu den derzeit wachstumsstärksten Regionen der Welt. Auch ist dank des Wirtschaftswachstums die Staatsverschuldung seit Jahren rückläufig und liegt deutlich unter dem Niveau der USA oder von Europa.

Vom Schatten in das Licht – neue Chancen durch die Entwicklung der vergangenen Jahre

Die mangelnde politische Stabilität vieler afrikanischer Länder ist ein immer wieder gern angeführter Faktor, doch täuscht dieses Pauschalurteil über die in den letzten Jahren erreichten Fortschritte hinweg. Führte zuerst die Demokratisierungswelle der 1990er-Jahre zu einer deutlichen Ausweitung der Mehrparteiensysteme auf dem afrikanischen Kontinent, so hat sich die Anzahl der freiheitlich-liberalen Gesellschaften laut der Organisation *Freedomhouse* seitdem verdoppelt. Und einige afrikanische Musterländer wie Botswana, Mauritius und Südafrika rangieren laut der Organisation *Transparency International*, die zuletzt selbst Deutschland wegen der Affäre Wulff rügte, in Bezug auf Korruption noch vor Ländern wie Italien.

Auch wenn Korruption, Armut, Gewalt und soziale Ungerechtigkeit in vielen Ländern Afrikas noch immer ein Problem darstellen, so ist doch die wirtschaftliche Situation auf dem afrikanischen Kontinent besser als der ihr anhaftende Ruf.

Viele der Chancen, die sich für Länder des afrikanischen Kontinents in den vergangenen Jahren aufgetan haben, liegen im Rohstoffreichtum der entsprechenden Länder begründet. Dieser Zusammenhang und die sich hieraus ergebenden Folgen stehen im Zentrum dieses Buches. Für ein vollständiges und repräsentatives

Abbild der afrikanischen Wirtschaftsräume ist dies natürlich zu kurz gegriffen, denn Afrika ist bereits jetzt mehr als der günstige Lieferant von Rohstoffen für die Weltmärkte.

Die im Durchschnitt sehr junge Bevölkerungsstruktur wird in den nächsten Jahren zu einer deutlichen Zunahme der arbeitsfähigen Bevölkerung führen. Dies wiederum führt zwangsläufig zu einer stark steigenden Konsumnachfrage und ausgehend von einer niedrigen Basis zu hohen Produktivitätsfortschritten. Derzeit beträgt der Anteil Afrikas an der weltweiten Wirtschaftskraft weniger als fünf Prozent, mit stark steigender Tendenz für die kommenden Jahre. Gleiches gilt für die lokalen afrikanischen Aktienmärkte, die derzeit weniger als ein Prozent zu der weltweiten Börsenkapitalisierung beitragen. Neben dem Rohstoffsektor, also Bergbau und Energie, bestehen enorme Wachstumspotenziale in den Sektoren Infrastruktur, Konsum und Banken.

Doch für viele afrikanische Länder sind die Einnahmen aus der Förderung und dem Verkauf von Bodenschätzen wie Öl und Gas, Metalle oder im erweiterten Sinne Agrarerzeugnisse nicht wegzudenken. Beispielsweise für Länder wie Botswana, Ghana und Namibia sind Rohstoffe die größte Quelle der gesamten Deviseneinnahmen. Für Angola, Algerien, Nigeria, Libyen und Malawi machen Rohstoffe sogar über 90 Prozent der gesamten Exporterlöse aus. Die gestiegenen Einnahmen aufgrund der Verteuerung vieler Rohstoffe in den vergangenen Jahren eröffnen lukrative Chancen für alle Beteiligten. Wie diese Chancen ergriffen und zum Wohl der Menschen in den jeweiligen Ländern umgesetzt werden, ist von vielen Faktoren abhängig. Für das Verständnis der aktuellen Situation in den jeweiligen afrikanischen Ländern ist ein Blick in die Vergangenheit der Region hilfreich. Denn Rohstoffe in der einen oder anderen Form spielten schon immer eine wichtige Rolle für Afrika. China ist für Afrika zwar ein neuer Akteur auf der politischen Weltbühne, doch gibt es auch einige Gemeinsamkeiten mit dem Zeitalter der europäischen Expansion nach Afrika. Lediglich die Methoden haben sich geändert.

KAPITEL 2

Vom „Wettlauf um Afrika" zum erneuten Wettlauf um die Rohstoffe des Schwarzen Kontinents

„Colonialism is an idea born in the West that drives Western countries – like France, Italy, Belgium, Great Britain – to occupy countries outside of Europe."

– Ahmed Ben Bella, ehemaliger Präsident von Algerien

„China is not in Africa for altruistic reasons. China is in Africa primarily for China."

– Johnnie Carson, US Assistant Secretary for African Affairs

Die Entdeckungsfahrten der Portugiesen und Spanier im 15. Jahrhundert markieren den Beginn der Neuzeit. Sie läuten das Zeitalter der europäischen Expansion, des Kolonialismus und Imperialismus ein, das erst mit dem Ersten Weltkrieg sein Ende findet. Die portugiesischen Seefahrer und Entdecker des 15. Jahrhunderts waren überzeugt, irgendwo an der westafrikanischen Küste den Rio d'Oro, den Goldfluss, zu finden. Beruhte doch die Macht der westafrikanischen Königreiche von Ghana, Mali, Songhai und später auch des Ashanti-Reiches auf dem begehrten Edelmetall. Die Bezeichnung „Goldküste" für Ghana hielt sich bis zur Unabhängigkeit des Landes Mitte des 20. Jahrhunderts. Ein weiteres Indiz für den Goldreichtum der Region ist die zwischen 1663 und 1816 geprägte britische Goldmünze Guinee, die ihren Namen der Herkunft des zur Prägung verwendeten Goldes aus dem südlichen Westafrika verdankt.

Die Portugiesen gründeten Stützpunkte entlang der westafrikanischen Küste, die als Handelszentren für Gewürze, Elfenbein, Gold und Sklaven dienten. Von Westen nach Osten waren dies die Pfefferküste, die Elfenbeinküste, die Goldküste und die Sklavenküste. Dieser Handel erwies sich für Portugal als sehr lukrativ, die Einnahmen des Landes verdoppelten sich in dieser Periode auf einen Schlag.

Im Zuge der europäischen Expansion gerieten die meisten Reiche des Schwarzen Kontinents in die Abhängigkeit von europäischen Kolonisten, verloren an Bedeutung, zerfielen oder gingen ganz unter. Vom nordafrikanischen Ägypten, der klassischen Hochkultur des Altertums, abgesehen wird die Existenz afrikanischer Staatsgebilde und Kulturen vor dem Eintreffen der Europäer von der westlichen Welt nur allzu oft vollständig ignoriert. Viele dieser Reiche begründeten ihre Macht durch den Handel mit Sklaven und Rohstoffen wie Gold, Elfenbein und Gewürzen.

Hochkulturen und Königreiche in Afrika vor den Europäern

Im Nildelta in Nordafrika entstand um 3.000 v. Chr. mit dem Alten Ägypten noch vor den Griechen und den Römern eine der ersten Hochkulturen der alten Welt. Die ägyptische Kultur durchlebte mit dem Alten, Mittleren und Neuen Reich drei Hochphasen und war vor allem im Gebiet des Nahen Ostens von großer Bedeutung, bevor nach dem Tod des Pharaos Ramses III. um 1.150 v. Chr. der Niedergang des Großreiches einsetzte und Ägypten bis zum Ende der Besetzung durch Großbritannien im 20. Jahrhundert unter die Kontrolle wechselnder fremder Machthaber fiel.

Auf dem Staatsgebiet des heutigen Sudan kam es mit dem nubischen Königreich von Kerma beziehungsweise dem Reich von Kusch ab circa 2.000 v. Chr. zur frühesten bekannten Gründung eines schwarzafrikanischen Staates, der aus der wesentlich älteren Kerma-Kultur hervorging. Das Land mit seiner wechselvollen Geschichte – nubische Könige herrschten um 700 v. Chr. über Ägypten – nimmt bis heute mehr noch als Ägypten eine wichtige Schnittstelle zwischen dem europäisch geprägten Mittelmeerraum und dem eigentlichen Schwarzafrika ein.

Bis ins 16. Jahrhundert herrschte eine große wirtschaftliche, politische und kulturelle Vielfalt von afrikanischen Gesellschaften in vielen Großreichen des Kontinents. Zu den Großreichen im Westen Afrikas gehörte das „Land des Goldes", das Königreich von Ghana (8. bis 13. Jahrhundert) im Senegal-Niger-Gebiet. Die Herrscher des Ghana-Reiches kontrollierten, wie auch später die Herrscher des Mali-Reiches, den lukrativen transsaharischen Gold- und Sklavenhandel. Westlich des Ghana-Reiches am Bogen des mittleren Niger befand sich zwischen dem 10. und 16. Jahrhundert das Reich von Songhai. Quelle dessen Reichtums und Macht waren der Salz-, Gold- und Sklavenhandel. Nach dem Zerfall des großen Ghana-Reiches kam es in der ersten Hälfte des 13. Jahrhunderts am Oberlauf des Niger zur Bildung des größten westafrikanischen Reiches, des Mali-Reiches (13. bis 15. Jahrhundert). Wichtigste Einkommensquelle dieses Reiches war ebenfalls der Goldhandel. Als die portugiesischen Entdecker eintrafen, befand sich das Reich jedoch schon im Niedergang.

Das Ashanti-Reich (17. bis 19. Jahrhundert) im Westen Afrikas auf dem Staatsgebiet des heutigen Ghana, Togo und der Elfenbeinküste war eine der wenigen Nationen in Afrika, die den europäischen Invasoren ernsthaften Widerstand leistete. Die Macht und der Wohlstand des Reiches lagen im Gold- und Sklavenhandel begründet und die Europäer waren im 18. und 19. Jahrhundert wichtige Handelspartner. Über 70 Jahre führte Großbritannien Krieg gegen die Ashanti und erst 1900 mussten sich diese endgültig geschlagen geben. Trotz der britischen Kolonisierung existieren die Traditionen des Ashanti-Königtums im modernen Ghana weiter. Und das in Ghana und Südafrika tätige Unternehmen AngloGold-Ashanti ist noch heute eine der größten Goldminengesellschaften der Welt.

Im Osten des afrikanischen Kontinents war das Königreich von Aksum eine bedeutende Handelsmacht am Horn von Afrika. In der Hochzeit erreichte das Reich von Aksum eine Ausdehnung von über einer Million Quadratkilometern und kontrollierte das heutige Äthiopien, Eritrea, Dschibuti, das westliche Somalia, den Jemen und das südliche Saudi-Arabien. Mit der Ausbreitung des Islam zerfiel das Reich allmählich. Aus den Nachfolgereichen ging das heutige Äthiopien hervor.

Im zentralen und südlichen Afrika, von Kamerun und Kenia bis nach Südafrika, ist zum Zeitpunkt des Eintreffens der Europäer die Volksgruppe der Bantu die vorherrschende Macht. Heute gibt es über 200 Millionen Bantu, die sich in verschiedene Volksgruppen und ethnische Gruppen unterteilen. Zwischen dem 15. und dem

20. Jahrhundert gab es eine Vielzahl von Bantu-Staaten wie zum Beispiel das Kongo-Reich oder das Reich von Groß-Simbabwe. Die Bantu-Königreiche Ruanda und Burundi bestehen sogar noch heute. In Europa bekannter ist das nur kurz existierende Zulu-Königreich der Bantu in Natal unter seinem Herrscher Shaka Zulu, das von den Briten Ende des 19. Jahrhunderts vernichtend geschlagen wurde.

Nach der Entdeckung Amerikas ist Afrika für die Europäer hauptsächlich als Quelle für Sklaven interessant. War bis dato Gold das wichtigste Exportgut Afrikas, erlebt durch die Entdeckung und Kolonisierung Amerikas der Sklavenhandel ein dramatisches Wachstum und löst Gold als bedeutendste „Handelsware“ zu Beginn des 18. Jahrhunderts ab.

Der Handel mit Sklaven war in den afrikanischen Großreichen bereits seit Jahrhunderten verwurzelt und Teil der Kultur. Menschen, die bei Auseinandersetzungen in Gefangenschaft gerieten, wurden getötet, mit anderen Stämmen getauscht oder an der Küste an Sklavenhändler verkauft. Bereits Ende des 16. Jahrhunderts stieg Großbritannien in das lukrative Geschäft mit afrikanischen Sklaven ein, die anderen europäischen Mächte folgten. Afrikanische Sklaven deckten den wachsenden Bedarf an Arbeitskräften, unter anderem in den spanischen und portugiesischen Gold- und Silberminen der Neuen Welt. Auch auf den Baumwoll-, Zucker- und Tabakplantagen Nord- und Südamerikas und der Karibik herrschte ein schier grenzenloser Bedarf an Sklaven aus Afrika. Der Sklavenhandel an der Westküste Afrikas, der bis dahin vor allem in den Händen von Arabern und Afrikanern war, wurde nun von den Europäern betrieben und enorm ausgeweitet. Ein erheblicher Anteil der Bevölkerung von Brasilien, Haiti und anderen Inseln der Karibik, aber auch der USA sind hierdurch afrikanischer Abstammung.

Weniger Beachtung fand der ostafrikanische Sklavenhandel, in dessen Rahmen Menschen aus Ostafrika überwiegend in die arabisch-islamische Welt verkauft wurden. Zum Teil noch bis über die Mitte des 20. Jahrhunderts sind Sklavenmärkte in Saudi-Arabien, Irak, Bahrain, Kuwait, Jemen oder Katar durchaus verbreitet.

Im 18. Jahrhundert ist der Sklavenhandel zu einem wesentlichen Bestandteil der atlantischen Wirtschaft geworden. Mit der Zeit etablierte sich der atlantische Dreieckshandel zwischen Europa, Afrika und Amerika, der erst mit dem Verbot des englischen Sklavenhandels im frühen 19. Jahrhundert endete. Von Europa aus fuhren Schiffe beladen mit Textilien, Glasperlen, aber auch Waffen an die westafrikanische Küste, wo die Ladung gegen Sklaven eingetauscht wurde. Dann steuerten die Schiffe mit ihrer Ladung die Neue Welt an, wo die Sklaven gegen landwirtschaftliche Erzeugnisse wie Baumwolle oder Rohrzucker eingetauscht wurden, um diese auf den europäischen Märkten mit Gewinn zu verkaufen. Schätzungen zufolge wurden bis zum Verbot der Sklaverei mehr als elf Millionen Afrikaner versklavt und nach Amerika verschleppt. Weitere vier Millionen Menschen starben auf den Schiffen bei der Überfahrt. Nach dem Verbot des Sklavenhandels zum Beginn des 19. Jahrhunderts schwindet die Bedeutung des afrikanischen Kontinents für Europa.

Die Aufteilung des afrikanischen Kontinents unter den europäischen Mächten – der Wettlauf um Afrika

In den Fokus der europäischen Mächte rückte Afrika erst wieder im Zeitalter des Imperialismus (1880-1914), während dessen die europäische Expansionspolitik in der Ausdehnung der jeweiligen europäischen Herrschaftsgebiete auf Übersee-Territorien gipfelt. Nach dem Verlust der amerikanischen Kolonien spielte das Vereinigte Königreich hier zuerst eine Vorreiterrolle. Im „Wettlauf um Afrika" gerät innerhalb weniger Jahrzehnte fast der gesamte afrikanische Kontinent unter europäische Kontrolle. Unabhängig blieben lediglich Liberia als Siedlungskolonie freigelassener ehemaliger nordamerikanischer Sklaven und das heutige Äthiopien, das erst kurz vor dem Zweiten Weltkrieg unter europäische Kontrolle geriet. Das Interesse der europäischen Mächte an Afrika lässt sich als eine Mischung aus kulturellem Sendungsbewusstsein, Forschungsdrang, Abenteuerlust, Profitgier sowie geopolitischem Machtstreben zusammenfassen.

Ein entscheidendes Ereignis für den afrikanischen Kontinent ist die Berliner Konferenz von 1884/1885 („Kongokonferenz"), in deren Folge die gesamte afrikanische Landmasse zwischen den europäischen Mächten aufgeteilt wird. Willkürlich gezogene Grenzlinien teilen seitdem den Kontinent in Territorien verschiedener Staaten, ohne dabei bereits bestehende geografische oder ethnische Grenzen zu berücksichtigen.

Die Kolonisierung Afrikas geht seit dem Ende des 19. Jahrhunderts in fast allen Teilen des Kontinents mit dem Ausbau des Bergbausektors und der Agrarproduktion für den Export einher. Im Kongo, in Sambia, Südafrika und anderen Ländern entstehen Bergbau-Industrien, in anderen Gebieten vor allem im südlichen und östlichen Afrika werden große Plantagen für den Anbau von Monokulturen wie Baumwolle, Kakao oder Kautschuk angelegt.

Der Kongo gilt als Musterbeispiel für die besonders rücksichtslos vorangetriebene Ausbeutung der natürlichen Ressourcen eines afrikanischen Landes durch die europäischen Kolonialmächte. Der Kongo-Freistaat, bis 1908 im Privatbesitz des belgischen Königs Leopold II. und danach als Kolonie Belgisch-Kongo im Staatsbesitz, wurde sukzessive kolonisiert und die bestehenden Bantu-Reiche zerschlagen. Als äußerst lukrativ erwies sich für den belgischen Staat die Ausbeutung der Agrargüter Kautschuk, Palmöl und Kaffee aus einer expandierenden Plantagenwirtschaft sowie der Bodenschätze Kupfer, Blei, Zink und Diamanten. Die Erschließung des riesigen Landes, 75-mal größer als Belgien, finanzierte

König Leopold II. durch den Verkauf von Nutzungsrechten an Fördergesellschaften. Für wichtige Rohstoffe wurden Staatsmonopole eingeführt und die Bevölkerung zur Zwangsarbeit herangezogen. Die Kolonialherren und die Konzessionsgesellschaften gingen dabei mit äußerster Brutalität vor – Enteignungen, Zwangsarbeit und gewalttätige Übergriffe gegenüber der Zivilbevölkerung waren an der Tagesordnung. Zwischen 1880 und 1920 halbierte sich die Bevölkerung des Kongo: Von etwa 20 Millionen Einwohnern starben über zehn Millionen durch gewalttätige Übergriffe der Kolonialherren, Hunger und Entkräftung sowie durch Krankheiten.

Der Konzessionsgesellschaft Union Minière du Haut Katanga („Bergbau Union") als Tochtergesellschaft der 1822 gegründeten belgischen Staatsholding Société Générale de Belgique oblag die wirtschaftliche Ausbeutung der Bodenschätze des Belgisch-Kongo. Bis in die 1960er-Jahre übten die großen Konzessionsgesellschaften wie die Bergbau Union einen großen Einfluss auf die wirtschaftliche und politische Entwicklung im Kongo aus. Die Société Générale alleine kontrollierte über zwei Drittel der gesamten Wirtschaft des Kongo. Neben dem Abbau und dem Export von Kupfer, Kobalt, Zink und Zinn war die Bergbau Union auch führend im Abbau von Uran. Nach der Unabhängigkeit des Kongo enteignete Diktator Mobutu Sese Seko alle inländischen Vermögenswerte der belgischen Bergbau Union und formte daraus die staatliche Minengesellschaft Gécamines, die Société Générale des Carrières et des Mines.

Dekolonisierung – der Rückzug der Europäer aus Afrika

Das „europäische Jahrhundert" endete mit dem Zweiten Weltkrieg. Gingen die großen Kolonialmächte Großbritannien und Frankreich geschwächt aus dem Ersten Weltkrieg hervor, so verloren sie aufgrund des heraufziehenden Ost-West-Konflikts zwischen der Sowjetunion und den USA, dem Kalten Krieg, nach dem Zweiten Weltkrieg ihre weltpolitische Bedeutung gänzlich.

Hand in Hand damit geht der Abzug der europäischen Kolonialmächte aus Afrika vonstatten. Wirtschaftliche Erwägungen geben zu Beginn der 1950er-Jahre den Anstoß, über die Entlassung der afrikanischen Kolonien in die Unabhängigkeit zu diskutieren, denn die Kolonien waren für die Kolonialmächte überwiegend zu einem verlustbringenden Zuschussgeschäft geworden.

Die Dekolonisierung Afrikas begann 1951 mit Libyen, 1957 folgten im Norden Afrikas der Sudan, Marokko und Tunesien. Im Westen Afrikas erlangte Ghana als erste Kolonie ebenfalls 1957 die Unabhängigkeit. 1960 wird gemeinhin als das „Afrikanische Jahr" bezeichnet. In diesem Jahr erlangten gleich 17 afrikanische Kolonien ihre Unabhängigkeit von Frankreich, Großbritannien und Belgien: Kamerun, Togo, Madagaskar, Demokratische Republik Kongo, Somalia, Benin, Niger, Burkina Faso, Elfenbeinküste, Tschad, Zentralafrikanische Republik, Republik Kongo, Gabun, Senegal, Mali, Nigeria und Mauretanien. Bis Mitte der 1970er-Jahre war der Prozess der Dekolonisierung abgeschlossen und beinahe die gesamte Region ist von ihren europäischen Kolonialmächten unabhängig.

Die von den europäischen Kolonialmächten gezogenen Grenzen blieben bei der Dekolonisierung jedoch meistens erhalten. So entstanden Vielvölkerstaaten, die sich politisch als äußerst instabil erweisen. Die einzige übergreifende Institution ist oft das Militär. Aufgrund der kolonialen Verwaltung, die meist eine Selbstverwaltung der schwarzen Bevölkerungsmehrheit ausschloss, fehlt bis heute in vielen Ländern eine demokratische Tradition. Dies bereitete den Boden für korrupte Regierungen, Militärdiktaturen oder Einparteiensysteme und erklärt auch, weshalb viele der unabhängigen afrikanischen Staaten von Beginn an von Korruption und internen Konflikten gezeichnet sind. Es kommt zu blutigen und langwierigen Bürgerkriegen in Nigeria, Sierra Leone, Liberia und der Elfenbeinküste sowie zu einer Reihe von Staatsstreichen in Ghana und Burkina Faso. Die politische Instabilität und die meist undemokratischen Regime behindern weitgehend eine positive wirtschaftliche Entwicklung.

Die meisten Wirtschaftssysteme der afrikanischen Staaten waren zudem einseitig auf den Export von Rohstoffen ausgerichtet. Aus diesem Grund traf Afrika ab den 1970er-Jahren der Verfall der Rohstoffpreise aufgrund der weltweit schwächelnden Konjunktur und dem gleichzeitig steigenden Ölpreis besonders hart. In den nachfolgenden Jahrzehnten fiel die wirtschaftliche Entwicklung Afrikas immer weiter hinter die anderer Weltregionen zurück. Die Auslandsverschuldung stieg von weniger als zehn Milliarden US-Dollar im Jahr 1970 innerhalb von drei Jahrzehnten auf über 200 Milliarden US-Dollar an.

Afrika auf dem Weg in ein neues Jahrtausend – Demokratisierungswelle der 1990er-Jahre

Statt kolonialer Abhängigkeit avancierte Afrika während des Kalten Krieges zu einem Spielball der Großmächte USA und Sowjetunion. Beide Mächte fochten in Afrika mehrere Stellvertreterkriege aus. Im Sechs-Tage-Krieg (1967) und im Jom-Kippur-Krieg (1973) unterstützte die Sowjetunion Ägypten und Syrien, während die USA Israel mit Waffen versorgte. Während des Bürgerkrieges in Angola (1975-2002) unterstützten beide Supermächte offen die verfeindeten Lager und als Helfershelfer lieferten Südafrika und Kuba Waffen und Soldaten ins Krisengebiet. 1977 überfiel das von den USA unterstützte Somalia das benachbarte Äthiopien, das die Invasion durch die Unterstützung der Sowjetunion abwehren konnte. Das sowjetische Regime ging enge Verbindungen mit radikalen Machthabern in Ghana, Guinea, Mali und später in Angola, Mosambik und Äthiopien ein. Der politische Einfluss der Sowjetunion endete schlagartig mit dem Fall des Eisernen Vorhangs und der Auflösung der Sowjetunion in den frühen 1990er-Jahren.

Für Afrika brachten die 1990er-Jahre einen enormen Wandel. Das Ende des Ost-West-Konflikts löste einen wahren Demokratisierungsschub aus. Allein 1990 wurden in 16 afrikanischen Staaten Mehrparteiensystemen eingeführt oder zumindest in Aussicht gestellt. Eine damit verbundene bessere Regierungsführung, die Beendigung zahlreicher Bürgerkriege sowie ein weitreichender Schuldenerlass kurbelte die Wirtschaft in vielen Staaten an. Seit Mitte der 1990er-Jahre erlebt Afrika ein wieder zunehmendes Wirtschaftswachstum. Die ausländischen Direktinvestitionen in Afrika vor allem durch die Volksrepublik China steigen an und die durch das wirtschaftliche Erwachen des Reiches der Mitte wieder anziehenden Rohstoffpreise kommen auch vielen afrikanischen Staaten zugute. In erster Linie füllen jedoch die gestiegenen Einnahmen aus Rohstoffexporten noch immer die Taschen der herrschenden Machteliten oder werden von multinationalen Konzernen abgeschöpft, statt den jeweiligen Ländern und der Bevölkerung zugutezukommen.

Allein Südafrika gelingt nach dem Zweiten Weltkrieg die Transformation einer ursprünglich vor allem auf den Export von Gold, Diamanten und Agrarprodukten basierenden Wirtschaft zu einer diversifizierten Industrie- und Dienstleistungswirtschaft. Anzumerken bleibt, dass die schwarze Bevölkerungsmehrheit hier erst seit 1994 an der Regierung beteiligt ist. Nach dem Zweiten Weltkrieg führte die weiße Minderheitsregierung ein System der Rassentrennung, die Apartheid, ein. In den 1970er- und 1980er-Jahren wuchs unter Nelson Mandela der Widerstand der schwarzen Bevölkerung und erst 1994 fanden die ersten freien Wahlen statt, zu denen erstmalig alle Bevölkerungsgruppen zugelassen wurden.

Neokolonialismus und der Kampf um Rohstoffe – der erneute Wettlauf um Afrika

Nach dem Zerfall der Sowjetunion und dem Ende des Kalten Krieges ist das wirtschaftliche Erwachen des chinesischen Riesenreiches von entscheidender Bedeutung nicht nur für die Weltwirtschaft und die Rohstoffmärkte, sondern auch für Afrika. Denn Rohstoffe sind die mit Abstand wichtigsten Exportgüter Afrikas und damit zusammenhängend kommt den afrikanischen Wirtschaftssektoren Bergbau, Agrar sowie der Förderung von Öl und Gas eine steigende Bedeutung zu.

Rohstoffvorkommen und -förderung in Afrika

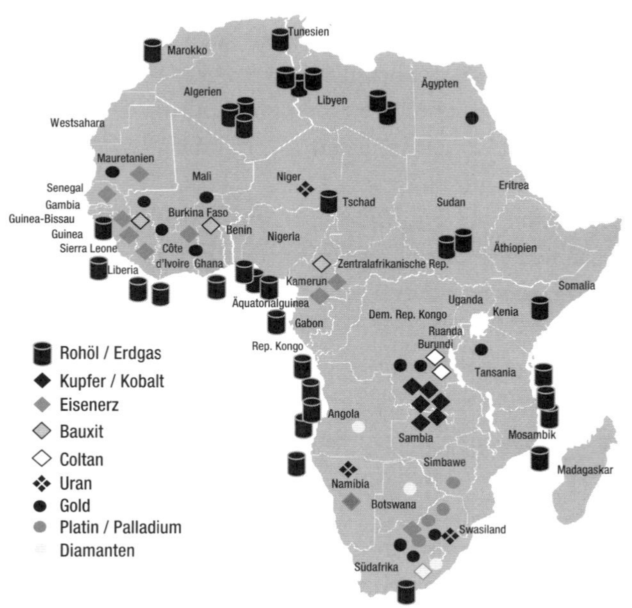

Quelle: Wikipedia, US Geological Survey, 2012

Durch den seit nunmehr einem Jahrzehnt anhaltenden Boom der Rohstoffmärkte, ausgelöst durch zwei Jahrzehnte der Unterinvestitionen und des rasanten Wirtschaftswachstums der chinesischen Volkswirtschaft, hat sich die Wahrnehmung des afrikanischen Kontinents geändert. Denn während die Staaten Afrikas in der Weltwirtschaft an sich keine große Rolle spielen, sind die Bodenschätze wie Rohöl, Bauxit, Eisenerz, Kupfer oder Uran sowie die landwirtschaftlich nutzbaren Flächen des Kontinents dagegen von zunehmender Bedeutung für die Welt.

Die Aktivitäten westlicher multinationaler Konzerne und von China führen zu der Schlussfolgerung, dass der Wettlauf um die Ressourcen des afrikanischen Kontinents eingeläutet wurde.

Die in vielen Regionen Afrikas erneut gestiegene, vor allem wirtschaftliche Einflussnahme der Industrienationen inklusive China wird oft in Anspielung auf die afrikanische Kolonialzeit als Neokolonialismus bezeichnet. 2010 war in diesem Zusammenhang ein bedeutendes Jahr, denn die Investitionen Chinas in die afrikanische Öl- und Gasförderung, in den Bergbausektor und in die hierzu notwendige Infrastruktur überstiegen erstmalig die gesamten Investitionen der Weltbank in Afrika. Über zehn Milliarden US-Dollar investierte China 2010 in Afrika, mittlerweile übersteigt der bilaterale Handel zwischen China und Afrika 120 Milliarden US-Dollar. Das Reich der Mitte hatte bereits 2009 die USA als wichtigsten Handelspartner Afrikas abgelöst.

Seit dem Beitritt Chinas zur Welthandelsorganisation im Jahr 2001 beschleunigt sich das Wachstum des Riesenreiches und die Nachfrage nach Rohstoffen wächst dramatisch. Innerhalb von zehn Jahren stieg der Anteil Chinas an der weltweiten Rohstoffnachfrage enorm.

Im Jahr 2011 ist China für annähernd 40 Prozent der globalen Nachfrage nach Aluminium, Kupfer, Zink, Stahl, Eisenerz und Kohle verantwortlich und auch die Nachfrage nach Rohöl und

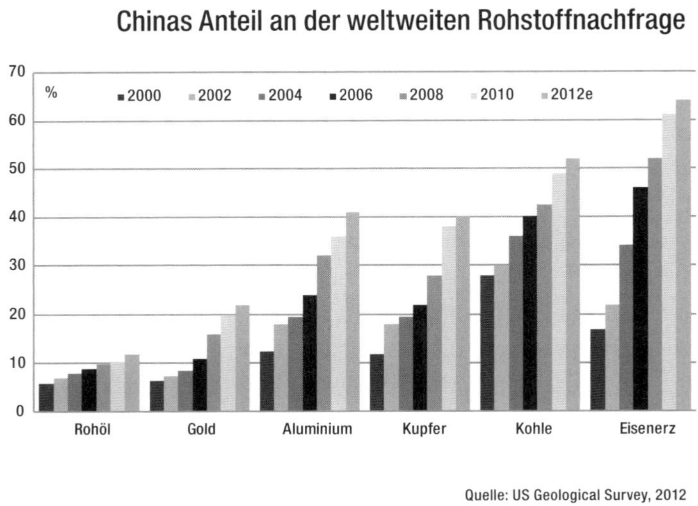

Gold ist dramatisch gestiegen. So ist davon auszugehen, dass China in den nächsten Jahren die USA als größten Importeur von Rohöl ablösen wird. Still und heimlich ist China ebenfalls zum größten Goldproduzenten der Welt aufgestiegen. Doch um die Devisenreserven des Landes gegenüber US-Dollar, Euro und Yen zu diversifizieren, bleibt die Nachfrage nach dem Metall weiter hoch.

Als Garant für das weitere Wachstum ist das Reich der Mitte seit einigen Jahren bestrebt, sich den Zugang zu wichtigen Rohstoffen überall auf der Welt zu sichern. Der Rohstoffreichtum Afrikas ist dabei eine große Verlockung für die Investoren chinesischer Staatsfirmen. Hierbei sind die Chinesen auch weniger zurückhaltend als europäische oder amerikanische Unternehmen oder Regierungen, die bislang hinsichtlich Geschäften mit afrikanischen Diktatoren und Despoten defensiver agierten. Im Mai 2006 bringt es das Magazin *Der Spiegel* auf den Punkt und widmet

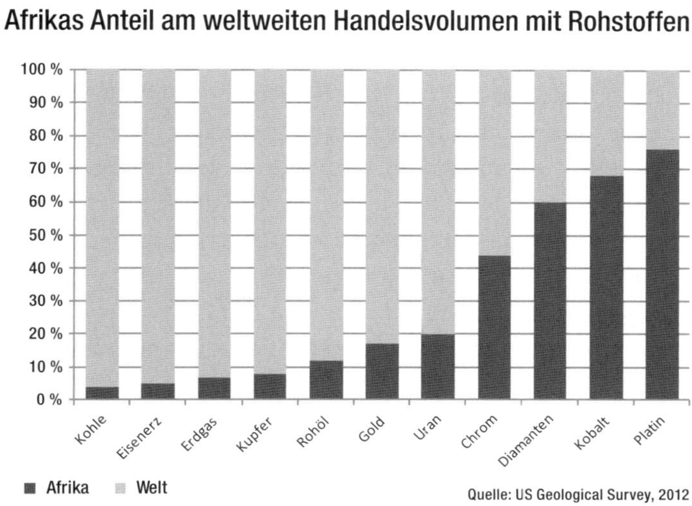

dem „Kampf um Rohstoffe – Die knappen Schätze der Welt" und der Rolle der Chinesen ein Sonderheft.

In Afrika steht in vielen Ländern der Zugang zu Rohstoffen im Mittelpunkt des Interesses. Traditionell ist dies die Ölgewinnung in Nordafrika, der Bergbau im Westen Afrikas und neuerdings die Zunahme ausländischer Investitionen in Agrarflächen im Osten des Kontinents.

Kritisch ist zu den Investitionen multinationaler Konzerne in Afrika anzumerken, dass diese – oft verbunden mit steuerlichen und arbeitsrechtlichen Begünstigungen für den Investor – oft der Mehrheit der Bevölkerung in den jeweiligen Ländern nicht zugutekommen. Meist versickern die Zahlungen ausländischer Unternehmen im Regierungsapparat oder auf den Konten der herrschenden Eliten des Landes. Als Negativbeispiele dienen zu Recht Länder wie Angola, Nigeria oder der Kongo. Im Gegenzug nutzen die international agierenden Firmen die niedrigen

Lohn-, Sozial- und Umweltstandards, um sich den Zugang zu Rohmaterialien und billigen Arbeitskräften zu sichern. International steht oft der Umweltaspekt dieser Politik im Mittelpunkt der Kritik, beispielsweise bei der Förderung von Rohöl im Nigerdelta, der Abholzung tropischer Wälder, dem Export von Elfenbein oder der Lagerung von Giftmüll. Übersehen wird dabei oft auch, dass die meist einseitig auf den Export von Rohstoffen ausgerichteten Wirtschaftssysteme damit gefestigt werden und keine Entwicklung in Bezug auf den Zugang zu neuen Produktionsmethoden oder neuen Technologien stattfindet. Auch müssen sich sowohl westliche Regierungen als auch multinationale Konzerne den Vorwurf gefallen lassen, zahllose korrupte und despotische Regime in Afrika installiert, unterstützt und stabilisiert zu haben, die ihren wirtschaftspolitischen Interessen dienten.

Afrika beliefert die chinesische Volkswirtschaft überwiegend mit Rohstoffen wie Rohöl, Eisenerz, Kupfer, Nickel und Holz. So stammt mittlerweile ein Drittel der gesamten chinesischen Ölimporte aus Afrika und die Tendenz ist steigend.

Die Bodenschätze sind jedoch ungleich auf dem Kontinent verteilt. In den Staaten Nordafrikas fließen die Deviseneinnahmen vor allem durch die Förderung von Erdöl und Erdgas. Neben Algerien und Libyen im Norden sind vor allem Nigeria und Gabun bedeutende Erdölexporteure. In jüngster Zeit wurden auch vor den Küsten Angolas und Äquatorialguineas sowie im Südsudan und im Tschad Ölfelder erschlossen. Analog zu den Funden vor Brasilien entwickelt sich die Tiefsee vor Westafrika zum ertragreichen Gebiet für die internationalen Ölkonzerne.

Im Westen und im Süden des Kontinents liegen bedeutende Vorkommen an Eisenerz (Guinea, Sierra Leone, Liberia), Bauxit (Guinea), Kupfer (Demokratische Republik Kongo, Sambia) und Uran (Namibia, Niger) sowie von Gold und Diamanten (Südafrika, Botswana, Angola, Liberia, Sierra Leone). In den letzten Jahren sind landwirtschaftlich nutzbare Flächen im Osten des afrikanischen Kontinents verstärkt in das Blickfeld ausländischer Investoren gerückt. Die Côte d'Ivoire ist traditionell einer der größten Produzenten und Exporteure von Kakao.

Die folgenden Kapitel vermitteln einen Überblick über die aktuelle und zukünftige Förderung von Rohstoffen in den einzelnen afrikanischen Ländern und Regionen. Fast überall haben sich entweder die Chinesen oder große multinationale Konzerne – meist in Zusammenarbeit mit kleinen spezialisierten Explorationsunternehmen – abbaubare Vorkommen gesichert. Das für die Entwicklung nötige Kapital übersteigt in vielen Fällen die Wirtschaftskraft der jeweiligen Länder um ein Vielfaches. Dies hat natürlich für die betroffenen Länder sowie für die Bevölkerung und die Umwelt zum Teil weitreichende Folgen.

KAPITEL 3

Afrikas steigende Bedeutung im weltweiten Geschäft mit Rohöl

NIGERIA, ANGOLA, ALGERIEN, LIBYEN UND OFFSHORE WEST- UND OSTAFRIKA

Vier Länder in Afrika fördern rund drei Viertel des auf dem Kontinent produzierten Rohöls. Der Anteil an der weltweiten Produktion wächst beständig, denn die Förderung vieler bestehender Ölfelder ist rückläufig und der Energiehunger der aufstrebenden Volkswirtschaften ist gigantisch. Die Entdeckung neuer Vorkommen in der Tiefsee vor West- und Ostafrika weckt neue Fantasien. Die unerschlossenen Ressourcen des Schwarzen Kontinents waren noch nie so gefragt wie heute.

„Africa has enormous potential.
It's still the great undeveloped continent.
It doesn't need aid, it needs investment."

– Aidan Heavey, Founder and CEO of Tullow Oil

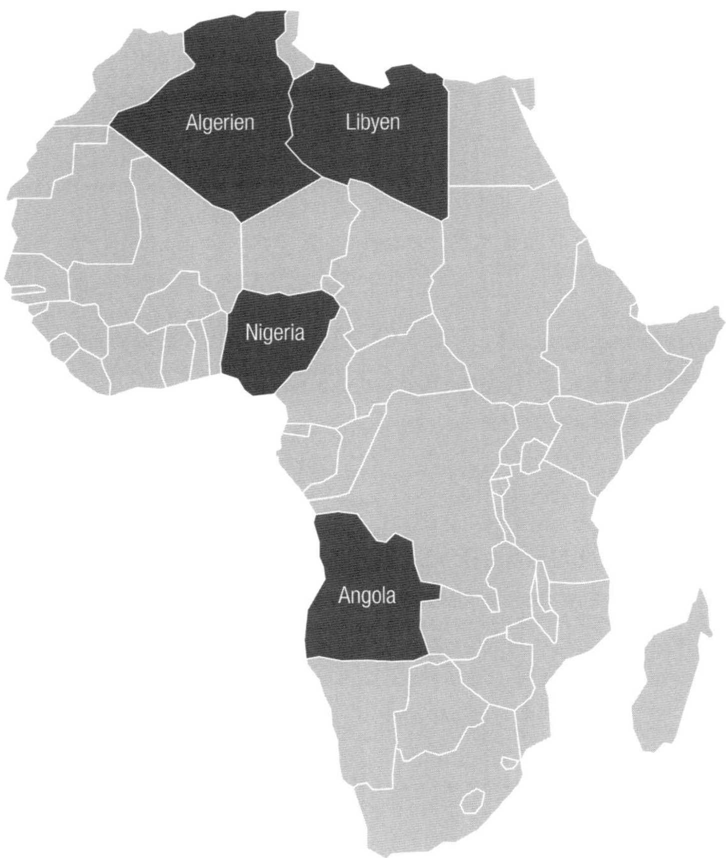

Auf dem afrikanischen Kontinent werden rund zehn Millionen Fass Rohöl pro Tag produziert, was knapp zwölf Prozent der weltweiten täglichen Ölproduktion entspricht. Die Bedeutung von Afrika auf den internationalen Energiemärkten wächst beständig. Seit 2000 ist die Erdölförderung auf dem afrikanischen Kontinent um 30 Prozent gewachsen und somit hat der Anteil an der weltweiten Ölförderung kontinuierlich zugenommen. Die langfristige Bedeutung von Afrika auf der Energieseite haben vor allem die USA und China erkannt, deren Ölimporte aus Afrika seit Jahren steigen. Aktuell beziehen die Vereinigten Staaten rund ein Viertel ihrer Ölimporte aus Afrika, bei China ist der Anteil bereits auf 30 Prozent gestiegen – Tendenz weiter steigend. Die strategische Bedeutung des afrikanischen Kontinents hinsichtlich der Rohstoffversorgung hat insbesondere für die stark wachsende chinesische Volkswirtschaft zugenommen.

Die vier größten Öl fördernden Länder in Afrika – Nigeria, Algerien, Angola und Libyen – vereinen zusammen über drei Viertel der gesamten Ölförderung des Kontinents. Die Abhängigkeit dieser Länder von den „Petrodollars“ ist enorm. Die Einnahmen aus der Ölförderung haben einen Anteil von über 90 Prozent an den Exporterlösen aller vier Länder.

Aus Nigeria, Angola, Algerien und Libyen stammen über drei Viertel der gesamten afrikanischen Ölproduktion

Zu den anderen Öl produzierenden Ländern gehören Ägypten, Sudan, Republik Kongo, Äquatorialguinea, Gabon, Tschad und Tunesien. Darüber hinaus wird in einer Vielzahl von afrikanischen Ländern derzeit nach Öl gesucht. Wichtiger noch als die aktuelle Produktion ist das Potenzial der afrikanischen Rohölproduktion, denn alleine die bereits nachgewiesenen Reserven des Kontinents belaufen sich auf rund 130 Milliarden Fass Rohöl.

Rohölproduktion ausgewählter afrikanischer Staaten 2009-2012

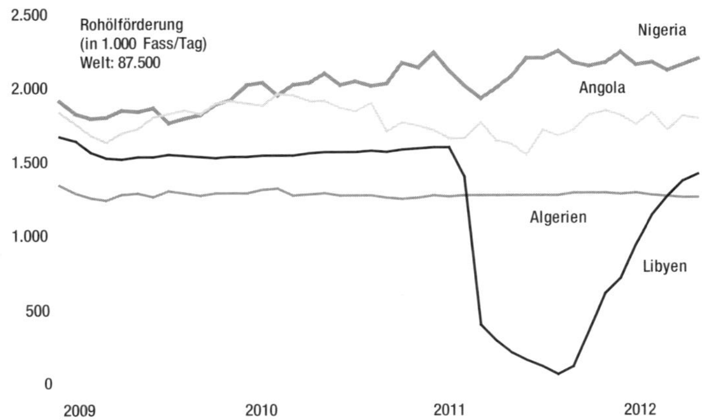

Quelle: Bloomberg, 2012

Ölförderung im Nigerdelta – Nigeria

Mit einem Fördervolumen von fast 2,5 Millionen Fass Öl pro Tag ist Nigeria der mit Abstand größte Ölproduzent in Afrika und mit einer Bevölkerung von fast 160 Millionen Menschen das bevölkerungsreichste Land des Kontinents. Fast die Hälfte der Ölexporte gehen in die USA. Für die Vereinigten Staaten ist Nigeria eines der fünf größten Lieferländer des begehrten Rohstoffes und das afrikanische Land ist alleine für rund zehn Prozent aller amerikanischen Ölimporte verantwortlich. Doch trotz des immensen Ölreichtums lebt der überwiegende Teil der Bevölkerung in Armut, denn der Großteil der Einnahmen aus dem Ölsektor versickert im korrupten Regierungsapparat oder landet in den Taschen der wirtschaftlichen Elite des Landes.

Nigeria ist der größte Ölproduzent Afrikas – das Land überwindet erst Ende der 1990er-Jahre eine der verheerendsten Militärdiktaturen seiner Geschichte

ALGERIEIN

Hauptstadt	Algier
Fläche (km²)	2.381.741
Einwohnerzahl (Millionen)	34,9
Bruttoinlandsprodukt (BIP), in Mrd. USD	160,3
BIP pro Einwohner, in USD	4.593
Human Development Index (HDI)	96/187
Hauptexportgüter: Rohöl und Erdgas (97% der Exporte)	

Quelle: UNDP, CIA World Factbook, Auswärtiges Amt 2012

ANGOLA

Hauptstadt	Luanda
Fläche (km²)	1.246.700
Einwohnerzahl (Millionen)	13,3
Bruttoinlandsprodukt (BIP), in Mrd. USD	85,3
BIP pro Einwohner, in USD	6.395
Human Development Index (HDI)	148/187
Hauptexportgüter: Erdöl (90% der Exporte), Diamanten, landwirtschaftliche Produkte	

Quelle: UNDP, CIA World Factbook, Auswärtiges Amt 2012

NIGERIA

Hauptstadt	Abuja
Fläche (km²)	923.768
Einwohnerzahl (Millionen)	155,2
Bruttoinlandsprodukt (BIP), in Mrd. USD	377,9
BIP pro Einwohner, in USD	2.435
Human Development Index (HDI)	156/187
Hauptexportgüter: Rohöl (95%)	

Quelle: UNDP, CIA World Factbook, Auswärtiges Amt 2012

LYBIEN

Hauptstadt	Tripoli
Fläche (km²)	1.759.540
Einwohnerzahl (Millionen)	6,6
Bruttoinlandsprodukt (BIP), in Mrd. USD	90,6
BIP pro Einwohner, in USD	13.729
Human Development Index (HDI)	64/187
Hauptexportgüter: Rohöl (95%)	

Quelle: UNDP, CIA World Factbook, Auswärtiges Amt 2012

Nach der Unabhängigkeit von Großbritannien im Jahr 1960 blieb Nigeria über Jahrzehnte von Gewaltausbrüchen und inneren Unruhen zerrissen. Verschiedene Militärdiktaturen und Übergangsregierungen lösten sich ab. 1993 übernahm Sani Abacha die Macht in Nigeria. Unter ihm kam es zu einer der brutalsten Militärdiktaturen in der nigerianischen Geschichte. Nach Abachas Tod 1998 vollzog das Land eine Wende in Richtung einer demokratischen Entwicklung. Bei den Wahlen 1999 wurde Olusegun Obasanjo als erster Präsident vereidigt und 2003 in umstrittenen Wahlen bestätigt. Die letzten regulären Wahlen fanden im April 2007 statt, bei denen Umaru Yar'Adua mit 70 Prozent der Stimmen zum Präsidenten gewählt wurde. Nach der Erkrankung des Präsidenten im Jahr 2009 führte Vizepräsident Goodluck Jonathan die Amtsgeschäfte. Nach dem Tod Aduas wurde Jonathan im Mai 2010 als neuer Präsident Nigerias vereidigt. Trotz Unruhen mit Hunderten Toten wurde Jonathan bei der Wahl im Jahr 2011 in seinem Amt bestätigt.

Die Bodenschätze Nigerias inklusive den Öl- und Gasvorkommen sind Eigentum der nigerianischen Regierung. Durch die staatseigene **Nigerian National Petroleum Corporation** (NNPC) partizipiert und reguliert der Staat den inländischen Öl- und Gassektor. Die NNPC ist seit der Nationalisierung der nigerianischen Öl- und Gasindustrie in den 1970er-Jahren ein Joint Venture, mehrheitlich zwischen der nigerianischen Regierung und einigen multinationalen Ölkonzernen, namentlich Royal Dutch Shell, Exxon Mobil, Agip, Total und Chevron. Seit 1971 ist Nigeria Mitglied der OPEC.

Royal Dutch Shell spielt in Nigeria eine dominierende Rolle – der Konzern bestreitet über 40 Prozent der nigerianischen Ölförderung

Der internationale Ölkonzern Royal Dutch Shell ist seit 1937 in Nigeria aktiv. 1956 stieß die Gesellschaft in Oloibiri im Nigerdelta erstmals auf Öl. Dies war der Beginn des Ölzeitalters in Nigeria. In der damaligen britischen Kolonie besaß das Unternehmen das Monopol auf die Rohölförderung. Zwei Jahre später zählte Shell bereits zwölf Ölfunde im Nigerdelta, von denen Oloibiri, Afam und Bomu am aussichtsreichsten erschienen. Von den Funden angelockt, erwarben auch andere Unternehmen wie Exxon Mobil, Texaco und Gulf nach der Unabhängigkeit Anfang der 1960er-Jahre Förderkonzessionen in Nigeria. Das damalige kleine Küstenstädtchen Port Harcourt, rund 70 Kilometer vom Oloibiri-Ölfeld entfernt, ist heute eine bedeutende Ölstadt mit über einer Million Einwohnern, einem Überseehafen und einem internationalen Flughafen, den alleine die Lufthansa viermal pro Woche anfliegt. Royal Dutch Shell fördert heute Rohöl aus mehr als 80 Ölfeldern, was mehr als 40 Prozent der gesamten nigerianischen Ölproduktion ausmacht.

Das Nigerdelta ist das Zentrum der nigerianischen Ölförderung

Westlich von Port Harcourt mündet der Fluss Niger in den Golf von Guinea. Über 50 Jahre Ölförderung haben hier deutliche

Spuren hinterlassen: Das empfindliche Ökosystem der Mangrovenwälder ist stark gestört und das Rohöl hat die Lebensgrundlage der ansässigen Bevölkerung zerstört. Rund zwei Millionen Fass Rohöl aus über 5.000 Bohrlöchern, verteilt auf über 600 Ölfelder, werden hier täglich zutage gefördert, mehr als 7.000 Kilometer Ölpipelines durchziehen das Nigerdelta, ein großer Teil in bedenklichem technischen Zustand. Aus vielen Lecks und auch aufgrund häufiger Öldiebstähle gelangt kontinuierlich Rohöl in die Umwelt, doch auch die Fördermethoden und die mangelnden Sicherheitsstandards der westlichen Unternehmen haben beträchtlichen Anteil an dieser Entwicklung. So floss im Juni 2010 aus einer Pipeline von Exxon Mobil sieben Tage lang Öl, bis das Leck ausgebessert wurde – Schätzungen gehen von bis zu 100.000 Tonnen freigesetztem Rohöl aus. Nach einer im August 2011 veröffentlichten Studie des Umweltprogramms der Vereinten Nationen (UNEP) sind die Umweltverschmutzungen im Nigerdelta so schwerwiegend, dass eine Sanierung der betroffenen Region bis zu 30 Jahre in Anspruch nehmen und Kosten von bis zu einer Milliarde US-Dollar verursachen würde.

Das Nigerdelta ist aufgrund des Ölreichtums oft auch Zentrum gewalttätiger Auseinandersetzungen: Sabotagen, Entführungen und Vergeltungsaktionen der Regierung sind an der Tagesordnung. Insbesondere das Siedlungsgebiet der Ogoni ist umkämpft. In den 1980er-Jahren wuchs der Widerstand gegen die Ölförderung, die ohne Beteiligung der Bevölkerung und ohne Rücksicht auf den Umweltschutz durchgeführt wurde. Ken Saro-Wiwa, nigerianischer Bürgerrechtler, Schriftsteller und Fernsehproduzent, gründete die MOSOP (Movement for the Survival of the Ogoni People) und es kam zum offenen Aufstand. Als es bei Massenprotesten 1993 zu Unruhen kam, lies die nigerianische Militärdiktatur über 2.000 Menschen hinrichten und vertrieb schätzungsweise 80.000 Menschen. Vor den Augen der Weltöffentlichkeit wurden in einem

Schauprozess Saro-Wiwa und acht weitere MOSOP-Führer zum Tode verurteilt und hingerichtet. Die Ölfelder im umkämpften Ogoniland liegen noch heute zum Teil brach. Seit Anfang 2006 kämpft die Rebellengruppe Movement for the Emancipation of the Niger Delta dafür, dass die einheimischen Minderheiten die Kontrolle über das Nigerdelta erlangen. Die größte Minderheit stellen die Ijaw, die sich wie viele andere Gruppen in den Mangrovensümpfen versteckt halten. Die Niger Delta Liberation Force (NDLF) beispielsweise ist in den letzten Jahren für zahlreiche Entführungen von Shell- und Chevron-Mitarbeitern verantwortlich.

Das Bevölkerungswachstum, die ungleiche Verteilung der Einnahmen aus der Ölförderung und ethnische Konflikte lassen die Region nicht zur Ruhe kommen und sorgen immer wieder für Unruhen in den Ölfördergebieten Nigerias.

Große Ölvorkommen vor der Küste – Angola

In Angola entflammte nach der Unabhängigkeit von Portugal im Jahr 1975 ein mörderischer Bürgerkrieg, der fast 30 Jahre andauerte. Die MPLA-Regierung (Movimento Popular de Libertação de Angola) finanzierte den Krieg durch die Ausbeutung der Erdölvorkommen vor der Küste, die UNITA-Rebellen (União Nacional para a Independência Total de Angola) durch die Ausbeutung der Diamantenvorkommen im Nordosten des Landes. Bei den bewaffneten Auseinandersetzungen zwischen den Befreiungsbewegungen FNLA, MPLA und UNITA behielt die MPLA die Oberhand. In dem der Unabhängigkeit folgenden Bürgerkrieg gab die FNLA nach kurzer Zeit auf, während ihn die UNITA bis zum Tode ihres Anführers Jonas Savimbi im Jahre 2002 weiterführte. Der Bürgerkrieg in Angola hat die politischen und gesellschaftlichen Einrichtungen des Landes stark in Mitleidenschaft gezogen. Die Vereinten Nationen schätzen, dass es in Angola 1,8 Millionen Flüchtlinge gab. Mehrere Millionen Menschen waren direkt von den Kriegshandlungen betroffen. Seit dem Ende des Bürgerkriegs im Jahre 2002 sind massive Bemühungen um einen Wiederaufbau unternommen worden. Der Ölreichtum spielt hierbei eine wichtige Rolle: Über 90 Prozent der Exporte, rund 80 Prozent des Staatshaushaltes und fast die Hälfte der Wirtschaftsleistungen Angolas stammen aus dem Ölsektor.

Die politische Macht in Angola ist auf das Präsidentenamt konzentriert. Der Präsident, José Eduardo dos Santos, ist zugleich Regierungschef, Oberkommandierender der Streitkräfte und steht dem Ministerrat vor. Die Gouverneure der 18 Provinzen werden vom Präsidenten ernannt und handeln nach seinen Vorstellungen. In den Parlamentswahlen von 2008 erhielt die MPLA knapp über 80 Prozent der Stimmen, während der UNITA sowie der FNLA kaum noch zahlenmäßiges Gewicht zukam. Eine 2010 verabschiedete neue Verfassung stärkte inzwischen die Stellung der MPLA und besonders des Staatspräsidenten in einem Maße, das es rechtfertigt, von einem stark autoritären Präsidialsystem zu sprechen.

Fast 30 Jahre Bürgerkrieg – nun ein weiteres autoritäres Regime

Angolas Wirtschaft leidet noch immer unter den Folgen des jahrzehntelangen Bürgerkriegs. Doch dank seiner Bodenschätze – vorrangig der Ölvorkommen – gelang dem Land während der letzten Jahre ein bemerkenswerter wirtschaftlicher Aufschwung. Mit einer Wirtschaftsleistung von rund 60 Milliarden US-Dollar gehört Angola zu den zehn stärksten afrikanischen Volkswirtschaften. Allerdings kommen die Einkünfte aus den Rohstoffvorkommen nicht bei der Bevölkerung an, von der ein großer Teil in Armut lebt, sondern versickern überwiegend bei den politischen und wirtschaftlichen Eliten. Im Human Development Index der Vereinten Nationen nimmt Angola stets einen der letzten Plätze ein.

Erstmalig wurde in Angola 1955 Öl gefunden, doch den Beginn des Ölzeitalters für das Land markiert die Entdeckung eines Offshore-Ölfeldes vor der angolanischen Provinz Cabinda in den 1960er-Jahren. Mit der Förderung wurde 1968 begonnen und noch heute hat Cabinda den größten Anteil an der angolanischen Rohölproduktion, die über 80 Prozent des Staatshaushaltes ausmacht. Block Zero, das Zentrum der Ölförderung vor der Küste Cabindas, produziert über eine halbe Million Fass Öl pro Tag, also über ein Viertel der gesamten Ölproduktion des Landes. Betreiber des Feldes sind die Amerikaner: Die Cabinda Gulf Oil Company (Cabgoc) ist eine Tochter des US-Multis Chevron, der einen Anteil von 39 Prozent an Block Zero hält. Agip und Total haben je einen Anteil von zehn Prozent und die staatliche Ölgesellschaft Sonangol kommt auf 41 Prozent. In den 1990er-Jahren wurden in den Blöcken 14, 15, 17 und 18 ebenfalls bedeutende Rohölfunde gemacht.

Block Zero vor der Küste Cabindas ist die Gelddruckmaschine Angolas und des amerikanischen Öl-Multis Chevron

Die gesamten Erdöl- und Gasreserven des Landes werden von dem 1976 gegründeten staatlichen Ölunternehmen **Sonangol (Sociedade Nacional de Combustíveis de Angola)** verwaltet. Trotz der früheren Unterstützung der UNITA in Angola während des Bürgerkrieges etablierte die MPLA-Regierung des Landes eine pragmatische Partnerschaft mit China. Angola ist mittlerweile der größte Handelspartner von China in Afrika. 2010 bezog das Reich der Mitte rund 40 Prozent des in Angola geförderten Rohöls, was in etwa 15 Prozent der gesamten Ölimporte Chinas entsprach. Die staatliche chinesische Ölfirma Sinopec kaufte sich 2004 in Angola ein und gründete mit

China importiert mehr Rohöl aus Angola als aus Saudi-Arabien der nationalen Ölgesellschaft des Landes, Sonangol, ein Joint Venture. Bereits Anfang 2006 importierte China mehr Rohöl aus Angola als aus Saudi-Arabien, dem weltgrößten Rohölproduzenten. Im Januar 2007 wurde Angola als zwölftes Mitglied in die Organisation Erdöl exportierender Länder (OPEC) aufgenommen. Neben den Chinesen sind in Angola fast alle westlichen Öl-Multis, allen voran Chevron, ExxonMobil und die französische Total, aktiv. Sonangol ist über Joint-Venture-Beteiligungen oder Production Sharing Agreements (PSA) an allen Aktivitäten beteiligt. Mit einer täglichen Förderung von über einer halben Million Fass Öl pro Tag ist die amerikanische Chevron eine der größten Fördergesellschaften vor Ort. 2009 begann die Ölförderung in zwei neuen Feldern, Mafumeira Norte und Tombua-Landana.

Öl und Gas aus der Wüste – Algerien

Algerien und die Demokratische Republik Kongo sind die größten Länder des afrikanischen Kontinents. Das vorwiegend arabisch geprägte und fast vollständig vom Islam dominierte Algerien gehört aufgrund der hohen Einnahmen aus der Öl- und Gasförderung vom Pro-Kopf-Einkommen her zu den reicheren Ländern Afrikas und ist ebenfalls Mitglied der OPEC. Nach dem Algerienkrieg (1954-1962) folgte die endgültige Loslösung von der Kolonialmacht Frankreich. Anfang der 1990er-Jahre versank das Land im Bürgerkrieg zwischen der Regierung und verschiedenen islamischen Gruppierungen des Landes. Nach einem sich abzeichnenden Sieg der Islamischen Heilsfront (FIS) wurden die Wahlen abgebrochen und im März 1992 erfolgte die Anordnung zur Auflösung der Partei, die daraufhin zum bewaffneten Kampf aufrief. Im April 1999 wurde mit Unterstützung des Militärs Abdelaziz Bouteflika zum Staatspräsidenten gewählt, der eine Politik der nationalen Aussöhnung betrieb sowie für die Privatisierung öffentlicher Betriebe und die schrittweise Öffnung des Erdöl- und

Erdgassektors für private Investitionen eintrat. Insgesamt kostete der Bürgerkrieg in Algerien über 100.000 Menschen das Leben. Anfang April 2009 wurde Bouteflika zum dritten Mal als Staatspräsident Algeriens bestätigt. Die Wahl wurde von mehreren gewaltsamen Zwischenfällen überschattet, internationale Beobachter beanstanden die noch immer hohe Korruption und den Einfluss des Militärs im Land.

Algerien ist der drittgrößte Ölproduzent Afrikas

Algerien ist mit einer Förderung im Jahr 2010 von rund 1,8 Millionen Fass Öl am Tag der drittgrößte Ölproduzent auf dem afrikanischen Kontinent und seit 1969 Mitglied der OPEC. Der Wüstenort Hassi Messaoud ist das Zentrum der algerischen Öl- und Gasindustrie. Bei Dunkelheit ist der Ort schon von Weitem auszumachen, denn wie riesige Fackeln weisen die brennenden Ölbohrtürme, an denen das überschüssige Gas der Ölförderung abgebrannt wird, den Weg durch die Wüste. Der Legende nach stieß im 19. Jahrhundert ein Beduinenjunge, der auf der Suche nach Wasser einen Brunnen gegraben hatte, hier auf Öl.

Hassi Messaoud ist das Zentrum der algerischen Ölindustrie

Hassi Messaoud, rund eine Flugstunde südöstlich der Landeshauptstadt Algier in der östlichen Sahara, liegt in einem riesigen militärischen Sperrgebiet. Etwa eine halbe Million Menschen leben und arbeiten hier nur für die Ölindustrie und jedes Jahr werden über 100 neue Bohrlöcher gebohrt. Im Gegensatz zu Nigeria ist die algerische Ölindustrie weitgehend von Anschlägen und Entführungen verschont geblieben, denn das Sicherheitsaufkommen ist enorm. Jeder einzelne Bohrturm wird von Polizisten bewacht und die Mitarbeiter der Ölfirmen bewegen sich fast immer mit Polizeieskorte. Neben der Ölproduktion erlangte der Ort Hassi Messaoud im Juli 2001 über die internationalen Medien eine traurige Berühmtheit, als ein fundamentalistischer Imam zu einer grausamen Hetzjagd gegen Frauen aufrief: Ein Mob von mehreren Hundert Männern zog damals durch die Stadt, Dutzende Frauen wurden in einer Nacht gefoltert, nackt durch die Straßen getrieben und mit Steinen beworfen.

Die staatliche Ölgesellschaft Sonatrach ist eines der größten Unternehmen in Afrika und dominiert die Öl- und Gasindustrie Algeriens

Hassi Messaoud ist das größte Ölfeld in Algerien und wird von der staatlichen Ölgesellschaft **Sonatrach** (Société Nationale pour la Recherche, la Production, le Transport, la Transformation, et la Commercialisation des Hydrocarbures s.p.a.) betrieben. Sonatrach ist das größte Unternehmen Algeriens und eine der größten Ölgesellschaften weltweit. Die Gesellschaft wurde kurz nach der Unabhängigkeit Algeriens gegründet und übte nach den Enteignungen westlicher Ölgesellschaften lange Zeit ein Monopol im Öl- und Gassektor aus. Seit Mitte der 1980er-Jahre ist es für ausländische Ölgesellschaften, in Zusammenarbeit mit Sonatrach, wieder möglich, in Algerien aktiv zu sein. Weitere Reformen im Jahr 2005 hoben das Nationalisierungsgesetz zwar auf, wurden im Folgejahr jedoch wieder zurückgeschraubt. Ausländische Ölgesellschaften sollten ermutigt werden, in Algerien zu investieren. Seitdem ist es ausländischen Unternehmen mit einer Minderheitsbeteiligung möglich, in Algerien nach Öl- und Gasvorkommen zu suchen. Zudem fällt eine Sondersteuer ab einem Ölpreis von 30 US-Dollar an.

Neben dem Hassi-Messaoud-Ölfeld, das pro Tag fast eine halbe Million Fass Öl fördert, betreibt Sonatrach noch weitere Felder wie Hassi R'Mel, Tin Fouye Tabankort Ordo, Zarzaitine, Haoud Berkaoui/Ben Kahla und Ait Kheir. Daneben verfügt die Gesellschaft über 4.000 km an Pipelines.

Erdgaspipelines verbinden außerdem Algerien mit Europa. Das Land ist mit einem Anteil von rund 30 Prozent nach Russland und Norwegen der größte Gaslieferant Europas und beliefert insbesondere Portugal, Spanien, Griechenland und Frankreich. Etwa die Hälfte der Gasexporte verkauft Algerien in verflüssigter Form als „liquefied natural gas“ (LNG).

Algerien ist nach Russland und Norwegen der größte Lieferant von Erdgas nach Europa

Das Ende einer Diktatur – Libyen

Rebellen kämpfen gegen Regierungstruppen in den Straßen. Jets der USA und der NATO-Verbündeten fliegen Kampfeinsätze. Die libysche Hafenstadt Brega ist im Frühjahr 2011 hart umkämpft. Verzweifelt versucht sich Libyens Diktator Muammar al-Gaddafi gegen die drohende Entmachtung zu stemmen. Im Zuge der Proteste in der arabischen Welt im Frühjahr 2011 und den Regimewechseln in Ägypten und Tunesien, dem „Arabischen Frühling“, ist es auch in Libyen zu anfangs friedlichen Protesten gekommen. Doch nach dem gewaltsamen Vorgehen gegen die Demonstranten eskaliert die Situation und es kommt zum Aufstand der Bevölkerung, der schließlich in einen Bürgerkrieg mündet.

Doch im Vergleich zu Ägypten und Tunesien ist die Situation hier anders: Denn Libyen ist mit einer täglichen Ölförderung von 1,7 Millionen Fass einer der größten Ölproduzenten Afrikas, dessen Ölexporte fast ausschließlich nach Europa gehen. Die ehemaligen Kolonialmächte Italien, Frankreich und Großbritannien decken einen bedeutenden Teil ihrer Rohölimporte mit libyschem Öl – und auch Deutschland importiert knapp zehn Prozent des benötigten Rohöls aus Libyen.

Nach Norwegen und Russland ist Libyen Europas wichtigster Öllieferant

Nach Norwegen und Russland ist Libyen der drittwichtigste Öllieferant für Europa. Mit Beginn der Kampfhandlungen ist die Förderung beinahe komplett zum Erliegen gekommen, denn fast drei Viertel der gesamten Ölproduktion werden von westlichen Ölfirmen wie Eni, OMV, Wintershall, Repsol, Total, Statoil, Occidental, Oasis oder Conoco gefördert. Alle diese Firmen haben einen Großteil ihrer Mitarbeiter aus dem Land abgezogen.

Nach der italienischen Annexion und britisch-französischer Besatzung während des Zweiten Weltkriegs wurde Libyen 1951 in die Unabhängigkeit entlassen. Die eingeführte Monarchie ist jedoch nur von kurzer Dauer. Durch einen Militärputsch kommt 1969 Oberst Muammar al-Gaddafi an die Macht, an der er bis 2011 festhalten kann. Die Entdeckung reicher Erdölvorkommen seit 1959 macht Libyen zu einem der bedeutendsten Erdöl exportierenden Länder der Welt und lockt viele westliche Ölgesellschaften ins Land.

Der Aufstand gegen Gaddafi bringt die Ölproduktion des Landes zum Erliegen

Der Ölhafen Brega ist seit den 1960er-Jahren der wichtigste Umschlagplatz. In der Region um Brega, Sirte, befinden sich rund 70 Prozent der libyschen Ölreserven. Wer Brega kontrolliert, kontrolliert auch einen Großteil der Ölexporte des Landes. Aber der 68-jährige Diktator steht auf verlorenem Posten: Ende August 2011 rücken Aufständische in Tripolis ein und übernehmen die Macht. Nach fast zwei Monaten Versteckspiel wird der ehemalige Machthaber Gaddafi in der Nähe seiner Heimatstadt Sirte bei Kampfhandlungen getötet. In Libyen übernimmt der Nationale Übergangsrat die Macht – die Ära eines der schillerndsten afrikanischen Machthaber ist beendet. Als Revolutionsführer bestimmte er von 1979 bis 2011 diktatorisch die Politik Libyens. Über 40 Jahre Diktatur hinterlassen ein zwar ein ölreiches, aber ansonsten armes und von Korruption geprägtes Land. Aus der Ölindustrie stammen rund vier Fünftel aller Regierungseinnahmen, der restlichen Wirtschaft kommt nur eine untergeordnete Rolle zu. Die Einnahmen aus dem Ölgeschäft finden sich auf zahllosen Konten und Beteiligungen des Gaddafi-Clans weltweit. Aber unter der Diktatur Gaddafis wurden auch viele sozialpolitische Maßnahmen umgesetzt, sodass das Wohlstandsgefälle in Libyen zu den geringsten in Afrika zählt. In den vergangenen zehn Jahren wurden auch vorsichtige Schritte hin zu liberalen Reformen gewagt, zum Beispiel die Eröffnung einer Börse in Bengasi.

In den 1960er-Jahren zählt Libyen bereits zu den größten Ölproduzenten weltweit

Libyen ist seit 1962 Mitglied der OPEC. In den 1970er-Jahren nationalisierte das Land schrittweise die Ölkonzessionen der überwiegend westlichen Ölgesellschaften. Hierfür wurde 1970 die **National Oil Corporation** (NOC) als Staatsunternehmen gegründet. Töchterunternehmen der NOC sind die Waha Oil Company, Arabian Gulf Oil Company, Zuetina Oil Company und Sirte Oil Company. Bis zum Sturz des Gaddafi-Regimes produziert die National Oil Corporation mehr als drei Viertel der täglich fast 1,7 Millionen Fass Rohölförderung Libyens.

Die italienische ENI ist einer der größten Investoren im Land

Seit Mitte der 1950er-Jahre ist die italienische ENI in Libyen aktiv. Der Konzern ist der wichtigste ausländische Ölförderer und der größte Investor des Landes. Erst 2007 schließt ENI mit der libyschen Regierung einen Vertrag über fast 30 Milliarden US-Dollar ab, um sich die Förderrechte bis in das Jahr 2042 zu sichern.

Das erste Öl in Libyen wurde von italienischen Kolonisten im Sirte-Becken entdeckt. Zwischen 1956 und 1961 wurden hier mehrere sehr große Ölfelder gefunden. ExxonMobil begann 1961 mit der Produktion. Die Konzessionen gingen später im Zuge der Nationalisierung an die staatliche Ölgesellschaft Libyens, NOC, über. 1966 zählte Libyen bereits zu den zehn größten Ölförderern und war Ende der 1960er-Jahre ein größerer Ölproduzent als Saudi-Arabien. Noch heute zählt das Nasser-Ölfeld im Sirte-Becken, rund 170 Kilometer südlich von Brega, zu den größten der Welt.

Muammar al-Gaddafi – der Sturz eines Diktators

Neben Robert Mugabe und Charles Taylor ist Muammar al-Gaddafi die wohl schillerndste Figur unter den Diktatoren Afrikas. Gaddafi kam durch einen Militärputsch 1969 an die Macht und bestimmte als Revolutionsführer und Diktator bis 2011 das politische Geschick Libyens. Basis seiner Macht waren die sprudelnden Einnahmen aus dem Öl- und Gasreichtum des Landes. Das private Vermögen des Diktators und seiner Familie wurde 2011 auf 80 bis 150 Milliarden US-Dollar geschätzt. Das Verhältnis zum Westen ist gespalten. Zum einen bestehen enge Kontakte zur politischen und wirtschaftlichen Führung Italiens und anderer westlicher Länder, zum anderen wird Gaddafi eine aktive Rolle im internationalen Terrorismus vorgeworfen. Ein prominentes Beispiel ist der Bombenanschlag auf ein Passagierflugzeug über dem schottischen Lockerbie, bei dem über 250 Menschen ums Leben kamen. Im Februar 2011 kam es im Rahmen der Unruhen des Arabischen Frühlings zuerst in den Nachbarländern Ägypten und Tunesien und dann auch in Libyen zu landesweiten Aufständen der Bevölkerung.

Innerhalb weniger Wochen verlor Gaddafi die Kontrolle über weite Teile des Landes. Doch der Diktator wehrte sich gegen den drohenden Machtverlust und es kam zu einem blutigen Bürgerkrieg. Die Rebellen wurden von den USA, Kanada und einigen europäischen Staaten militärisch unterstützt und Gaddafi wurde im Oktober 2011 bei Kampfhandlungen in der Nähe der Stadt Sirte von Aufständischen getötet.

Ende September 2011, einen Monat nach Gaddafis Tod und dem Ende seines Regimes, haben der italienische Ölkonzern ENI und die französische Total die Ölproduktion in Libyen wieder aufgenommen. Nach Schätzungen von Experten wird es aber ein bis zwei Jahre dauern, bis die libysche Ölproduktion wieder auf dem Niveau des Vorjahres, vor Ausbruch des Bürgerkrieges, angekommen ist.

Ölförderung in der Tiefsee vor Afrikas Küsten – Das Wachstum der Zukunft?

„It started in a small town called Tullow,
about 35 miles south of Dublin [...].
I was talking to a friend of mine
in the bank one day and he was talking about
small oil fields in Africa ...“

– Aidan Heavey, Founder and CEO Tullow Oil

Ende November 2011, der Preis für ein Fass Rohöl der Sorte WTI handelte bei rund 100 US-Dollar, weihte der französische Ölkonzern Total die bislang größte schwimmende Ölplattform der Welt ein: Pazflor. Das Ungetüm ist so groß wie drei Fußballfelder, erstreckt sich über fünf Stockwerke und wiegt über 120.000 Tonnen – rund neun Milliarden US-Dollar hat sich Total die Investition kosten lassen. In Betrieb geht Pazflor vor der Küste Angolas, rund 150 Kilometer von der angolanischen Hauptstadt Luanda entfernt. In einer Meerestiefe von etwa 1.000 Metern wird in einer Bohrtiefe von etwa 2.000 Metern Öl und Gas gefördert. Laut Plan soll die Produktion bald auf über 200.000 Fass am Tag steigen – etwa 50 Bohrlöcher sind dann mit der Plattform verbunden. Ein rentabler Betrieb ist ab einem Ölpreis von 80 US-Dollar gewährleistet; jeder Tag Stillstand bedeutet einen Einnahmeverlust von 25 Millionen US-Dollar. Neben Total freut sich vor allem die angolanische Regierung, denn nach Amortisation der Investitionskosten geht ein wachsender Anteil der Gewinne direkt an den Staat. Pazflor steht stellvertretend für die Zukunft der afrikanischen Ölindustrie: die Tiefsee.

Pazflor, das Prestigeprojekt von Total, ist erst der Anfang der Zukunft der westafrikanischen Ölförderung

Abseits der traditionellen Ölförderung betritt die afrikanische Ölförderung hier Neuland: die Förderung von Rohöl in Meerestiefen von über 500 Fuß. Die kontinuierlich gestiegenen Preise für Rohöl sowie der technologische Fortschritt waren Anlass, auch die Förderung bislang unausgebeuteter Ölfelder in der Tiefsee aufzunehmen. Denn Ölpreise von zehn US-Dollar pro Fass wie kurz vor der Jahrtausendwende gehören wohl endgültig der Vergangenheit an. Im Golf von Mexiko, vor der Küste der USA, begann das Zeitalter der Tiefsee-Ölförderung in den Jahren 2000/2001. Vorkommen von 30 bis 40 Milliarden Fass Rohöl und Erdgas schlummern in der Region.

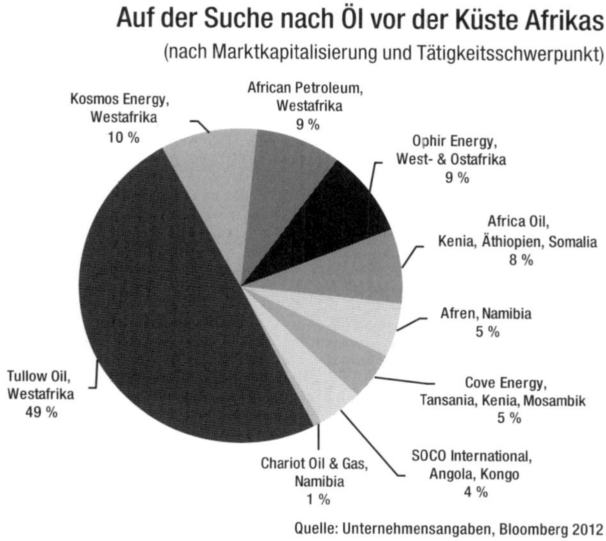

Doch vor der Küste Brasiliens gibt es noch bedeutendere Vorkommen. Die Entdeckung des Tupi-Ölfeldes im Jahr 2006 hat die Ölwelt verändert. Und es folgten mit Jupiter, Iara und Franco noch weitere gigantische Ölfunde. Bis zu 60 Milliarden Fass Öl und Gas werden hier vermutet. Und von Brasilien schaute die Ölindustrie nach Afrika. Insbesondere vor der Westküste Afrikas vermuten die Geologen ähnliche Vorkommen wie vor Brasilien, da die beiden Kontinente einstmals erdgeschichtlich zusammenhingen. Nach dem Auseinanderbrechen des Urkontinentes Pangea vor rund 200 Millionen Jahren bildeten das heutige Afrika und Südamerika noch einen gemeinsamen Kontinent: Gondwana.

Nach dem Golf von Mexiko und den Entdeckungen vor Brasilien ist die Küstenregion von Westafrika das neue Eldorado der globalen Ölindustrie

Heute ist die Westküste Afrikas, welche Namibia, Angola, der Kongo, Gabon, Guinea, Kamerun, Nigeria, Benin, Togo, Côte d'Ivoire und Liberia bilden, ein Tummelplatz der internationalen Ölgesellschaften und kleinerer, unabhängiger Fördergesellschaften. Reserven von über 30 Milliarden Fass Rohöl werden hier vermutet. Am vielversprechendsten erscheint der Golf von Guinea.

Offshore Westafrika: Ein gigantischer Ölfund verändert die Welt

Auf dem Gelände des Militärflughafens von Sekondi-Takoradi, der Hauptstadt der westlichen Region Ghanas und drittgrößte Stadt des Landes, herrscht trotz der hohen Temperaturen Hochbetrieb. Neben Maschinenteilen und schwerem technischen Gerät stapeln sich hier Container internationaler Ölfirmen wie Anadarko, Hess, Tullow und Kosmos. Denn vor der Küste von Ghana glückte der britischen **Tullow Oil** 2007, pünktlich zum 50. Jahrestag der Unabhängigkeit des Landes, eine Entdeckung, die Westafrika und das Unternehmen grundlegend verändert hat: das Jubilee-Ölfeld.

Mit Jubilee gelingt Tullow Oil ein unglaublicher Ölfund

Es liegt etwa 60 Kilometer von der Küste entfernt in einer Wassertiefe von rund 1.200 Metern, zwischen den Tiefsee-Ölgebieten Tano und West Cape Three Points von Ghana, und seine Größe wird auf knapp zwei Milliarden Fass förderbares Rohöl geschätzt. Die Förderung ist im Dezember 2010 angelaufen und könnte bereits Ende 2012 auf gut eine Viertelmillion Fass Rohöl am Tag steigen. Dies würde Ghana auf einen Schlag unter die Top 5 der afrikanischen Ölförderer katapultieren und den Export von Gold und Kakao in den Schatten stellen. An beiden Fördergebieten ist Ghana mit der Ghana National Petroleum Corporation (GNPC) zu jeweils zehn Prozent beteiligt.

Tullow Oil dominiert mit einem Anteil von knapp 50 Prozent den Tano Block, gefolgt von **Kosmos** und **Anadarko** mit jeweils 18 Prozent, und ist am West Cape Three Points Block mit einem Anteil von 23 Prozent vertreten. An diesem Gebiet sind Kosmos und Anadarko mit je rund 30 Prozent beteiligt.

Im Februar 2008 verkündete Kosmos in nur etwa 100 Kilometer Entfernung einen weiteren Erfolg. Und im Jahr 2009 folgte eine weitere große Entdeckung: Venus. Das US-Unternehmen Anadarko stieß vor der Küste Sierra Leones, etwa 1.100 Kilometer vom Jubilee-Feld vor Ghana entfernt, ebenfalls auf Öl. Neben Anadarko, die einen Anteil von 40 Prozent an der Entdeckung haben, sind Tullow Oil mit zehn Prozent sowie Woodside Petroleum und Repsol mit jeweils 25 Prozent an Bord.

Mit Offshore Ostafrika entwickelt sich ein neuer „Hotspot" der Öl- und Gasindustrie

Nach Funden in Tansania und Mosambik hat Ostafrika das Potenzial, sich nach Westafrika zum neuen „Hotspot" der Öl- und Gasindustrie zu entwickeln. Nach ersten Ölfunden in Uganda 2006 folgten Entdeckungen von großen Erdgasvorkommen vor der Küste von Tansania und Mosambik. Und auch in Kenia wurde im März 2012 zum ersten Mal Öl gefunden. Vor Ort sind zum Beispiel neben der amerikanischen Exxon und der norwegischen Statoil die britische BG Group zusammen mit Ophir Energy sowie die italienische ENI und das amerikanische E&P-Unternehmen Anadarko Petroleum aktiv.

Im Gegensatz zu Westafrika liegt der Schwerpunkt der Funde vor Ostafrika bei Erdgas und weniger bei Rohöl. Nach Schätzungen der Unternehmen vor Ort sind zur Entwicklung der Vorkommen vor Ostafrika noch gewaltige Investitionssummen zu finanzieren. Auch dürfte die kommerzielle Aufnahme der Produktion noch etwa zehn Jahre in der Zukunft liegen.

Die westlichen Konsortien erwarten über die nächsten fünf Jahre weitere große Funde in der Region der Küstengewässer Afrikas. Neben den großen integrierten Ölgesellschaften und Explorationsunternehmen sind es auch eine Handvoll kleine Unternehmen, die den Erfolg einer amerikanischen Kosmos Energy und einer britischen Tullow Oil wiederholen wollen. So versucht **Chariot Oil & Gas** vor der Küste Namibias ihr Glück, die australische **African Petroleum** vor Liberia, **Soco International** ist vor Angola und dem Kongo aktiv, **Afren** besitzt Assets vor der Küste von Nigeria, Ghana, dem Kongo und der Côte d'Ivoire. Die australische **Pancontinental Oil & Gas** ist neben Australien auch in Namibia und Kenia aktiv. Mit einem Börsenwert von deutlich unter einer Milliarde Britischen Pfund hat **Ophir Energy** ein Portfolio von 17 Öl- und Gasprojekten in West- und Ostafrika aufgebaut. Im Westen ist das Unternehmen im Senegal, dem Kongo, Äquatorialguinea und Gabon aktiv und verfolgt im Osten Projekte in Tansania, Madagaskar und Somalia.

> Neben den Öl-Multis sind es auch kleine Unternehmen, die sich große Gewinne in der Region versprechen

KAPITEL 4

Die Gier nach Gold

Südafrika, Ghana, Mali, Tansania, Ägypten und Demokratische Republik Kongo

Über Jahrzehnte dominierte Südafrika die weltweite Goldproduktion. Doch der Glanz vergangener Zeiten ist längst vorbei, auch wenn das Land am Kap international noch immer zu den großen Produzentenländern gehört. Die seit über zehn Jahren anhaltende Verteuerung des gelben Metalls treibt ausländische Goldsucher in immer entlegenere Gebiete des afrikanischen Kontinents auf der Suche nach dem schnellen Gewinn.

„Africa is a wild place.
Very few people haveactually made it in Africa.
We like to believe we are one of them."

– Mark Bristow, CEO Randgold Resources

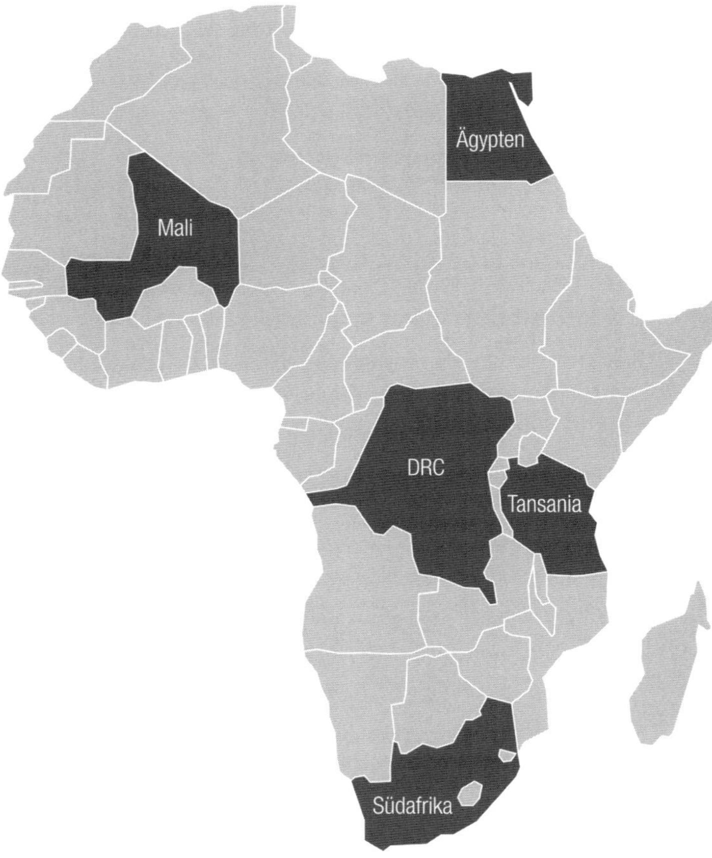
Ägypten
Mali
DRC
Tansania
Südafrika

Die seit dem Jahrtausendwechsel intakte und zuerst von der Finanzkrise und dann von der internationalen Schuldenkrise weiter befeuerte Rallye des Goldpreises hält unvermindert an. War die Feinunze Gold noch im Sommer 1999 für unter 250 US-Dollar zu erwerben, verteuerte sich das Edelmetall seitdem kontinuierlich: 500 US-Dollar, 1.000 US-Dollar, 1.500 US-Dollar und zuletzt im September 2011 erstmalig 1.900 US-Dollar. Die Marke von 2.000 US-Dollar für rund 31 Gramm des Edelmetalls ist merklich näher gerückt.

Der hohe Goldpreis und die mit der Förderung zu erzielenden Gewinne lassen Goldsucher in immer entlegeneren Winkeln der Welt nach dem seltenen Metall suchen. Hierbei rückt verstärkt der afrikanische Kontinent in den Fokus, denn von Südafrika abgesehen gilt der Rest des Kontinents bezogen auf den Abbau von Bodenschätzen noch als unterentwickelt. Westliche Unternehmen

Die 10 größten in Afrika produzierenden Goldminen

(nach geförderter Goldmenge 2011)

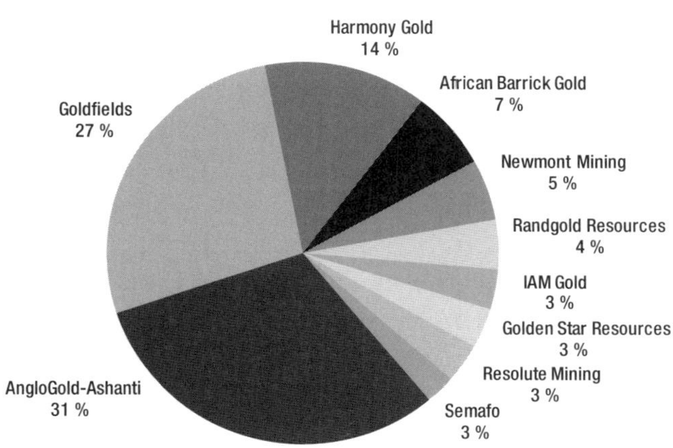

Quelle: Unternehmensangaben 2012

hielten sich bislang mit Investitionen zurück – als zu hoch wurden die Risiken hinsichtlich der rechtlichen Rahmenbedingungen, der Korruption und möglicher gewalttätiger Konflikte eingeschätzt. Doch Afrika ist nicht gleich Afrika, wenn man die 54 Staaten des Kontinents mit Blick auf die zu erwartenden Gewinne und das hierfür einzugehende Risiko untereinander vergleicht. Es lohnt sich, die unterschiedlichen Chancen und Risiken der Goldförderung abzuwägen, die die Länder in West- und Ostafrika beziehungsweise Zentralafrika bieten.

Die Goldförderung in Afrika dominieren die großen südafrikanischen Goldminen-Betreiber **AngloGold-Ashanti**, **Goldfields** und **Harmony Gold**. Von diesen drei Unternehmen produziert Goldfields auch in Ghana und AngloGold-Ashanti neben Ghana auch in Mali, Tansania, Namibia und Guinea, während Harmony Gold fast ausschließlich auf Südafrika konzentriert ist. Von den großen internationalen Goldminen-Betreibern ist **Newmont Mining** in Ghana aktiv und die Tochtergesellschaft des weltweit größten Goldproduzenten, **African Barrick Gold**, konzentriert sich auf Tansania.

Randgold Resources, **Golden Star Resources**, **Resolute Mining** und **Semafo** betreiben ihre Goldförderung auf dem afrikanischen Kontinent außerhalb von Südafrika. Zusammen produzierten die zehn größten Goldförderer in Afrika im Jahr 2010 fast 330 Tonnen Gold, was etwa 75 Prozent der gesamten Goldförderung des Kontinents entspricht.

Längst hat Südafrika, einst mit Abstand das größte Erzeugerland, seinen Status als größtes Gold produzierendes Land abgeben müssen. Zu den Hochzeiten des Apartheidregimes in Südafrika versorgte das Land am Kap die Welt jährlich mit 1.000 Tonnen Gold. Doch die Produktion in Südafrika ist seit Jahrzehnten rückläufig – 2010 wurden sogar weniger als 200 Tonnen gefördert. Damit produziert das Land erstmalig weniger Gold als alle anderen

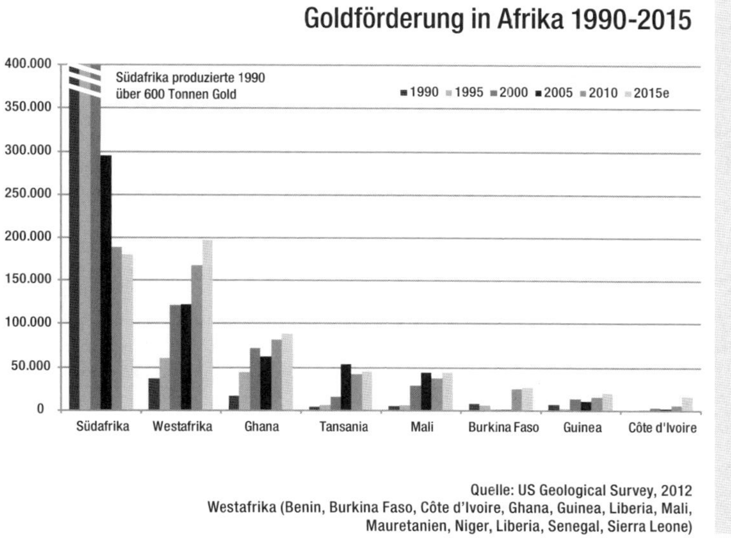

afrikanischen Länder zusammengenommen. Eine nennenswerte Goldproduktion existiert bereits in Ghana und Mali in Westafrika und andere westafrikanische Länder wie Burkina Faso und die Elfenbeinküste stehen vor einer kräftigen Ausweitung ihrer Produktion. In Ostafrika sticht vor allem Tansania derzeit mit einer hohen Goldproduktion heraus, während Zentralafrika immer mehr in den Fokus der Minenkonzerne rückt.

Der Glanz vergangener Zeiten – Südafrika

Goldrausch! Das ist die beherrschende Schlagzeile des späten 19. Jahrhunderts. Diverse Goldfunde in Australien lösten eine gewaltige Immigrationsbewegung aus, die zu einer Verzehnfachung der Bevölkerung innerhalb weniger Jahre führte und den Kontinent von einer Sträflingskolonie in einen normalen Staat verwandelte. Der kalifornische Goldrausch ist der wohl bekannteste

Goldrausch der Geschichte, aber auch in Kanada spielte sich an Klondike River und Yukon River Ähnliches ab. Im südlichen Afrika stieß im Februar 1886 der Abenteurer George Walker bei Schürfungen auf einem Höhenzug südwestlich von Pretoria in Transvaal auf Gold. Die Gegend wird später Witwatersrand genannt, von deren Bezeichnung sich aufgrund der umfangreichen Goldfunde auch der Name der Währung des Landes, der Südafrikanische Rand, ableitet. Bis zum Ende des 19. Jahrhunderts überholt die Goldförderung von Witwatersrand die gesamte Goldproduktion der Vereinigten Staaten von Amerika und die Region Transvaal avanciert zum größten Goldproduzenten der Welt.

Über 100 Jahre dominiert Südafrika die internationale Goldproduktion – das Witwatersrand-Goldfeld ist das größte Goldfeld der Welt, doch die Förderung geht seit Jahren zurück

Bis heute hat das Witwatersrand-Goldfeld mehr als 40.000 Tonnen Gold hervorgebracht und ist mit Abstand das größte der Welt. Von seiner Bedeutung für die weltweite Goldproduktion ist das Witwatersrand-Goldfeld nur noch mit Ghawar, dem größten Ölfeld der Welt, welches 1948/49 in Saudi-Arabien entdeckt wurde, zu vergleichen. Noch 1970 schürft Südafrika rund 1.000 Tonnen Gold pro Jahr, was etwa 2/3 der weltweiten Produktion des Edelmetalls entspricht. Doch die Goldproduktion geht kontinuierlich zurück. Weniger neue Funde, sinkende Erzgehalte im Gestein, Probleme bei der Stromversorgung, Sicherheitsmängel in den Minen, steigende Arbeitskosten, der Wechselkurs und die sich verschlechternden politischen Rahmenbedingungen machen den Unternehmen wie **AngloGold-Ashanti**, **Gold Fields** und **Harmony Gold** zu schaffen. 2007 gibt Südafrika den Spitzenplatz der internationalen Förderung ab und heute rangiert das Land gemessen an der jährlichen Produktion von weniger als 250 Tonnen im Jahr hinter

China, Australien und den USA nur noch an vierter Stelle. Das Land mit den größten Wachstumsambitionen, China, plant die heimische Goldproduktion innerhalb der nächsten drei Jahre auf 400 Tonnen im Jahr zu steigern, was noch immer weit hinter der einstigen Förderung von Südafrika liegen würde.

Die Goldminen von Südafrika sind mit fast 4.000 Metern die tiefsten der Welt. „Wir können uns nur in eine Richtung bewegen … und das ist tiefer."
– Johan Viljoen, AngloGold-Ashanti

Die Metropole Johannesburg mit über zehn Millionen Einwohnern ist bis heute das Zentrum für den Gold- und Diamantenhandel in Afrika. Und noch immer beschäftigt die Goldindustrie knapp 100.000 Menschen und trägt rund fünf Prozent zur gesamten Wirtschaftsleistung des Landes bei. Doch nach mehr als einhundert Jahren Goldförderung gleicht der Untergrund des Witwatersrand einem riesigen Labyrinth von Stollen und Schächten. Immer tiefer muss hier nach Gold gegraben werden. Die drei tiefsten Minen betreibt AngloGold-Ashanti bei Carletonville nahe Johannesburg: Tau Tona, Mponeng und Savuka. Den Rekord mit fast 4.000 Metern Tiefe hält derzeit die Tau-Tona-Goldmine, doch soll Mponeng bis 2015 auf fast 5.000 Meter Fördertiefe ausgebaut werden. Über eine Stunde sind Bergleute bei diesen Tiefen nach unten unterwegs, obwohl die Schachtkabinen mit einer Geschwindigkeit von fast 60 km/h in die Tiefe sausen, die Umgebungstemperatur wird von rund 60° C auf knapp unter 30° C gekühlt und die Seitengänge sind oft nur 1,5 Meter hoch und unbeleuchtet. Bei diesen Bedingungen kommt es immer wieder zu Unfällen und auch die Förderkosten sind entsprechend hoch. Doch würde man nicht in neue Tiefen vorstoßen, ginge die Goldproduktion in Südafrika endgültig zur Neige.

Eintrübung der wirtschaftlichen Rahmenbedingungen in Südafrika

Die Republik Südafrika mit der Hauptstadt Pretoria ist der bedeutendste und am weitesten entwickelte Wirtschaftsraum auf dem afrikanischen Kontinent. In den 1960er- und 1970er-Jahren entwickelte sich Südafrika vom Schwellenland zu einem wohlhabenden Industriestaat mit stabiler Regierung. Das Land ist sehr reich an Bodenschätzen, wobei besonders die großen Vorkommen an Gold, Diamanten, Kohle, Platin, Palladium, Chrom und Eisenerz zu erwähnen sind. Nach dem Ende des Apartheidregimes fanden 1994 die ersten freien Wahlen für alle Südafrikaner statt – Staatspräsident wurde Nelson Mandela. Im Mai 2009 wurde Jacob Zuma zum Präsidenten gewählt, der „African National Congress" (ANC) verfügt auch weiterhin über eine komfortable absolute Mehrheit. Um die wirtschaftliche Stellung der schwarzen Bevölkerung weiter zu verbessern, verfolgt die Regierung mit dem Black-Empowerment-Programm das Ziel, Stellen in der Verwaltung und in den großen Unternehmen vermehrt mit schwarzen Bewerbern zu besetzen. Aber die Wirtschaft des Landes kämpft gegen eine hohe Kriminalitätsrate, Korruption und die Auswirkungen der weiten Verbreitung von HIV/AIDS. Über die letzten Jahre haben sich zudem die wirtschaftlichen Rahmenbedingungen für Unternehmen immer weiter verschlechtert, was sich zum Beispiel in einem verhältnismäßig niedrigen Wert im *Policy Potential Index* des Fraser Institute widerspiegelt.

Der Weg in die Zukunft für Afrikas Goldindustrie

Die Goldindustrie ist Afrikas wichtigster Bergbausektor. Über 20 Prozent des weltweit produzierten Edelmetalls stammen vom Schwarzen Kontinent. Von den 54 afrikanischen Staaten dominiert Südafrika trotz seit Jahren rückläufiger Förderung mit einem Anteil von knapp 50 Prozent die Goldförderung des Kontinents.

In anderen Teilen des Kontinents wachsen dagegen neue Förderländer heran. Ghana, Tansania und Mali produzieren zusammen bereits jetzt rund ein Drittel der Fördermenge des Kontinents. Und Länder wie die Demokratische Republik Kongo (DRC), Simbabwe, Guinea, Côte d'Ivoire, Mauretanien und Burkina Faso schicken sich an, eine nennenswerte Förderung aufzubauen. Zusammen, so Schätzungen des *US Geological Survey*, übertrifft die Goldförderung dieser Gruppe von neun Ländern 2012 zum ersten Mal die Produktionsmenge von Südafrika – mit weiter steigender Tendenz.

Neben einer rückläufigen Goldproduktion in Südafrika wachsen in West-, Ost- und Zentralafrika neue Förderländer heran und stärken die Verfolgergruppe von Ghana, Mali und Tansania.

Neben einer rückläufigen Goldproduktion in Südafrika wachsen in West-, Ost- und Zentralafrika neue Förderländer heran und stärken die Verfolgergruppe von Ghana, Mali und Tansania

Insbesondere der Westen Afrikas mit Ländern wie Ghana, Côte d'Ivoire, Burkina Faso, Guinea, Mali, Mauretanien und dem Senegal erscheint im Hinblick auf weitere reiche Goldfunde vielversprechend, gefolgt von Zentralafrika mit der Demokratischen Republik Kongo, Ruanda, Uganda, der Zentralafrikanischen Republik und Simbabwe. Im Osten wächst die Förderung von Gold in Tansania und Äthiopien, während in Nordafrika lediglich Ägypten über eine bescheidene Goldförderung verfügt.

Im Osten Afrikas betreibt insbesondere die afrikanische Tochtergesellschaft eines der weltgrößten Goldförderer, die **African Barrick Gold**, Minen und Projekte in Tansania. Bislang konzentriert sich das Wachstum der afrikanischen Goldproduktion jedoch im Westen des Kontinents. Unternehmen wie **Randgold Resources**, **Resolute Mining**, **Golden Star Resources**, **Semafo** und **Teranga** produzieren in Ghana, Mali, Côte d'Ivoire, Burkina Faso und im Senegal.

Chancen in Westafrika – Ghana und Mali

> *„We're generating more cash and earnings than we ever have in our history."*
>
> – Mark Cutifani, CEO AngloGold-Ashanti

Den westlichen Teil des afrikanischen Kontinents, im Norden durch die Zentralsahara und im Westen und Süden durch den Atlantik begrenzt, bilden die folgenden 16 Staaten: Benin, Burkina Faso, Côte d'Ivoire, Gambia, Ghana, Guinea, Guinea-Bissau, Kap Verde, Liberia, Mali, Mauretanien, Niger, Nigeria, Senegal, Sierra Leone und Togo. Vor der Ankunft der Europäer und vor dem Kolonialzeitalter bestanden in Westafrika bereits bedeutende Reiche in Ghana und Mali.

Goldvorkommen in der heutigen Grenzregion zwischen Ghana, dem Senegal und Mali bildeten die Grundlage des Wohlstandes des Königreichs Ghana, das im 11. Jahrhundert seine Blütezeit erlebte und dessen Herrscher als „König des Goldes" bezeichnet wurde. Die Goldquellen des Königreichs Mali im 14. Jahrhundert befanden sich im nördlichen Guinea. Das Ashanti-Reich auf dem

Territorium des heutigen Ghana, das vom Ende des 17. bis zum 19. Jahrhundert bestand, verfügte ebenfalls über reiche Goldvorkommen. Beiden Ländern – Ghana und Mali – kommt heute wieder eine bedeutende Rolle bei der Goldförderung auf dem afrikanischen Kontinent zu. Und die 1897 gegründete Ashanti Goldfields ist unter dem heutigen Namen AngloGold-Ashanti noch immer einer der größten Goldförderer der Welt.

Der Goldbergbau hat also in Ghana eine lange Tradition. Bis zu den großen Goldentdeckungen Ende des 19. Jahrhunderts in den USA, Kanada, Australien und Südafrika ist Ghana einer der größten Goldproduzenten der Welt. Aus dieser Zeit stammt auch der Name der damaligen Kolonie: Goldküste.

Ghana – eine stabile demokratische Regierung und reich an Rohstoffen: Baumwolle, Gold und neuerdings auch Rohöl

Ghana – Reich an Rohstoffen

Mit einer Wirtschaftsleistung von etwa 1.000 Euro je Einwohner gilt die ehemalige britische Kolonie Ghana noch immer als eines der ärmsten Länder der Welt. Im Vergleich zu den benachbarten Ländern – Burkina Faso, Togo, Liberia, Niger und Nigeria – hat sich das Land mit seinen rund 22 Millionen Einwohnern in den letzten Jahren jedoch deutlich besser entwickelt. Die Weltbank bescheinigt Ghana, im zweiten Jahr in Folge zu den Top-10-Reformstaaten zu gehören, und bestätigt eine Verbesserung des Investitionsklimas. Nach verschiedenen Regierungen und militärischen Putschen besteht seit 1993 eine stabile demokratische Regierung unter Präsident John Evans Atta Mills. In Westafrika besitzt Ghana ein großes politisches Gewicht und gilt als stabilisierender Faktor. Wirtschaftlich bedeutend ist Ghana aufgrund seines Rohstoffreichtums. Das Land ist nach der Elfenbeinküste (Côte d'Ivoire) weltweit der zweitgrößte Exporteur von Kakao. In 2007 entdeckt das britische Explorationsunternehmen Tullow Oil vor der Küste von Ghana Öl – Ende 2010 begann das Unternehmen mit der Förderung. Doch das wichtigste Exportgut des Landes ist Gold. Die Goldförderung trägt aufgrund der gestiegenen Goldpreise zu mehr als einem Drittel der gesamten Exporterlöse von Ghana bei.

Heute fördert das Land, das Zentrum der westafrikanischen Goldförderung, fast 90 Tonnen Gold im Jahr, was fast 20 Prozent der gesamten afrikanischen Minenproduktion entspricht. Dies macht Ghana zum zweitgrößten Produzentenland nach Südafrika auf dem Kontinent. Die drei größten Goldfelder in Ghana sind die Tarkwagruppe, die Ashantigruppe und das akimische Goldfeld.

Die Goldförderung in Ghana wird von ausländischen Unternehmen dominiert, die Joint-Venture-Beteiligungen mit einheimischen Unternehmen eingegangen sind. Üblicherweise ist der ghanaische Staat mit mindestens zehn Prozent an jedem Bergbauunternehmen beteiligt.

Die südafrikanischen Majors wie **AngloGold-Ashanti** und **Gold Fields** betreiben produzierende Minen in Ghana, aber auch internationale Größen wie **Newmont Mining** fördern hier Gold. Daneben sind im Land einige kanadische und australische Explorationsunternehmen wie **Perseus Mining**, **Noble Mineral Resources**, **Keegan Resources** und **Castle Minerals** aktiv.

Von diesen Goldsuchern hat das Unternehmen Perseus Mining im Januar 2012 die Goldförderung in Ghana aufgenommen. Zusammen mit einem weiteren Projekt an der Elfenbeinküste,

SÜDAFRIKA

Hauptstadt	Pretoria
Fläche (km²)	1.219.090
Einwohnerzahl (Millionen)	49,0
Bruttoinlandsprodukt (BIP), in Mrd. USD	524,0
BIP pro Einwohner, in USD	10.694
Human Development Index (HDI)	123/187
Hauptexportgüter: Gold, Diamanten, Platin, andere Rohstoffe sowie Werkzeuge/Maschinen	

Quelle: UNDP, CIA World Factbook, Auswärtiges Amt 2012

GHANA

Hauptstadt	Accra
Fläche (km²)	238.533
Einwohnerzahl (Millionen)	24,8
Bruttoinlandsprodukt (BIP), in Mrd. USD	62,0
BIP pro Einwohner, in USD	2.500
Human Development Index (HDI)	135/187
Hauptexportgüter: Gold, Diamanten, Kakao, Rohöl, Bauxit/Aluminium, Holz	

Quelle: UNDP, CIA World Factbook, Auswärtiges Amt 2012

MALI

Hauptstadt	Bamako
Fläche (km²)	1.240.192
Einwohnerzahl (Millionen)	14,2
Bruttoinlandsprodukt (BIP), in Mrd. USD	16,8
BIP pro Einwohner, in USD	1.184
Human Development Index (HDI)	175/187
Hauptexportgüter: Gold und Agrargüter	

Quelle: UNDP, CIA World Factbook, Auswärtiges Amt 2012

TANSANIA

Hauptstadt/Regierungssitz	Daressalam
Fläche (km^2)	947.300
Einwohnerzahl (Millionen)	42,7
Bruttoinlandsprodukt (BIP), in Mrd. USD	58,4
BIP pro Einwohner, in USD	1.367
Human Development Index (HDI)	152/187
Hauptexportgüter: Gold und Agrargüter	

Quelle: UNDP, CIA World Factbook, Auswärtiges Amt 2012

ÄGYPTEN

Hauptstadt	Kairo
Fläche (km^2)	1.001.450
Einwohnerzahl (Millionen)	82,1
Bruttoinlandsprodukt (BIP), in Mrd. USD	497,8
BIP pro Einwohner, in USD	6.065
Human Development Index (HDI)	113/187
Hauptexportgüter: Rohöl/Ölprodukte, Textilien, Chemikalien, Agargüter	

Quelle: UNDP, CIA World Factbook, Auswärtiges Amt 2012

welches Anfang 2013 an den Start gehen soll, plant das Unternehmen fast eine halbe Million Unzen (rund 16 Tonnen) Gold pro Jahr zu fördern. Der ausschließlich in Ghana aktive kanadische Goldproduzent **Golden Star Resources** fördert Gold in zwei Minen im Ashanti-Goldfeld (Bogoso/Pretea and Wassa). 2012 plant Golden Star Resources, die auch Explorationsprojekte in Sierra Leone, Burkina Faso, Niger und der Elfenbeinküste verfolgen, rund 350.000 Unzen Gold zu produzieren, was etwa elf Tonnen entspricht.

Die größte produzierende Goldmine in Ghana, Tarkwa, liegt rund 300 Kilometer südwestlich der Hauptstadt Accra und lediglich vier Kilometer von der gleichnamigen Ortschaft Tarkwa entfernt. **Goldfields** betreibt hier sechs Tagebauprojekte und förderte 2011 rund 22 Tonnen Gold. In und um Tarkwa wird seit über 100 Jahren Gold gefördert, heute stammt fast ein Viertel der gesamten Produktion des Landes aus dieser Region. In der Umgebung der Stadt mit etwa 35.000 Einwohnern findet sich die höchste Konzentration von Bergbauprojekten in ganz Afrika. **AngloGold-Ashanti** ist in Ghana mit zwei großen Förderprojekten vertreten: Obuasi und Iduapriem. 2011 produzierte das Unternehmen in Ghana etwa 18 Tonnen Gold, was rund zehn Prozent der gesamten Goldproduktion von AngloGold-Ashanti ausmacht. Die Iduapriem-Mine befindet sich zehn Kilometer von Tarkwa entfernt, während Obuasi im Ashanti-Goldfeld liegt. Ebenso wie bei der fast gleich großen – derzeit aus drei Tagebau-Projekten bestehenden – Ahafo-Mine von **Newmont Mining** handelt es sich um riesige Tagebau-Betriebe, wo sich noch vor wenigen Jahren nur Dschungel und Felder befanden. Die Kleinschürfer, die in Ghana „Galamsey" genannt werden, durchstöbern – meist illegal und mit hohem Risiko – die riesigen Abraumhalden der Konzerne. Schätzungen zufolge verdienen rund eine halbe Million Menschen in Ghana ihren Lebensunterhalt als Kleinschürfer. Nicht nur auf den Abraumhalden der großen Minenbetriebe, sondern auch in kleinen Unternehmungen wird Gold gewonnen. Sprichwörtlich mit Spitzhacke und Schaufel wird das Metall gefördert, Gestein zermahlen und das Gold gewaschen.

Mali – eines der ärmsten Länder der Welt, aber der drittgrößte Goldproduzent des afrikanischen Kontinents

Auch Malis Geschichte ist eng mit dem Edelmetall Gold verbunden. Im Mittelalter bildete das Land das größte westafrikanische Reich der Geschichte und war als eines der bedeutendsten Handelszentren in der gesamten islamischen Welt bekannt. Wichtigste Einkommensquelle war der Goldhandel. Heute werden im postkolonialen Mali rund 40 Tonnen Gold pro Jahr gefördert, was das Land zu einem der größten Produzentenländer des afrikanischen Kontinents macht.

Mali – Drittgrößter Goldproduzent in Afrika

Das westafrikanische Land Mali, in der Landessprache Bambara genannt, was so viel wie Nilpferd bedeutet, ist zusammen mit Tansania der drittgrößte Goldproduzent auf dem afrikanischen Kontinent. In dem Land nördlich von Ghana, Côte d'Ivoire und Burkina Faso leben rund zwölf Millionen Menschen. Der Großteil der Bevölkerung ist in der Landwirtschaft tätig, Baumwolle und Vieh sind neben Gold die bedeutendsten Exportgüter. Mali gilt als gelungenes Beispiel einer Demokratisierung in Afrika, bleibt aber eines der ärmsten und am wenigsten entwickelten Länder der Welt. Der hohe Grad an Korruption und die Rechtsunsicherheit machen es für ausländische Investoren schwierig, in Mali zu investieren. Das Auswärtige Amt warnt aufgrund der Gefahr von Anschlägen und Entführungen ausdrücklich vor Reisen nach Mali. Seit 1992 gibt es in dem Land eine demokratische Verfassung und im April 2011 wurde mit Cissé Mariam Kaïdama Sidibé erstmals eine Frau Premierministerin des Landes. Die seit mehreren Jahren guten Ernten, der hohe Goldpreis und die gestiegenen Baumwollpreise waren Faktoren, die für eine Fortsetzung der wirtschaftlichen Verbesserungen in Mali sprachen. Und trotzdem kam es Ende März 2012 zu einem Staatsstreich unter Führung von Hauptmann Amadou Sanogo.

Im Norden des Landes war es zu Unruhen mit radikalen Islamisten und den Tuareg gekommen, die einen eigenen Staat forderten. Die Putschisten warfen dem amtierenden Präsidenten Amadou Toumani Touré Unfähigkeit bei der Bekämpfung des Aufstandes vor, zwangen den Präsidenten zum Rücktritt und setzten die Verfassung außer Kraft. Seit Ende Mai 2012 fungiert Sanogo als neuer, international nicht legitimierter Übergangspräsident.

In Mali fördern derzeit AngloGold-Ashanti, Randgold Resources, IAM Gold, Resolute Mining und Avion Gold. An allen produzierenden Goldminen ist der Staat Mali zu 20 Prozent beteiligt. Trotz der aktuellen Unruhen im Land aufgrund des Staatsstreiches im Frühjahr 2012 sind derzeit keine negativen Effekte auf die Goldförderung spürbar.

Die in London gelistete **Randgold Resources** konzentriert sich auf die Goldförderung in West- und Zentralafrika. 2011 förderte das Unternehmen knapp 16 Tonnen Gold. Dabei ist Mali mit der Morila-Mine, dem Loulo-Minenkomplex und der seit Anfang 2011 produzierenden Gounkoto-Mine der Fokus des Unternehmens. An der Elfenbeinküste ist in der Tongon-Mine Ende 2010 ebenfalls die Produktion angelaufen – weitere Explorationsprojekte verfolgt Randgold im Senegal, Burkina Faso und in der Demokratischen Republik Kongo. An der Morila-Mine ist außerdem zu gleichen Teilen **AngloGold-Ashanti** beteiligt. Das südafrikanische Unternehmen ist in Mali mit drei Minenprojekten vertreten: Morila, Sadiola and Yatela. Außerhalb Südafrikas betreibt AngloGold-Ashanti insgesamt acht Goldminen auf dem afrikanischen Kontinent: Morila, Sadiola und Yatela (Mali), Iduapriem und Obuasi (Ghana), Geita (Tansania), Siguiri (Guinea) und Navachab (Namibia). Zusammengenommen fördert das Unternehmen aus diesen Goldminen rund 45 Tonnen Gold.

An der Sadiola-Goldmine und der kleineren Yatela-Mine ist neben AngloGold-Ashanti und der Regierung von Mali die kanadische **IAM Gold** beteiligt. Das kanadische Unternehmen förderte im Jahr 2011 rund 30 Tonnen Gold, wovon sechs Tonnen aus Mali stammten. Mit IAM Gold haben die kanadische **Avnel Gold Mining** und **Merrex Gold** Joint-Venture-Vereinbarungen zur Entwicklung von Projekten in Mali abgeschlossen – beide Unternehmen verfolgen daneben auch Projekte in Kanada.

Die kanadische **Avion Gold** förderte 2011 mit zwei Minen (Tabakoto und Segala) rund drei Tonnen Gold in Mali und verfolgt weitere Explorationsprojekte in Mali und in Burkina Faso. Das Unternehmen plant, die Goldproduktion im Jahr 2013 zu verdoppeln.

Nur 30 Kilometer von der Grenze zur Elfenbeinküste entfernt fördert die australische **Resolute Mining** knapp zwei Tonnen Gold pro Jahr in der Syama-Goldmine – das Unternehmen plant ebenfalls, die Produktion bis 2013 deutlich auszuweiten. Ebenfalls knapp zwei Tonnen Gold fördern die kanadische **Endeavour Mining** und die britische **Cluff Gold** in Burkina Faso. In Mali verfolgen beide Unternehmen neben der Elfenbeinküste und Sierra Leone weitere Explorationsprojekte. Endeavour übernahm zudem im Dezember 2011 die australische Adamus Resources, deren Explorationsgebiet in Ghana seitdem das Portfolio des Unternehmens ergänzt.

Die kanadische **AXMIN** verfolgt Explorationsprojekte in der Zentralafrikanischen Republik, Sierra Leone, Mali, Mosambik und dem Senegal. Auf die Goldsuche in Mali in unterschiedlichen Entwicklungsstadien haben sich folgende Explorationsunternehmen spezialisiert: **Great Quest Metals**, **Robex Resources**, **Legend Gold**, **Compass Gold** und **Frontline Gold**. Das Flagship-Projekt von Frontline Gold befindet sich im Westen Malis, daneben betreibt das Unternehmen weitere Explorationsprojekte in der Türkei und in Kanada.

Die Goldförderung in den westafrikanischen Ländern führt auch zu Problemen. Neben Umsiedlungen und der Umweltverschmutzung, insbesondere durch kleine oder illegale Betriebe, wird Kinderarbeit zunehmend zu einer gesellschaftlichen Belastung. Für Burkina Faso schätzt UNICEF, dass hier bis zu 200.000 Kinder in Goldminen arbeiten, rund 70 Prozent davon jünger als 15 Jahre. Schon Fünfjährige helfen beim Transport und Zerkleinern von Gestein oder dem Waschen von Gold. Beim Graben von Tunneln kommt es immer wieder zu Erdrutschen und lebensbedrohlichen Unfällen – eine medizinische Versorgung ist entweder nicht vorhanden oder nicht zu bezahlen.

Gold in Ostafrika – Tansania

„You have to have a passion for Africa
if you are going to work there all the time,
because things can be frustrating."

– Greg Hawkins, CEO African Barrick Gold

Die Region Ostafrika umfasst die folgenden 19 Länder: Äthiopien, Burundi, Dschibuti, Eritrea, Kenia, Komoren, Madagaskar, Malawi, Mauritius, Mayotte, Mosambik, Réunion, Ruanda, Sambia, Seychellen, Simbabwe, Somalia, Tansania und Uganda. Während aus touristischer Hinsicht die Safari-Gebiete Kenia, Tansania und Uganda beziehungsweise die Seychellen, Réunion und Madagaskar bekannt sind, sorgt der Rest der Region meist für negative Schlagzeilen in der Weltpresse in Bezug auf Gewalt, Armut und Hungersnöte. Insbesondere das seit 20 Jahren vom Bürgerkrieg heimgesuchte Somalia ist schwer gebeutelt. So zeichnet der auf

Goldproduzenten und Explorationsgesellschaften in Afrika

Südafrika	Westafrika / Ghana und Mali	Ostafrika / Tansania	Nordafrika / Ägypten	Zentralafrika / DR Kongo
AngloGold-Ashanti	Newmont Mining	AngloGold-Ashanti	Centamin Egypt	AngloGold-Ashanti
Goldfields	AngloGold-Ashanti	African Barrick Gold		Randgold Resources
Harmony Gold	Goldfields	Resolute Mining		Banro
	Randgold Resources	Shanta Gold		Mwana Africa
	IAM Gold	Canaco Resources		Kilo Goldmines
	Perseus Mining	MDN		
	Resolute Mining			
	Endeavour Mining			
	Golden Star Resources			
	Avion Gold			
	Keegan Resources			
	Noble Mineral Resources			
	Avnel Gold Mining			
	Great Quest Metals			
	Robex Resources			
	Castle Minerals			
	AXMIN			

Sortiert nach Unternehmensgröße; Merrex Gold, Compass Gold, Legend Gold und Frontline Gold (Westafrika): Marktkapitalisierung geringer als 10 Millionen Euro

Quelle: Bloomberg 2012

Tatsachen beruhende amerikanische Kriegsfilm „Black Hawk Down“ (2001) mit der Schlacht um Mogadischu ein düsteres Bild des Bürgerkrieges und belegt, dass sich die Weltgemeinschaft von dem zerfallenden Land abgewendet hat.

Tansania – die Goldförderung ist neben dem Tourismus die wichtigste Einnahmequelle des Landes

Von dieser Entwicklung ist Tansania, im Süden der Region, relativ weit entfernt. Das Land verfügt über zwei wesentliche Einnahmequellen: Tourismus und Gold. Aufgrund der Rahmenbedingungen gelten Tansania und die angrenzenden Länder jedoch unter den internationalen Goldförderern noch als wenig erkundet. Obwohl bereits während der deutschen Kolonialzeit in der Nähe des Lake Victoria Gold gefunden wurde, begannen ausländische Unternehmen erst in den späten 1990er-Jahren sich für die Goldvorkommen in Tansania zu interessieren. Heute teilt sich Tansania zusammen mit Mali nach Südafrika und Ghana den dritten Platz der Goldförderung in Afrika. Rund 40 Tonnen Gold wurden 2011 in Tansania gefördert.

Dass dies nicht immer ungefährlich für ausländische Unternehmen ist, musste der weltgrößte Goldproduzent, Barrick Gold, erfahren. Die in Afrika tätige Tochtergesellschaft, African Barrick Gold, vermeldete im Mai 2011 Übergriffe aus der Bevölkerung bei ihrer Goldmine North Mara. Hier förderte das Unternehmen im Jahre 2010 rund sechs Tonnen Gold. Drei Mal innerhalb einer Woche versuchten über 1.000 bewaffnete Personen, sich Zutritt zum Minengelände zu verschaffen, um an das begehrte Edelmetall zu gelangen. Die lokale Polizei konnte dies zwar verhindern, aber es gab Tote und Verletzte. Im Vorjahr flog an der Buzwagi-Mine der weitverbreitete Diebstahl von Treibstoff auf – African Barrick Gold entließ daraufhin 60 Arbeiter.

Tansania – Tourismus und Gold

Der Staat Tansania im Osten Afrikas grenzt im Norden an Kenia und Uganda, im Westen an Ruanda, Burundi und die Demokratische Republik Kongo und im Süden an Sambia, Malawi und Mosambik. Regierungssitz und größte Stadt mit knapp drei Millionen Einwohnern ist Daressalam. Mit etwa 40 Millionen Einwohnern und einem geringen Pro-Kopf-Einkommen gehört Tansania zu den ärmsten Ländern der Welt. Im Oktober 2010 wurde der amtierende Präsident von Tansania, Jakaya Kikwete, für weitere fünf Jahre im Amt bestätigt. Der Regierung und der Partei, die den Aufbau einer sozialistischen Gesellschaft anstrebt, wurden wiederholt Wahlfälschung und Korruption vorgeworfen. Fast 80 Prozent der Bevölkerung leben noch heute von der Landwirtschaft. Der Tourismus sowie die Förderung und der Export von Gold erwirtschafteten die Hälfte der Deviseneinnahmen des Landes. Die Handels- und Leistungsbilanz ist stark defizitär – das Investitionsklima hat sich in den letzten Jahren verschlechtert.

African Barrick Gold ist der größte Goldproduzent Tansanias: Über die Hälfte der Goldproduktion des Landes stammt aus den Minen des Unternehmens. African Barrick Gold betreibt die Buzwaki-Mine, Balyanhulu, North Mara und zusammen mit MDN, der ehemaligen Northern Mining Explorations, die Tulawaka-Goldmine. 2011 förderte African Barrick Gold rund 22 Tonnen Gold und lag damit unter den Top 5 der größten afrikanischen Goldförderer. Bis 2014 plant das Unternehmen die Goldproduktion auf über 30 Tonnen auszuweiten. Bislang konzentriert sich African Barrick Gold auf die Produktion und die Entwicklung von Projekten in Tansania, schließt aber eine Expansion in andere afrikanische Länder nicht aus. Die Muttergesellschaft Barrick Gold ist noch mit fast 50 Prozent am Unternehmen beteiligt.

Der größte afrikanische Goldproduzent, die südafrikanische **AngloGold-Ashanti**, förderte rund 8,5 Tonnen Gold aus der Geita-Mine in Tansania – ein nur kleiner Teil der gesamten Fördermenge des Unternehmens von rund 140 Tonnen Gold im Jahr 2011. Die australische **Resolute Mining** förderte 2011 rund zwölf Tonnen Gold, etwa fünf Tonnen davon stammten aus der Golden-Pride-Mine in Tansania, 200 Kilometer vom Lake Victoria entfernt. Neben der Golden-Pride-Mine betreibt das Unternehmen noch eine Mine in Mali (Syama) und in Australien (Ravenswood).

MDN bereibt neben der Minderheitsbeteiligung an Tulawaka weitere Explorationsprojekte in Tansania und Kanada. Wesentlich weiter mit einer angestrebten ersten Goldproduktion im Jahre 2015 ist die kanadische Explorationsgesellschaft **Canaco Resources**. Daneben ist die britische **Shanta Gold** in Tansania und die australische **Nyota Minerals** in Äthiopien aktiv. Canaco ist neben Tansania auch in Eritrea tätig. Hier konzentriert sich die ebenfalls in Kanada beheimatete **Nevsun Resources** auf die Entwicklung der Bisha-Mine, im Februar 2011 lief hier die kommerzielle Goldförderung an. Ein weiteres Explorationsunternehmen, das sich auf Eritrea konzentriert, ist die kanadische **Sunridge Gold**. Die kanadische **NGEx Resources** verfolgt neben Projekten in Nord- und Südamerika ebenfalls Explorationsunternehmungen in Eritrea und der Demokratischen Republik Kongo.

Nordafrika – Ägypten und das Gold der Pharaonen

„I think it [Sukari Hill] is great – not just for us, but for Egypt."

– Josef El-Raghy, Chairman & CEO of Centamin

Die Region Nordafrika umfasst die acht Länder auf dem afrikanischen Kontinent nördlich der Wüste Sahara: Ägypten, Algerien, Libyen, Marokko, Sudan, Südsudan, Tunesien und die Westsahara. Anders als im restlichen Afrika ist Nordafrika kulturell und ethnisch durch den Islam und von Arabern, Mauren und Berbern geprägt. Im Norden Afrikas gibt es heute keine nennenswerte Goldförderung, dabei gilt Ägypten als das reichste Goldland der Antike: Goldene Kunstgegenstände als Grabbeigaben reichen bis ins Jahr 4.000 v. Chr. zurück. In der Frühzeit wurde Gold aus den Schlemmsanden an den Ufern des Nils gewaschen, doch die eigentliche Schatzkammer Ägyptens war das Goldland Nubien im östlichen Oberägypten und im Nordosten des heutigen Sudan. Legendär ist der Fund des britischen Archäologen Howard Carter im Tal der Könige im Jahr 1922. Im Grab des ägyptischen Pharaos Tutenchamun findet der Brite den größten Goldschatz der Neuzeit. Die Mumie des Pharaos liegt in einem über 100 Kilogramm schweren goldenen Sarkophag – die kunstvoll verzierte Totenmaske aus über zehn Kilogramm purem Gold ist noch heute ein Publikumsmagnet und zeugt von Macht und Reichtum des alten Ägypten. Doch die Goldminen Ägyptens gelten seit Langem als erschöpft. Zudem kamen die Bergbautätigkeiten in Ägypten in den 1950er-Jahren zum Erliegen, als die ägyptische Staatsführung die Briten aus dem Land vertrieb. Über die reichen Ölfunde wurde der Bergbausektor schlichtweg vergessen.

Ägypten – Unsicherheit durch den Arabischen Frühling 2011

Seit den 1970er-Jahren wurde die nach dem Modell der sozialistischen Planwirtschaft geführte Wirtschaft Ägyptens schrittweise geöffnet und liberalisiert. Insbesondere in den 1990er-Jahren wurden mehrere staatliche Firmen privatisiert. Der seit 1981 autokratisch regierende Präsident Ägyptens, Husni Mubarak, trat im Februar 2011 nach massiven Protesten der Bevölkerung zurück. Wahlen wurden manipuliert und es herrschte ein hohes Maß an Korruption. Seitdem regieren das Militär und eine Übergangsregierung. Haupteinnahmequellen des Landes sind die Förderung und der Export von Öl und Gas, der Tourismus und die Einnahmen aus dem Sueskanal, über den fast zehn Prozent der internationalen Schifffahrt abgewickelt werden. Hinsichtlich des Pro-Kopf-Einkommens nimmt Ägypten in Afrika mit rund 6.000 US-Dollar eine mittlere Position ein. Nach Südafrika ist Ägypten das am stärksten industrialisierte Land auf dem Kontinent und aufgrund der über 80 Millionen Einwohner und der geografischen Lage kommt dem Land ein hohes politisches Gewicht zu.

Das australische Unternehmen **Centamin Egypt**, das in Großbritannien und in Kanada gelistet ist, hat dies nicht abgeschreckt. Seit Anfang der 1990er-Jahre suchen die Australier in Ägypten nach Gold und wurden fündig. In 2009 begann mitten in der Wüste die Goldförderung in der Sukari-Mine, 25 Kilometer vom Roten Meer entfernt. Über 200 Millionen US-Dollar investierte das Unternehmen in den Aufbau einer Mine, die im ersten Quartal 2009 in Betrieb ging und heute über 1.000 Menschen beschäftigt. 2010 wurden hier knapp fünf Tonnen Gold gewonnen und das Unternehmen plant, über die nächsten 15 Jahre die Förderung auf rund sechs Tonnen Gold pro Jahr auszuweiten. Auch für den ägyptischen Staat ist dies ein lukratives Geschäft: Das über 100 Quadratkilometer große Gebiet ist über einen Zeitraum von 30 Jahren an Centamin verpachtet und der Staat erhebt eine Sondersteuer auf die produzierte Goldmenge. Im Zuge der aktuellen Unruhen in Ägypten ist der Betrieb der Mine jedoch unterbrochen.

Zentralafrika – Die Rohstoffe des Kongo locken auch die Goldsucher

„I haven't denied the risk in the DRC one iota. It's got all the risks you can imagine in mining – political, infrastructural, people, delivery. And that's why we were able to acquire it at a relatively low price."

– Mark Bristow, CEO Randgold Resources

„These gold mines are probably going to be the most remote gold mines ever build in Africa."

– Kalaa Mpinga, CEO Mwana Africa

In der Region Zentralafrika liegen die zehn Länder Angola, Äquatorialguinea, Gabun, Kamerun, Demokratische Republik Kongo, Republik Kongo, São Tomé und Príncipe, Sambia, Tschad und die Zentralafrikanische Republik. Vor allem Kongos Rohstoffreichtum lockt ausländische Investoren. Mit ihren Bodenschätzen wie Kobalt, Diamanten, Kupfer, Gold und anderen seltenen Mineralien ist die Demokratische Republik Kongo ein Musterbeispiel für die These vom „Ressourcen-Fluch". Die Einwohner zählen zu den ärmsten der Welt, nur Simbabwe weist eine niedrigere Wirtschaftskraft pro Einwohner aus. Rechtsunsicherheit, ein hoher Grad an Korruption und immer wieder aufflammende Unruhen bieten kein günstiges Investitionsklima. Doch die ersten Unternehmen planen, groß in die Goldförderung einzusteigen. Das **US Geological Survey** schätzt, dass 2015 in der Demokratischen Republik Kongo über 30 Tonnen Gold gefördert werden können, was eine Verzehnfachung der aktuellen Goldförderung bedeuten würde. Damit könnte der Kongo wieder an alte Zeiten anknüpfen: In den 1960er-Jahren war das Land der fünftgrößte Goldproduzent weltweit.

Randgold Resources und **AngloGold-Ashanti** planen zusammen in der Demokratischen Republik Kongo mit Kibali die größte Goldmine Afrikas außerhalb Südafrikas aufzubauen. Bereits 2013 soll hier Gold gefördert werden. Die Unternehmen gehen davon aus, pro Jahr über zwölf Tonnen Gold zu produzieren. AngloGold verfolgt ferner im Nordosten des Landes mit Mongbwalu ein weiteres Entwicklungsprojekt. Der kanadische Explorer **Banro** verfolgt vier Projekte im Kongo: Twangiza, Lugushwa, Namoya und Kamituga. Die Twangiza-Mine hat Ende 2011 die Produktion aufgenommen. Twangiza ist die erste kommerziell fördernde Goldmine im Kongo seit der Unabhängigkeit von Belgien 1960. Weitere Explorationsprojekte verfolgen die kanadische **Kilo Goldmines** und die in London gelistete **Mwana Africa**, die neben ihren Aktivitäten im Kongo auch in Angola, Simbabwe und in Südafrika aktiv ist.

KAPITEL 5

Platin, das Gold des reichen Mannes

Südafrika und Simbabwe

Die Nachfrage nach Platin und andere Platingruppenmetallen aus den Industrienationen steigt und steigt. Der Grund liegt in der Verwendung in Hightechprodukten und als Bestandteil von Katalysatoren zum Beispiel in der Automobilindustrie. Die jährliche Förderung von Platin liegt jedoch gerade einmal bei 200 Tonnen – und diese stammt hauptsächlich aus Afrika.

„PGMs are found in the Bushveld Complex [South Africa] and in the Great Dyke [Zimbabwe] – they really aren't found as a primary product anywhere else in the world."

– Neville Nicolau, CEO of Anglo Platinum

Simbabwe
Südafrika

Die enorme Bedeutung von Südafrika im Zusammenhang mit der weltweiten Förderung von Gold und Diamanten steht oft im Fokus der Öffentlichkeit. Weniger bekannt ist die wichtige Rolle Südafrikas bei der Förderung von Platingruppenmetallen (PGMs). Darunter fallen neben Platin und Palladium die in ihrem chemischen Verhalten ähnlichen Metalle Rhodium, Iridium, Osmium und Ruthenium. Aus dieser Gruppe ist Platin mit einer jährlichen Minenproduktion von rund 200 Tonnen der wichtigste Teilmarkt.

Katalysatoren, Schmuck- und Investmentbedarf sind die entscheidenden Segmente der Nachfrage nach Platin.

Katalysatoren, Schmuck- und Investmentbedarf sind die entscheidenden Segmente der Nachfrage nach Platin

Das äußerst korrosionsbeständige Edelmetall ist ein unverzichtbarer Bestandteil von Fahrzeugkatalysatoren und Werkstoffen der Chemie- und Elektronikindustrie, wird in der Herstellung von Schmuckwaren verwendet und erfreut sich hinsichtlich der Investmentnachfrage in Form von Münzen und Barren sowie börsengelisteten Fonds einer steigenden Beliebtheit.

Zwar wurde Platin weltweit an mehr als 300 Fundorten beispielsweise in Australien, diversen afrikanischen Ländern wie Äthiopien, Guinea, Madagaskar, Sierra Leone, Simbabwe, in Europa, Russland und in Nordamerika nachgewiesen, doch stammen beinahe 80 Prozent des weltweit geförderten Platins aus Südafrika. Erst mit erheblichem Abstand folgen in der Förderung Russland, Nordamerika und Simbabwe. Außerhalb von Afrika fällt Platin überwiegend als Nebenprodukt bei der Produktion von Industriemetallen wie Kupfer und Nickel an.

Platinproduzenten
(nach Fördermenge in 2011)

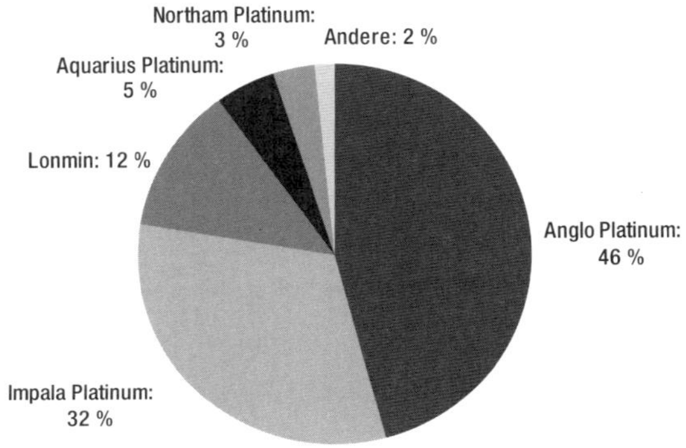

Quelle: Unternehmensangaben 2012

Im Jahr 2010 ist die Platinförderung in Simbabwe auf knapp 300.000 Unzen gestiegen und hat damit erstmalig die Fördermenge von Nordamerika überstiegen. Ins Verhältnis gesetzt fördert Simbabwe derzeit etwa ein Drittel der Produktionsmenge von Russland, aber lediglich rund fünf Prozent der Platinproduktion von Südafrika.

> Im Bushveld-Komplex in Südafrika werden über drei Viertel des weltweit geförderten Platins produziert – die Unternehmen Anglo Platinum, Impala und Lonmin dominieren mit einem Marktanteil von fast 90 Prozent die südafrikanische Förderung

Neben dieser regionalen Konzentration der Förderung gibt es weltweit nicht mehr als eine Handvoll im Platinbergbau tätige Unternehmen. Fast die Hälfte des jährlich geförderten Platins stammt aus den Bergwerken einer Tochtergesellschaft

Weltweite Platinförderung nach Ländern

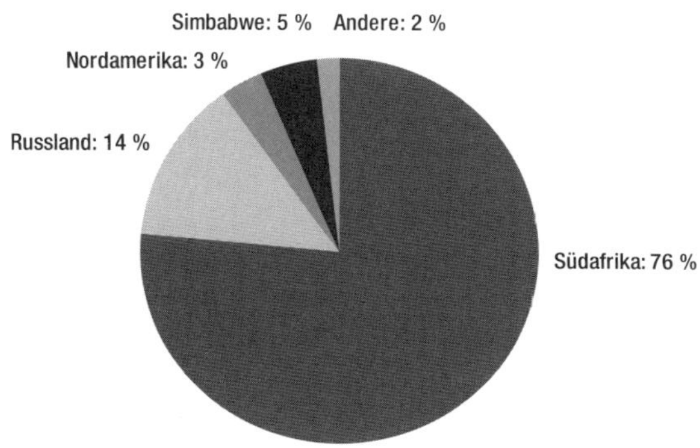

Quelle: Johnson Matthey, 2012

des afrikanischen Bergbaukonzerns Anglo American, **Anglo Platinum**, kurz Amplats. An zweiter und dritter Stelle folgen die südafrikanischen Unternehmen **Impala Platinum** (Implats) und **Lonmin.** Erst mit deutlichem Abstand zu diesen drei Unternehmen, die fast 90 Prozent des weltweiten Platinmarktes kontrollieren, folgen die wesentlich kleineren Konkurrenten **Aquarius Platinum, Northam Platinum** sowie die seit 2010 börsennotierte **Royal Bafokeng.**

Die Förderung und die verfügbaren Reserven sind im Bushveld-Komplex in Südafrika konzentriert. Der Komplex liegt im Grenzgebiet der vier Provinzen Nordwest, Gauteng, Mpumalanga und Limpopo und erstreckt sich auf einer Fläche von rund 450 x 250 Kilometern sowie über eine Dicke von bis zu acht Kilometern. In den 1920er-Jahren entdeckte Hans Merensky das nach ihm benannte Merensky Reef innerhalb des Bushveld-Komplexes, das zusammen mit einem darunterliegenden Vorkommen, dem Upper Group 2 Reef, die noch heute größten Vorkommen an Platingruppenmetallen enthält. Ein flächendeckender Bergbau setzte jedoch erst in den 1950er-Jahren ein, als der kommerzielle Abbau aufgrund des sprunghaft gestiegenen Bedarfs an Platingruppenmetallen rentabel wurde. Aufgrund der enormen Größe sind nur Teile des Komplexes erschlossen. An den nördlichen und östlichen Ausläufern des Komplexes suchen kleinere Explorationsunternehmen vornehmlich aus Australien und Kanada nach weiteren Platinvorkommen. Aufgrund der im Vergleich zum westlichen Teil des Komplexes deutlich schlechteren geologischen Bedingungen ist ein potenzieller Abbau von Platingruppenmetallen hier aber nur bei deutlich höheren Rohstoffpreisen zu rechtfertigen.

Wertentwicklung von Platin 2000-2012

(nach Fördermenge in 2011)

Quelle: Bloomberg, 2012

Im Westen des Bushveld-Komplexes ist das Städtchen Rustenburg das Zentrum der Platinindustrie in Südafrika. Rustenburg, übersetzt „Ort des Ruhens", liegt am Fuß der Magalies-Bergkette in der fruchtbaren Agrarprovinz Nordwest und in unmittelbarer Nähe der zwei größten Platinminen der Welt.

Platinvorkommen machten die Bafokeng zum reichsten Volksstamm in Afrika

In einem Fitnesscenter in Rustenburg ist bei seinem regelmäßigen Training häufig der König der Bafokeng, Kgosi Leruo Tshekedi Molotlegi, anzutreffen. Traditionelle Könige spielen im politischen und gesellschaftlichen Leben Südafrikas eine wichtige Rolle. Beinahe jeder zweite der knapp 50 Millionen Einwohner ist Untertan eines regionalen Stammesfürsten. Die Royal Bafokeng Nation, zu der über 300.000 Menschen, verteilt auf etwa 30 Dörfer nahe der Hauptstadt Phokeng, gehören, gilt mit ihrem Milliardenvermögen als wohlhabendster Stamm Afrikas. Der Grund für den Wohlstand dieser Volksgruppe liegt in den Platinvorkommen des Merensky Reef, das sich über weite Teile über das Gebiet der Bafokeng erstreckt.

Heute ist der Bafokeng-Stamm Großaktionär bei Impala Platinum, dem zweitgrößten Platinförderer der Welt, und betreibt Bergwerke zusammen mit dem Branchenführer, Anglo Platinum. Die Royal Bafokeng Holding ist das Investmentvehikel der Volksgruppe und verwaltet im Rohstoffbereich neben anderen Aktivitäten die Beteiligung von rund 13 Prozent an Impala Platinum, Merafe Resources, South African Coal Mining und die Royal Bafokeng Platinum. Als Joint-Venture-Partner von Anglo Platinum betreibt die fast 8.000 Menschen beschäftigende und separat an der Börse von Johannesburg gelistete Royal Bafokeng Platinum die Boschkoppie-Mine und den Aufbau des Styldrift-Merensky-Minenprojekts. Aufgrund des Reichtums des Bushveld-Komplexes an Vorkommen von Platingruppenmetallen geht das Unternehmen davon aus, den Abbau noch für mindestens 50 Jahre sicherstellen zu können.

Liegt die Zukunft des Platinbergbaus in Afrika in Simbabwe?

Abseits dieser reichen Vorkommen an Platin und weiteren Platingruppenmetallen in Südafrika spielt sich das zukünftige Wachstum der weltweiten Platinförderung jedoch anderswo ab: in Simbabwe. Im Gegensatz zum kostenintensiven Untertagebau ist der Abbau von Platin hier noch im Tagebau und somit zu deutlich niedrigeren Kosten möglich. Doch die Kehrseite der besseren Ökonomie der Bergbauprojekte in Simbabwe ist ein im Vergleich zu Südafrika deutlich höheres politisches Risiko. Erst im März 2011 zog die Regierung des Landes eine De-facto-Enteignung aller ausländischen Bergbauoperationen in Erwägung.

Simbabwe – Enttäuschte Hoffnungen

Das heutige Simbabwe entspricht in seiner Größe ungefähr der Fläche von Deutschland und grenzt als Binnenstaat mit rund zwölf Millionen Einwohnern an Südafrika, Botswana, Sambia und Mosambik. Der wirtschaftliche Verfall und die politische Unsicherheit durch die Diktatur von Robert Mugabe werden durch Arbeitslosigkeit, Armut, Hunger und Krankheiten noch verstärkt. Dies führt dazu, dass das Land regelmäßig einen der letzten Plätze im Human Development Index der Vereinten Nationen einnimmt. Besonders besorgniserregend ist die selbst für Afrika hohe Durchseuchung mit HIV/AIDS: Rund ein Drittel der Bevölkerung des Landes ist mit HIV infiziert und die Lebenserwartung in Simbabwe gehört weltweit zu den niedrigsten. Dabei blickt das Land auf eine lange und kulturell bedeutsame Geschichte zurück. In der Zeit des europäischen Mittelalters schufen die Bantu, Vorfahren der heutigen Shona, hier eine der bedeutendsten Zivilisationen Schwarzafrikas. Beeindruckendstes Relikt dieser Kultur, die jedoch keine schriftlichen Überlieferungen hinterließ, ist die Ruinenstadt von Groß-Simbabwe. Die Anlage, die etwa 240 Kilometer südlich der heutigen Hauptstadt Harare und 100 Kilometer östlich des Great Dyke liegt, stellt eine der ältesten und größten vorkolonialen Steinbauten in Afrika südlich der Sahara dar. Das Gebiet wurde in der Zeit von 300 bis 600 n. Chr. besiedelt, erlebte zwischen dem 11. und der Mitte des 15. Jahrhunderts eine Blütezeit, in der das Herrschaftsgebiet das heutige Simbabwe und Teile von Mosambik umfasste. Während der Kolonialzeit entstand im Binnenland des südlichen Afrika die nach Cecil Rhodes benannte Kolonie Rhodesien, die später in Nordrhodesien (Sambia) und Südrhodesien (Simbabwe) geteilt wurde. Im heutigen Simbabwe ergriff 1965 eine weiße Minderheitsregierung unter Ian Smith die Macht. Unter Beteiligung der schwarzen Bevölkerungsmehrheit erlangte das Land unter Robert Mugabe 1980 die Unabhängigkeit und galt viele Jahre als Vorbild einer friedlichen, postkolonialen Transformation. Doch der 1980 erstmalig zum Premierminister und 1987 zum Präsidenten gewählte Mugabe regierte Simbabwe zunehmend autokratischer und führte das Land bis 2008 als Diktator. In mehreren chaotisch durchgeführten Landreformen enteignete Mugabe weiße Farmer und verteilte das Land nach Gutdünken an Politiker der Regierungspartei ZANU-PF. In der Folge brach aufgrund der mangelnden landwirtschaftlichen Erfahrung die Versorgung mit Lebensmitteln zusammen und die Menschenrechtslage verschlechterte sich drastisch. Wahlen wurden massiv manipuliert und Mitglieder der Opposition eingeschüchtert. 2008 kandidierte der mittlerweile 84-jährige Mugabe erneut für das Amt des Staatschefs. Nach blutigen Aufständen und internationalen Protesten einigte sich Mugabe im September 2008 mit dem verfeindeten Oppositionsführer Morgan Tsvangirai der MDC (Movement for Democratic Change) darauf, die Macht zu teilen. Heute wird Simbabwe in einer Einheitsregierung unter Robert Mugabe und Morgan Tsvangirai geführt und verzeichnet eine leichte Verbesserung der desolaten wirtschaftlichen Lage.

Analog zum Bushveld-Komplex in Südafrika durchzieht der Great Dyke Simbabwe über eine Länge von rund 550 Kilometern von Norden nach Süden und reicht bis ins Bushveld in Südafrika. Erstmalig von dem Deutschen Carl Mauch 1867 erforscht, wurden die reichen Mineral- und Erzvorkommen des Great Dyke erst 50 Jahre später gefunden und danach systematisch erschlossen. Die Vorkommen an Platingruppenmetallen sind im Durchschnitt etwas niedriger als in Südafrika, jedoch befinden sie sich näher an der Oberfläche.

Anglo, Impala, Lundin und Aquarius – nahezu alle großen südafrikanischen Platinproduzenten sind auch in Simbabwe aktiv

Im südlichen Bereich des Great Dyke liegt die Mimosa-Mine, das älteste Platinbergwerk in Simbabwe. Der Testbetrieb begann hier bereits in den 1920er-Jahren, stellte sich in den folgenden Jahrzehnten als lukrativ heraus und weckte das Interesse der großen südafrikanischen Bergbaukonzerne. Ein Übernahmeversuch durch Anglo American scheiterte im Jahr 2000. Aber bereits im Folgejahr war Impala Platinum erfolgreicher und erwarb

Mimosa, Zimplats und Unki – drei bereits produzierende Platinminen in Simbabwe

SÜDAFRIKA

Hauptstadt	Pretoria
Fläche (km²)	1.219.090
Einwohnerzahl (Millionen)	49,0
Bruttoinlandsprodukt (BIP), in Mrd. USD	524,0
BIP pro Einwohner, in USD	10.694
Human Development Index (HDI)	123/187
Hauptexportgüter: Gold, Diamanten, Platin, andere Rohstoffe sowie Werkzeuge/Maschinen	

Quelle: UNDP, CIA World Factbook, Auswärtiges Amt 2012

SIMBABWE

Hauptstadt	Harare
Fläche (km²)	390.757
Einwohnerzahl (Millionen)	12,1
Bruttoinlandsprodukt (BIP), in Mrd. USD	5,9
BIP pro Einwohner, in USD	490
Human Development Index (HDI)	173/187
Hauptexportgüter: Platin, Gold, Agrarprodukte	

Quelle: UNDP, CIA World Factbook, Auswärtiges Amt 2012

einen Anteil von 35 Prozent an der Mine. 2002 stockte Impala den Anteil auf 50 Prozent auf und Aquarius Platinum übernahm die verbleibenden 50 Prozent. Beide Unternehmen investierten massiv in den Ausbau des Bergbaubetriebs, der im weltweiten Vergleich die niedrigsten Förderkosten aufweist. 2011 förderte die Mimosa-Mine, noch immer ein 50:50-Joint-Venture zwischen Impala und Aquarius, rund 100.000 Unzen Platin, etwas mehr als ein Drittel der gesamten Platinproduktion in Simbabwe.

In den 1990er-Jahren entwickelte der anglo-australische Minenkonzern BHP Billiton zusammen mit Delta Gold eine zweite Platinmine: Hartley. Nach anfänglichen Produktionsschwierigkeiten veräußerte BHP seinen Anteil an dem Projekt an das australische Unternehmen Zimbabwe Platinum Mines (Zimplats). Diese Gesellschaft wurde von Delta Gold ausgegliedert, um die Platinaktivitäten zu bündeln. Etwas weiter südlich entwickelte Zimplats die Ngezi-Mine, die 2001 den Tagebaubetrieb aufnahm. Impala Platinum beteiligte sich an diesem Projekt und stockte seinen Anteil an Zimplats im Laufe der nächsten zwei Jahre auf 87 Prozent auf. Nach einer erfolgreichen Erweiterung der Produktion wurden 2010 von Zimplats rund 180.000 Unzen Platin gefördert. Eine erneute Produktionsausweitung durch eine weitere Mine soll ab 2014 die Gesamtproduktion auf 270.000 Unzen wachsen lassen. Zimplats veranschlagt hierfür Kosten von knapp 500 Millionen US-Dollar.

Als Dritter im Bunde und als Nachzügler entwickelt der Branchenführer Anglo Platinum in Simbabwe die Unki-Platinmine. 2010 war die Mine noch im Bau und nahm 2011 die Produktion auf. Ab der zweiten Jahreshälfte 2013 plant das Unternehmen eine jährliche Platinproduktion von rund 70.000 Unzen zu erreichen. Langfristig sieht Anglo Platinum die jährliche Produktion auf 280.000 Unzen steigen.

Das Wachstum der Platinförderung in Südafrika ist durch steigende Förderkosten, Engpässe bei der Energieversorgung, hohe Lohninflation und den ungünstigen Wechselkurs des Südafrikanischen Rand begrenzt. In der Summe haben sich die wirtschaftlichen Rahmenbedingungen für den Bergbausektor im Allgemeinen und für den Platinbergbau im Speziellen über die vergangenen Jahre deutlich verschlechtert.

Dem Wachstum der Platinförderung sind Grenzen gesetzt

Arbeitsunterbrechungen wie durch Streiks sind in Südafrika an der Tagesordnung. Nachdem die weltweite Abschwächung der Konjunktur im Jahre 2012 auch zu einer geringeren Nachfrage nach Platin aus der Automobilindustrie führte, sehen sich die Minengesellschaften in einer Zwickmühle. Zum einen steigen Lohn- und Energiekosten weiter an und zum anderen sinken die Preise für Platin. Die Unternehmen reagieren mit Produktionskürzungen und beginnen unrentable Förderungen stillzulegen. So musste zum Beispiel Lonmin im Frühjahr 2012 die Produktion für zwei Wochen unterbrechen, während Arbeiter für höhere Löhne streikten. Jeden Tag verliert das Unternehmen hierdurch etwa drei Millionen US-Dollar beziehungsweise 2.500 Unzen nicht gefördertes Platin.

Im Sommer 2012 eskalierte diese Situation jedoch drastisch. Bei einem illegalen Arbeitskampf versammelten sich über 3.000 Arbeiter der Marikana-Platinmine, rund 100 Kilometer westlich der Hauptstadt Pretoria, und es kam zu einem Konflikt zwischen den konkurrierenden Gewerkschaften „Association of Mineworkers and Construction Union“ und der „National Union of Mineworkers“. Der Konflikt eskalierte und die Polizei erschoss 34 Demonstranten – mehr als 80 Menschen wurden verletzt. Dieses Ereignis markierte den gravierendsten gewalttätigen Zwischenfall in Südafrika seit dem Ende der Apartheid.

Hinzu kommt zudem Gegenwind von politischer Seite. Julius Malema, Präsident der mächtigen Jugendorganisation des Afrikanischen Nationalkongresses (ANC), forderte im Oktober 2011 die Verstaatlichung des südafrikanischen Bergbausektors und ging damit auf Konfrontationskurs zu Staatspräsident Jacob Zuma. Der Staat solle einen Mindestanteil von 60 Prozent an allen Bergbauaktivitäten des Landes erhalten, so die Forderung. Auch wenn sich Malema mit dieser Forderung nicht durchgesetzt hat, ist zumindest von einer weiteren regulatorischen Verschlechterung des Wirtschaftsklimas auszugehen.

Die Förderung in Simbabwe ist dagegen aufgrund der niedrigeren Kosten unter anderem durch den Tagebau viel ökonomischer und wächst seit einigen Jahren deutlich. Die Risiken in dem afrikanischen Binnenland liegen jedoch auf der politischen Ebene. So ist die Wirtschaft des Landes insbesondere durch die letzten Jahre der Mugabe-Diktatur am Boden. Die Sterblichkeitsrate, bedingt durch eine starke Durchseuchung mit HIV/AIDS, ist hoch. Mitte März 2011 schockte die Regierung Simbabwes zudem ausländische Investoren mit der Überlegung, eine Mehrheitsbeteiligung von 51 Prozent an allen ausländischen Bergbauprojekten einzuführen. Dies käme insbesondere für die im Land operierenden südafrikanischen Bergbaukonzerne einer Enteignung gleich. Falls die politökonomischen Rahmenbedingungen richtig gesetzt werden, kann der Platinbergbau in Simbabwe zu einer deutlichen Steigerung des Wohlstandes und der politischen Stabilität führen. Bei den aktuellen politischen Zuständen im Land muss diese Entwicklung jedoch mit einem Fragezeichen versehen werden.

KAPITEL 6

Blutige Geschäfte mit Diamanten

Südafrika, Angola und Botswana

Die Mehrzahl aller geförderten Diamanten kommt aus Afrika. In Südafrika setzte im 19. Jahrhundert ein wahres „Diamantenfieber“ ein und das Land am Kap wurde über Nacht einer der größten Diamantenproduzenten. Die in dieser Zeit gegründete De Beers übte mehr als 100 Jahre ein Monopol im Diamantenmarkt aus und ist noch heute eine dominierende Größe. In anderen afrikanischen Ländern wurden häufig Kriege um Diamantenvorkommen geführt. Blutdiamanten verlängerten das Elend weiter Teile der afrikanischen Bevölkerung, während wenige sich die Taschen füllten.

„Curious ... how everyone who touches those diamonds seems to die.“

– James Bond, Diamantenfieber (1971)

Angola
Botswana
Südafrika

Edelsteine wie Diamanten, Rubine, Saphire, Smaragde und Opale sind vor allem als Schmucksteine bekannt – der mit Abstand größte Teilmarkt sind Diamanten.

Die Förderung und der Handel mit diesen Edelsteinen ist ein internationales Geschäft. Die größten Diamantenbörsen befinden sich in Antwerpen, Amsterdam, New York, Ramat Gan in Israel, Johannesburg und London, wobei das belgische Antwerpen der wichtigste Börsenplatz ist. 85 Prozent der weltweit geförderten Rohdiamanten und rund die Hälfte der geschliffenen Steine werden im direkt am Bahnhof gelegenen „Diamantenviertel" umgeschlagen. Während der überwiegende Teil der in der Industrie verwendeten Diamanten synthetisch hergestellt wird, ist die Schmuckindustrie noch eine Domäne der natürlich vorkommenden und geförderten Diamanten. Doch nur rund ein Fünftel aller natürlich geförderten Rohdiamanten besitzen Schmuckqualität. Die Nachfrage nach Diamanten ist in den letzten Jahren trotz oder wegen der Finanzkrise rasant gestiegen.

Nur 20 Prozent aller geförderten Diamanten besitzen Schmuckqualität

2011 wurden insgesamt rund 135 Millionen Karat, gut 26 Tonnen, des Edelsteins gefördert. In den letzten Jahren lag die weltweite Ausbeute an Rohdiamanten zwischen 20 und 25 Tonnen pro Jahr, was ungefähr 100 bis 130 Millionen Karat und einem Wert von annähernd zehn Milliarden US-Dollar entspricht.

Durchschnittlich sind die Preise von Diamanten im Jahr 2011 gegenüber dem Vorjahr um über 30 Prozent angestiegen. 2011 durchbrachen die Preise für Einkaräter der besten Qualität erstmalig das Niveau von 10.000 US-Dollar und stiegen im Spätsommer sogar auf über 11.000 US-Dollar. Die schwache wirtschaftliche Verfassung im Jahre 2012 sorgte für einen moderaten Dämpfer, sodass die Preise für diese Edelsteine bester Qualität wieder unter die Marke von 10.000 US-Dollar sanken.

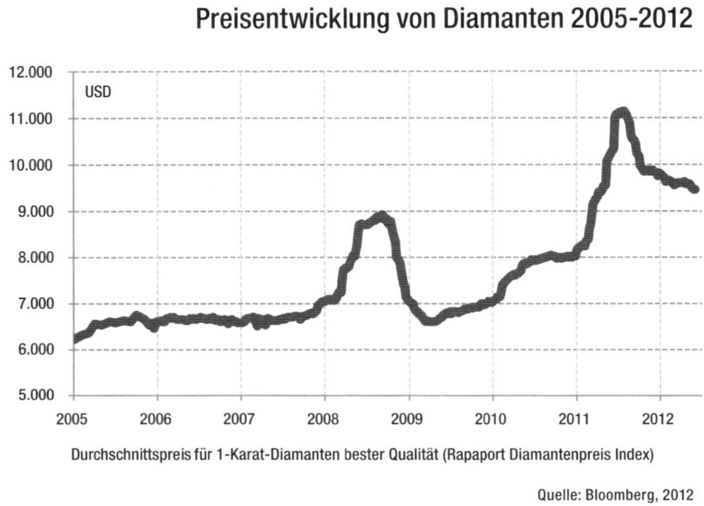

Die Bewertung von Diamanten verläuft dabei jedoch nicht einfach linear zu ihrer Größe. Größere Steine sind viel seltener und damit exponentiell kostbarer. Außerdem fluktuieren die Preise an den Übergängen von einer Größenklasse in die nächste. Beispielsweise kann bei 0,49 gegenüber 0,5 Karat – der Unterschied beträgt nur 100 mg oder weniger – der Preis um mehr als 1.000 US-Dollar variieren. Die Preisspanne für Diamanten der Größe von einem Karat reicht von 500 US-Dollar bis zu über 20.000 US-Dollar, allein abhängig vom Grad der Reinheit und der Farblosigkeit.

Neben den anglo-australischen Bergbaugiganten BHP Billiton und Rio Tinto sind die beiden dominierenden Fördergesellschaften die zum Anglo-American-Konzern gehörende **De Beers** und die russische **Alrosa**. Alrosa, mehrheitlich im Staatsbesitz, fördert den überwiegenden Teil der russischen Diamantenproduktion und ist daneben auch in Angola aktiv. Die in Großbritannien und Australien gelisteten Großkonzerne und führenden Rohstoff-

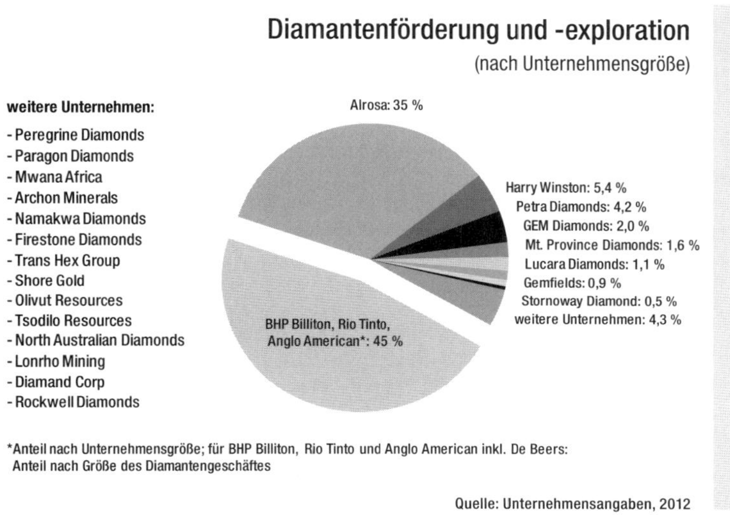

produzenten Rio Tinto und BHP Billiton sind internationale Größen im Diamantengeschäft, jedoch macht dieser Geschäftsbereich nur einen untergeordneten Anteil an den gesamten Bergbauaktivitäten der Minenkonzerne aus. In Kanada und Australien, ebenfalls wichtige Förderländer, sind unter anderem **Harry Winston** (ehemals ABER Diamonds), **Mountain Province Diamonds**, **Stornoway Diamonds**, **Peregrine Diamonds**, **Shore Gold**, **Archon Minerals** und **Olivut Resources** sowie **GEM Diamonds** und **North Australian Diamonds** aktiv.

Über die Hälfte der weltweit geschürften Diamanten stammt aus Afrika

Doch das eigentliche Zentrum der Diamantenförderung ist der afrikanische Kontinent. Über die Hälfte, rund 60 Prozent, der im Jahre 2010 geförderten Diamanten stammen aus Afrika. Mit einem Börsenwert von etwas weniger als 100 Millionen Euro gehört die in Großbritannien gelistete

Firestone Diamonds bereits zu den zehn größten auf die Diamantenförderung spezialisierten Unternehmen. Neben den Branchenriesen wie De Beers oder Alrosa ist Firestone jedoch ein Zwerg. Bis 2014 plant das Unternehmen in Lesotho und Botswana über eine Million Karat Rohdiamanten zu fördern – ein ambitioniertes Unterfangen. Ebenfalls in Botswana, Lesotho und in Namibia ist der kanadische Explorer **Lucara Diamond** aktiv. Das Unternehmen hat Ende 2011 mit der Diamantenförderung begonnen. Die **Trans Hex Group** schürft in Südafrika und in Angola nach Diamanten. Daneben sind in verschiedenen afrikanischen Ländern **Petra Diamonds, GEM Diamonds, Gemfields, Namakwa Diamonds** und **Paragon Diamonds** aktiv. Afrika steht bei kanadischen, britischen und australischen Diamantensuchern hoch im Kurs, birgt doch der Kontinent noch viele unentdeckte Ressourcen.

Weltweite Förderung von Rohdiamanten

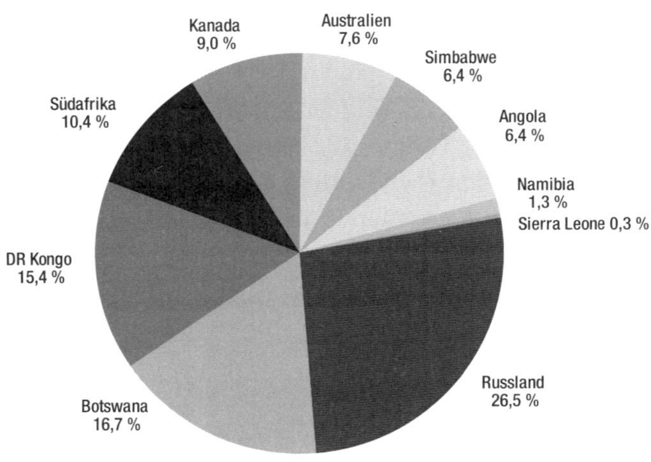

Quelle: US Geological Survey, 2012

Lange Zeit war Südafrika das Zentrum der weltweiten Diamantenförderung – mittlerweile ist aber der Anteil der südafrikanischen Förderung auf zehn Prozent der weltweiten Diamantenproduktion gesunken. Der mit Abstand größte Produzent ist Russland, gefolgt von Botswana und der Demokratischen Republik Kongo. Zusammen haben diese vier Länder einen Anteil von über zwei Dritteln an der weltweiten Diamantenförderung. Nach Kanada und Australien folgen Simbabwe, Angola, Namibia und Sierra Leone. Diese zehn Länder förderten im vergangenen Jahr 99 Prozent aller Diamanten.

Die ersten Diamantenfunde sind aus der Golconda-Region in Südostindien, nahe der heutigen Millionenstadt Haiderabad, aus der Zeit um 2.000 v. Chr. überliefert. Aus dieser Region stammt auch einer der berühmtesten Diamanten, der „Koh-i-Noor“ oder „Berg des Lichts“. Der als Rohdiamant rund 600 Karat große Edelstein befand sich im Besitz verschiedener Herrscher und schmückt heute die englischen Kronjuwelen.

Der Diamantenboom begann Ende des 19. Jahrhunderts in Südafrika

Indien blieb lange Zeit die einzige Quelle von Diamanten. Erst die Diamantenfunde in Südafrika im 19. Jahrhundert lösten einen wahren „Hype“ aus. Nahe der heutigen Stadt Kimberley, etwa auf halbem Weg zwischen Kapstadt und Johannesburg, fanden Kinder 1867 beim Spielen einen 22 Karat großen Rohdiamanten. Es folgten mehrere kleine und größere Funde, aber erst als 1871 größere Funde an einem nahe gelegenen Hügel, dem Colesberg Koppje, gemacht wurden, ging die Nachricht um die Welt und es brach ein wahres „Diamantenfieber“ aus. Am Fundort, der Farm der Gebrüder De Beer, begann ein chaotisches Schürfen und Buddeln, Claims wurden abgesteckt und innerhalb kürzester Zeit überschwemmten bis zu 30.000 Diamantensucher und Glücksritter die Region auf der Suche nach dem schnellen Reichtum. Um den Colesberg Koppje wurde eine riesige Zeltstadt errichtet, aus der bald eine kleine Stadt entstand: New Rush, die 1873 in Kimberley umbenannt wurde. Noch heute gilt Kimberley als die Welthauptstadt der Diamanten. Der Hügel wurde schnell abgetragen und die Diamantensucher gruben sich fortan in die Tiefe. Heute zeugt das „Big Hole", mit einem Durchmesser von 500 Metern und einer Tiefe von über 800 Metern eines der größten von Menschenhand geschaffenen Löcher der Welt, von diesen Bemühungen. Bis zur Einstellung der Arbeiten im Jahr 1914 wurden hier sagenhafte 14,5 Millionen Karat, fast drei Tonnen, Diamanten im Wert von über 40 Milliarden Euro zutage gefördert.

Da die Diamantenförderung von Jahr zu Jahr schwieriger wurde und sich die Arbeit für den Einzelnen nicht mehr lohnte, schlug die Stunde der großen, kapitalkräftigen Investoren, die eine industrielle Förderung organisieren konnten. Die beiden dominierenden Persönlichkeiten hierbei waren Barney Banato und Cecil Rhodes. Beide begannen die Claims von Schürfern, für die sich die Arbeit nicht mehr lohnte, aufzukaufen und gründeten 1880 und 1881 die beiden rivalisierenden Unternehmen Kimberley Central Diamond Mining und De Beers Mining. Dies war der Startschuss für die Massenproduktion von Diamanten in Kimberley. 1888 schlossen sich die beiden Gesellschaften zusammen. Rhodes zahlte Banato mit dem bis dato größten Scheck der Welt über fünf Millionen Britische Pfund aus: Die De Beers Consolidated Mines entstand. Rhodes trieb die Expansion von De Beers voran. Immer neue Minen entstanden und immer mehr Schächte wurden in den Boden getrieben. Innerhalb weniger Jahre überzog ein ganzes Netz an Diamantenminen das heutige Südafrika. 1905 entdeckten Schürfer rund 40 Kilometer östlich von Pretoria den bisher größten Einzeldiamanten der Welt: Der „Cullinan" ist als Rohdiamant über 3.100 Karat groß.

Als nach den Wirren des Ersten Weltkriegs De Beers in Schwierigkeiten geriet, schlug die Stunde von Sir Ernest Oppenheimer. Der 1880 in Friedberg in der Nähe von Frankfurt am Main geborene Oppenheimer gründete 1917 die Anglo American Corporation, lange Jahre das größte Rohstoffunternehmen der Welt. Mit dem Einstieg bei De Beers wurde er 1920 der Präsident der Firma. 1926 übernahm Anglo American die Aktienmehrheit an De Beers.

De Beers ist noch immer eine dominante Größe des Diamantenmarktes

Noch heute ist De Beers Teil des Anglo-American-Konzerns und beide Firmen befinden sich unter der Kontrolle der Familie Oppenheimer in Südafrika. Seit über 100 Jahren übt der Diamantenproduzent ein Monopol – vergleichbar der OPEC bei Rohöl – auf dem Diamantenmarkt aus. Heute fördert De Beers mit Minen in Südafrika, Namibia, Botswana und Kanada knapp ein Drittel der weltweit geförderten Rohdiamanten und dominiert den internationalen Handel.

Diamonds are a Girl's Best Friend

Im Unterschied zu vielen anderen Rohstoffen gibt es bei Diamanten keinen einheitlichen Wert pro Gewichtseinheit. Der Wert eines Diamanten setzt sich nach verschiedenen Kriterien zusammen, von denen die „vier C" die bekanntesten sind: *color*, *clarity*, *cut* und *carat*, also Farbe, Reinheit, Schliff und Gewicht. Spricht man von den „fünf C", kommt noch die Expertise / der Nachweis (*certificate*) hinzu, der man die durch ein anerkanntes Institut zertifizierten physischen Eigenschaften des jeweiligen Steins entnehmen kann. Die Farbklassifizierung beginnt bei D, was hochfeinem

Weiß beziehungsweise beinahe farblos entspricht, und setzt sich über die Kategorien E, F, G, H (einfaches Weiß) und so weiter fort. Die Einteilung der Farbstufen richtet sich danach, wie nahe ein Stein der Farblosigkeit kommt. Farbige Diamanten (zum Beispiel gelb, rot, blau oder grün) sind besonders selten, dementsprechend kostbar und werden auch als *fancy diamonds* bezeichnet. Der Reinheitsgrad eines Diamanten (*clarity*) bestimmt das Maß von Einschlüssen – je reiner ein Diamant, desto seltener ist er. Die Skala beginnt bei IF (*internally flawless*, lupenrein) und setzt sich über kleine bis hin zu deutlichen und groben Einschlüssen fort. Der Schliff bezieht sich auf die Winkel und Proportionen eines Diamanten – der beliebteste Schliff ist der Brillantschliff. Das Gewicht von Diamanten wird traditionell in Karat (1 ct = 0,2 Gramm) angegeben.

Die gesamte Diamantenbranche und insbesondere De Beers sind durch sogenannte Blutdiamanten in Verruf geraten. 2006 rückte der Film „Blood Diamond" mit Leonardo DiCaprio das Thema wieder ins Bewusstsein der breiten Öffentlichkeit. Unter Blut- oder auch Konfliktdiamanten sind vor allem in den Konfliktgebieten Afrikas meist illegal geschürfte und verkaufte Diamanten zu verstehen. Von deren Erlös können gewalttätige Auseinandersetzungen, so zum Beispiel das Anheuern von Rebellen- oder Invasionstruppen, finanziert werden und so werden blutige Konflikte meistens noch verlängert. Im Zentrum des schmutzigen Geschäfts standen vor allem Länder wie Angola, Liberia, Sierra Leone, Simbabwe und die Kongo-Region. 2010 geriet deswegen das britische Topmodel Naomi Campbell in die Schlagzeilen der Boulevardpresse. Der Vorwurf: Campbell habe 1997 von Liberias

Präsidenten, dem am Internationalen Gerichtshof in Den Haag angeklagten Kriegsverbrecher Charles Taylor, Blutdiamanten geschenkt bekommen. Grund genug, auch Naomi Campbell zur Zeugenaussage nach Den Haag zu zitieren. Mit den Vorwürfen während eines Interviews der *ABC News* konfrontiert, rastete die Diva aus, eine Kamera ging zu Bruch und Campbell stürmte aus dem Studio. Mitte 2012 verurteilte das Kriegsverbrechertribunal in Den Haag den mittlerweile 64-jährigen Taylor, Liberias Ex-Diktator, zu 50 Jahren Haft.

Blutdiamanten spielten eine unrühmliche Rolle bei vielen Bürgerkriegen in Afrika – besonders betroffen waren Länder wie Angola, Liberia, Sierra Leone, Simbabwe und die Kongo-Region

Als Präsident von Liberia war Charles Taylor nicht nur für zwei Bürgerkriege im eigenen Land verantwortlich, sondern auch für den Terror in Sierra Leone. Taylor, auch bekannt als der Schlächter von Monrovia, unterstützte die Rebellengruppe Revolutionary United Front (RUF) in Sierra Leone, die mit unglaublicher Brutalität gegen die Zivilbevölkerung vorging. „Short sleeve or long sleeve" wird in der Region zum geflügelten Wort, denn wen die RUF nicht tötet, wird verstümmelt: Mit Macheten hackt man den Opfern die Hände oder gleich den ganzen Unterarm ab. Taylors Mann fürs Grobe und stellvertretender Kommandant der RUF ist Sam Bockarie alias „Mosquito". Dem Massenmörder wurde nachgesagt, im „Hotel Africa" in Monrovia, einer der ersten Anlaufstellen des internationalen organisierten Verbrechens, Roulette mit Diamanten gespielt zu haben. Freetown, die Hauptstadt von Sierra Leone, ist in den 1990er-Jahren ähnlich wie Monrovia in Liberia ein Tummelplatz für Mörder, Glücksritter, Waffenhändler und Diamantenschmuggler. Charles Taylor geht es bei dem Konflikt um die Kontrolle der Diamantenfelder in Sierra Leone.

ANGOLA

Hauptstadt	Luanda
Fläche (km²)	1.246.700
Einwohnerzahl (Millionen)	13,3
Bruttoinlandsprodukt (BIP), in Mrd. USD	85,3
BIP pro Einwohner, in USD	6.395
Human Development Index (HDI)	148/187
Hauptexportgüter: Erdöl (90% der Exporte), Diamanten, landwirtschaftliche Produkte	

Quelle: UNDP, CIA World Factbook, Auswärtiges Amt 2012

BOTSWANA

Hauptstadt	Gaborone
Fläche (km²)	581.730
Einwohnerzahl (Millionen)	2,1
Bruttoinlandsprodukt (BIP), in Mrd. USD	14,3
BIP pro Einwohner, in USD	6.925
Human Development Index (HDI)	118/187
Hauptexportgüter: Diamanten (66% der Exporte), Nickel	

Quelle: UNDP, CIA World Factbook, Auswärtiges Amt 2012

Die Rebellen liefern Diamanten und Taylor versorgt die RUF mit Waffen, die er mit dem Verkauf der Diamanten finanziert. In dieser Zeit wächst das Privatvermögen des Diktators auf über eine Milliarde US-Dollar. Nach seinem Sturz muss sich Taylor vor dem Internationalen Gerichtshof in Den Haag verantworten. Mit der Stationierung von fast 20.000 UN-Soldaten in Sierra Leone konnten die Vereinten Nationen den elfjährigen Bürgerkrieg 2002 beenden. Schätzungen zufolge soll der Konflikt in Sierra Leone zwischen 1991 und 2002 über 100.000 Menschen das Leben gekostet haben, darunter auch viele Kindersoldaten.

Blutdiamanten finanzierten auch die Kriege in Angola und im Kongo

Truppen aus Ruanda und Uganda, die aufseiten der dortigen Rebellen kämpften, plünderten die Vorkommen im Ostteil des Kongos. Die Region um Mbuji-Mayi, der Hauptstadt der östlichen Provinz Kasai, ist das Zentrum der Diamantenindustrie. Auch hier profitieren die Menschen kaum vom Diamantenabbau durch die staatliche Societé Minière de Bakwanga (MIBA). Die Regierung in Kinshasa erteilte zum Beispiel den Präsidenten von Simbabwe und Namibia zwischenzeitlich Schürfrechte für kongolesische Diamantenminen – als Vergütung für deren Militärhilfe. Noch Ende 2008 massakrieren simbabwische Soldaten in den Diamantenminen Hunderte Arbeiter. Der Verkauf der Edelsteine stützt dabei auch den Diktator von Simbabwe, Robert Mugabe.

Diamanten in Angola

In der Provinz Lunda Sul im Nordosten Angolas, rund 30 Kilometer nordwestlich von Saurimo und an der Grenze zur Demokratischen Republik Kongo, liegt die **Catoca-Mine**, die viertgrößte Diamantenmine der Welt. Die Mine ist heute mehrheitlich im Besitz der staatlichen Bergbaugesellsaft Angolas (Endiama) und eines der weltweit größten Diamantenproduzenten, der russischen Alrosa. Daneben sind auch die Chinesen und ein brasilianisches Unternehmen an der Mine beteiligt. Bereits in den 1980er-Jahren fanden die Russen hier ein vielversprechendes Diamantenvorkommen, doch die Besetzung durch die UNITA verhinderte bis 1996

den Beginn der Förderung. 2010 wurden
in der Catoca-Mine rund sieben Millionen Karat,
fast 1,5 Tonnen, Rohdiamanten gefördert.

In Angola entflammte nach der Unabhängigkeit von Portugal im Jahre 1975 ein mörderischer Bürgerkrieg, der 27 Jahre andauerte. Von der MPLA-Regierung (Movimento Popular de Libertação de Angola) wurde der Krieg durch die Ausbeutung der Erdölvorkommen vor der Küste finanziert, von den UNITA-Rebellen (União Nacional para a Independência Total de Angola) durch die Ausbeutung der Diamantenvorkommen im Nordosten des Landes. Aufgrund ihrer wirtschaftlichen Bedeutung sind die nordöstlichen Regionen Lunda Norte und Nunda Sul die am heftigsten umkämpften Gebiete. Zwischen 1992 und 1998 kontrollierte die Rebellenbewegung 90 Prozent der angolanischen Diamantenexporte, was Einnahmen von schätzungsweise knapp vier Milliarden US-Dollar entspricht. Vor allem Länder wie Burkina Faso und der Kongo fungieren als Zwischenstationen für den angolanischen Diamanten- und Waffenschmuggel. Der Bürgerkrieg verebbte, als Regierungssoldaten 2002 den Rebellenführer Jonas Savimbi töteten. Die militärisch angeschlagene UNITA unterzeichnete einen Waffenstillstand, der seither eingehalten wird, und wandelt sich zu einer unbewaffneten politischen Partei. Rund eine halbe Million Menschen sollen im Bürgerkrieg in Angola ums Leben gekommen sein, etwa 2,5 Millionen Menschen wurden vertrieben und die Infrastruktur des Landes weitgehend zerstört.

Um den afrikanischen Bürgerkriegen die wirtschaftliche Grundlage zu entziehen, verbieten 2003 die Vereinten Nationen den Handel mit „Blut-“ oder „Konfliktdiamanten“ (Kimberley-Abkommen), können ihn jedoch nicht gänzlich unterbinden, denn gefälschte Herkunftszertifikate sind einfach zu beschaffen. Dass das Thema Blutdiamanten an Bedeutung verloren hat, ist eher auf das Abebben der Konflikte in vielen afrikanischen Bürgerkriegsregionen in den letzten Jahren zurückzuführen.

Einen anderen Weg ist Botswana gegangen. Das Land, das 1966 die Unabhängigkeit von Großbritannien erlangt hat, gilt wegen seiner politischen Stabilität und der positiven wirtschaftlichen Entwicklung als „Musterland" Afrikas. Botswana liegt zwischen Südafrika, Namibia, Sambia und Simbabwe, verfügt über eine gut ausgebaute Infrastruktur und die Hauptstadt, Gaborone, ist eine Boomstadt auf dem afrikanischen Kontinent.

Für Botswana ist die Diamantenförderung ein Katalysator für eine positive wirtschaftliche und politische Entwicklung

Botswanas Reichtum fußt auf Diamanten – über 70 Prozent der Exporterlöse des Landes stammen aus der Förderung. Kurz nach der Unabhängigkeit wurden Diamanten in der Kalahari-Wüste entdeckt. Die Regierung vereinbarte 1969 mit dem südafrikanischen Diamanten-Multi De Beers ein Joint Venture zum Abbau der Edelsteine – Debswana. 1971 startete der Abbau in Orapa. Einige Jahre später wurden weitere Förderstätten im benachbarten Letlhakane und weiter südlich in Jwaneng erschlossen. Noch heute ist die Orapa-Mine die größte fördernde Diamantenmine der Welt. Rund 9,5 Millionen Karat Rohdiamanten, fast zwei Tonnen, wurden 2010 hier gefördert. Botswana ist mit einer Förderung von rund 22 Millionen Karat Rohdiamanten im Jahre 2010 der größte Produzent auf dem afrikanischen Kontinent. In Botswana wurden die erlösten Mittel in die Entwicklung des Landes investiert und so blieben die negativen Folgen des Rohstoffreichtums wie in anderen Ländern aus. Lediglich die hohe HIV/AIDS-Rate und die damit verbundene hohe Sterblichkeit gefährden die weitere wirtschaftliche Entwicklung des Landes.

KAPITEL 7

Uran als Garant einer strahlenden Zukunft?

Namibia, Niger, Malawi und Südafrika

Die Förderung von Uran ist ein schwieriges Geschäft, doch die steigende Energienachfrage der Welt ist trotz der Atomkatastrophe von Fukushima und dem deutschen Atomausstieg auf immer mehr des radioaktiven Brennmaterials angewiesen. Viele zukünftige Förderprojekte sind in Afrika angesiedelt, denn hier sind die Umweltauflagen weniger streng als in anderen Teilen der Welt. Bereits jetzt liefert der Schwarze Kontinent rund ein Fünftel des weltweit benötigten Urans – mit steigender Tendenz.

„The Mkuju River project [Tanzania] ranks among the best uranium development projects in the world."

– Chris Sattler, CEO of Uranium One

Niger
Malawi
Namibia
Südafrika

Seit der Katastrophe von Fukushima in Japan im März 2011 ist die Erzeugung von Elektrizität durch Atomkraft wieder in die Schlagzeilen gerückt. Der daraufhin beschlossene Atomausstieg in Deutschland ist jedoch eher ein Sonderweg, denn international wächst die Branche. Die Anzahl der Atomreaktoren, insbesondere in China oder in Russland, steigt und der Hunger auf Uran, den Brennstoff der Atomreaktoren, wächst beständig. Weniger beachtet von der Presse ist zudem das Auslaufen des sogenannten HEU-Abkommens Ende 2013. Waffenfähiges Uran aus den Abrüstungsvereinbarungen der USA und der ehemaligen Sowjetunion steht bald dem defizitären Uranmarkt nicht mehr zur Verfügung. In der Folge wird zusätzliches Uran am Markt benötigt. Der Abbau des begehrten Rohstoffes verlagert sich dabei immer stärker nach Afrika. Bei der Gewinnung fällt sehr viel Schmutz an, es bleiben radioaktive Rückstände zurück, Unmengen von belastetem Schlamm sowie kontaminiertes Trinkwasser, sodass der Abbau in westlichen Ländern stark in der Kritik steht. Im Juli 2012 blockierte so zum Beispiel die Atom-Protestbewegung „Lizard's Revenge" für eine Woche den Kupfer-, Gold- und Urantagebau Olympic Dam in Südaustralien. In Afrika hingegen wittern Regierungen und internationale Großkonzerne hohe Gewinnmöglichkeiten. Bereits heute stammen 20 Prozent des vor allem in den USA, China, Russland und in Europa verbrauchten Urans aus Minen in Afrika – mit stark steigender Tendenz.

Fukushima und der Atomausstieg in Deutschland

Am 11. März 2011 wird Japan von einem Erdbeben der Stärke 9,0 erschüttert. Dem Beben folgt eine über 15 Meter hohe Flutwelle, durch die über 20.000 Menschen ihr Leben verlieren. Alle elf Reaktoren der vier

Kernkraftwerke in der Region fahren automatisch herunter, doch in Fukushima kommt es zur Katastrophe. Aufgrund der Tsunami-Schäden versagt das Kühlsystem und es kommt in drei Reaktoren zur Kernschmelze, bei der Radioaktivität freigesetzt wird. Der Unfall schürt international Bedenken hinsichtlich der Sicherheit der Atomenergie und forciert in Deutschland die politische Entscheidung zum Atomausstieg unter der CDU/CSU-FDP-Regierung von Kanzlerin Angela Merkel. Bis März 2011 sind in Deutschland 17 Atomreaktoren in Betrieb und erzeugen ein Viertel der gesamten Stromversorgung des Landes. In einem ersten Schritt werden die ältesten acht Reaktoren vom Netz genommen. Die verbleibenden neun Reaktoren sollen bis Ende 2022 abgeschaltet werden. Neben der Forcierung der Entwicklung regenerativer Energien wird erwartet, dass Deutschland mehr Elektrizität aus Frankreich und Osteuropa importieren muss. In diesen Ländern entfällt auf Atomkraft bereits seit vielen Jahren ein größerer Anteil an der gesamten Energieerzeugung als in Deutschland. Spürbare Auswirkungen auf den Uranmarkt dürfte der Ausstieg aus der kommerziellen Atomenergie nicht haben: Deutschlands Importnachfrage liegt bei weniger als 2,5 Prozent der weltweiten Uranproduktion.

Zur Erzeugung von Energie wird nach Art der eingesetzten Energieträger zwischen konventionellen Energieträgern wie Erdöl, Erdgas, Kohle und Kernenergie sowie erneuerbaren Energieträgern wie Wasserkraft, Wind- und Solarenergie, Biomasse und Geothermie unterschieden. Bei der Primärenergieerzeugung dominieren mit einem Anteil von rund 80 Prozent die fossilen Energieträger

Erdöl, Kohle und Erdgas. Kernenergie kommt auf einen Anteil von lediglich fünf Prozent, jedoch steigt der Anteil auf über 15 Prozent, wenn es um die weltweite Erzeugung von Elektrizität geht.

2011 waren weltweit rund 440 Kernkraftwerke in über 30 Ländern in Betrieb, die zusammen knapp 15 Prozent der weltweiten Elektrizität erzeugten. Nicht in diese Statistik fallen rund 250 Forschungsreaktoren und circa 200 nuklear betriebene Schiffe und U-Boote. Die USA betreiben derzeit über 100 Kernreaktoren, von denen die meisten an der Ostküste angesiedelt sind, gefolgt von Frankreich mit 58, Japan mit 51 und Russland mit 32. Doch nirgendwo sonst ist der Anteil der aus Nuklearenergie gewonnenen Elektrizität so hoch wie in Frankreich. Fast drei Viertel der erzeugten Elektrizität stammen aus den Kernkraftwerken des Landes. Dazu sind die Franzosen mit jährlichen Einnahmen von über drei Milliarden US-Dollar weltweit die größten Exporteure von Atomstrom.

In den nächsten Jahren werden weltweit rund 60 neue Kernreaktoren gebaut …

Unabhängig von der politischen Entscheidung in Deutschland, nach der Katastrophe von Fukushima bis Ende 2022 aus der Atomenergie auszusteigen, wächst weltweit die Stromerzeugung aus Kernenergie. Insbesondere im asiatischen Raum und in Russland entstehen in den nächsten Jahren viele neue Kernreaktoren zur Stromerzeugung. Derzeit sind weltweit allein 60 Kernreaktoren im Bau und über 150 weitere Reaktoren befinden sich im Planungsstadium, was einem Anstieg der nuklear erzeugten Stromkapazität von rund 15 Prozent bei 60 beziehungsweise von knapp 50 Prozent bei 150 weiteren Reaktoren entspricht. Fast die Hälfte der 60 neuen Kernkraftwerke entsteht derzeit in China, von denen viele bereits 2012 und 2013 ans Netz gehen werden. 2011 betrieb China 15 Kernreaktoren und plant die Erzeugung von Elektrizität aus Kernkraft bis 2020 zu vervierfachen.

Derzeit benötigt China rund 4.000 Tonnen Uran pro Jahr und liegt damit weit hinter den großen Verbrauchern wie den USA mit fast 20.000 Tonnen, Frankreich mit knapp 10.000 Tonnen und Russland mit rund 5.000 Tonnen. Die fünf größten Verbraucher haben einen Anteil von knapp zwei Dritteln an der weltweit für Kernkraftwerke benötigten Uranmenge, die 2011 bei rund 62.000 Tonnen lag.

… dadurch steigt die Nachfrage nach Brennstoff: Uran

Der Preis für Uran unterliegt jedoch großen Schwankungen – in den vergangenen fünf Jahren bewegte er sich zwischen 40 US-Dollar im Tief und erreichte kurzzeitig Preise von bis zu 140 US-Dollar je Pfund im Jahre 2007.

Schon seit den 1990er-Jahren deckt die weltweite Minenproduktion von Uran nicht die Nachfrage der Stromerzeuger. In den letzten Jahren lag die jährliche Minenproduktion im Durchschnitt bei lediglich rund 50.000 Tonnen. Die Differenz wird aus Lagerbeständen gedeckt, die zum Beispiel biem Abbau von Kernwaffenmaterial anfallen.

Das Ende des HEU-Abkommens setzt die Uranproduktion unter Druck

In den START-II-Verträgen von 1993 (Strategic Arms Reduction Treaty) vereinbarten die USA und Russland im Rahmen eines gegenseitigen Abrüstungsprogramms die Reduzierung ihrer Atomwaffenarsenale. Über einen Zeitraum von 20 Jahren sollten 20.000 Gefechtsköpfe vernichtet werden. Atomsprengköpfe enthalten waffentaugliches Plutonium oder hochangereichertes Uran (HEU: Highly Enriched Uranium). Darum wird das Abkommen oft auch als HEU-Abkommen bezeichnet. Das waffenfähige Uran kann durch die Mischung mit natürlich vorkommendem Uran für die Verwendung als Brennstoff für Kernreaktoren umgewandelt werden. Insgesamt erzielte Russland bislang Einnahmen von mehr als zwölf Milliarden US-Dollar aus dem Verkauf des Urans. Das HEU-Abkommen läuft aber Ende 2013 aus.

Die mit Abstand größten Förderländer sind Kasachstan, Kanada und Australien – fast zwei Drittel des weltweit geförderten Urans stammen aus diesen Ländern. Knapp 90 Prozent des weltweit produzierten Urans werden dabei von nur zehn Unternehmen gefördert – die größten beiden Unternehmen, die kanadische Cameco und die französische Areva, machen zusammen rund ein Drittel der jährlichen Minenproduktion aus. Mit einem Marktvolumen von knapp sechs Milliarden US-Dollar pro Jahr ist der Uranmarkt auch für viele kleinere Unternehmen ein attraktives Geschäftsfeld.

Die Förderung von Uran ist auf wenige Länder und Unternehmen konzentriert

Uran fördernde Unternehmen
(nach Produktionsmenge und Unternehmenssitz)

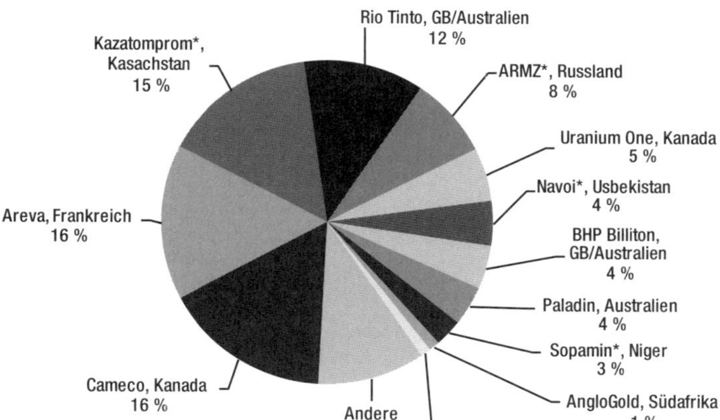

* nicht börsengelistet

Quelle: World Nuclear Association, 2012

Afrikas Anteil an der weltweiten Uranförderung wächst

Bei der Entwicklung von neuen Uran-Bergbauprojekten rückt der afrikanische Kontinent in den Fokus vieler dieser Unternehmen. Erst 2009 lief die Uranförderung im afrikanischen Malawi an. 2011 förderte das Land bereits mehr Uran als Südafrika, wo Uran als Nebenprodukt der Goldgewinnung anfällt. Zusammen mit den beiden großen afrikanischen Uran-Produzentenländern Namibia und Niger trägt der afrikanische Kontinent bereits jetzt etwa 20 Prozent zur weltweiten Uranförderung bei. Die Tendenz ist steigend, denn neben Namibia, Niger, Malawi und Südafrika werden neue Bergbauprojekte zum Abbau von Uran unter anderem in Tansania, der Zentralafrikanischen Republik und in Sambia vorangetrieben.

Uranabbau im Kongo – wie alles begann

Die kleine Siedlung Shinkolobwe liegt rund 20 km westlich der etwa 400.000 Einwohner zählenden Stadt Likasi im äußersten Südosten der Demokratischen Republik Kongo. Im damaligen Belgisch-Kongo wurden auf dem Hügel Kasolo bei Shinkolobwe 1915 Uranerz-Lagerstätten entdeckt und seit den 1920er-Jahren von der belgischen Bergbau Union, Union Minière du Haut Katanga, aus der später das noch heute bekannte Unternehmen Umicore hervorging, abgebaut. Die Shinkolobwe- beziehungsweise Kasolo-Mine galt zu der Zeit als die uranreichste Erzlagerstätte der Welt. Neben Uran wurden hier auch Kupfer, Kobalt und Nickel gefunden. Hauptabnehmer des Urans waren die Vereinigten Staaten von Amerika. 1940 bezogen die USA über 1.000 Tonnen Uran aus Shinkolobwe, denn zu dieser Zeit wurde intensiv am „Manhattan-Projekt“, dem Bau der Atombombe, gearbeitet. Ohne das Uran aus dem Kongo wäre der Bau der Atombomben, die im August 1945 über Hiroshima und Nagasaki abgeworfen wurden, nicht möglich gewesen. Mit dem Abzug Belgiens aus dem Kongo 1960 wurde der Erzabbau in Shinkolobwe beendet und die Bergwerksstollen mit Beton ausgefüllt. Illegale Bergbauaktivitäten gingen jedoch weiter. Insbesondere in den 1990er-Jahren wurde hier weiter in Handarbeit Kupfer und Kobalt abgebaut und der uranhaltige, radioaktive Abfall unkontrolliert in der Umgebung abgelegt. 1999 kamen Gerüchte auf, dass die Regierung des Kongo zusammen mit Nordkorea an einer Wiederaufnahme des Uranabbaus arbeite. Seitdem wurde mehrmals illegal gefördertes Uran aus der Region beschlagnahmt. Im Herbst 2005 beschlagnahmte der Zoll in Tansania eine große Lieferung Uran, die von Lubumbashi im Kongo über Sambia nach Tansania transportiert wurde. Bestimmungsort: Bandar Abbas, der größte Hafen des Iran. Auch wenn per Präsidentendekret die Shinkolobwe-Mine erneut geschlossen und die Minensiedlung niedergebrannt wurde: Das Risiko des Schmuggels radioaktiven

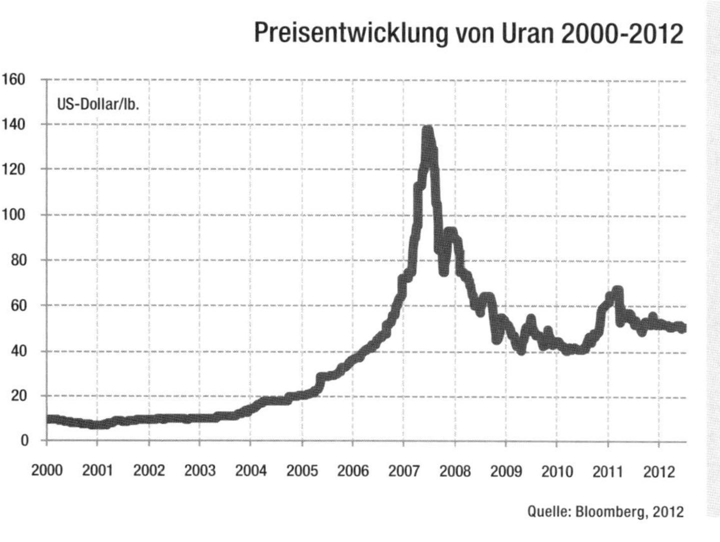

Materials ins Ausland besteht weiterhin. Bis heute wurden auch keine Maßnahmen ergriffen, um die entstandenen Umweltschäden und die Kontamination von Trinkwasser und Wohngebieten durch radioaktives Material zu beseitigen.

Uranbergbau in Afrika heute – Namibia und Niger weit vorne

Der Löwenanteil der afrikanischen Uranproduktion stammt aus Namibia und Nigeria, gefolgt von Malawi und Südafrika. Zusammen produzieren diese vier Länder knapp 10.000 Tonnen Uran und belegen damit Platz 2 hinter Kasachstan und vor Kanada und Australien. Tansania könnte in naher Zukunft ebenfalls unter die Produzenten des begehrten Rohstoffes gehen. Der Bau der nötigen Bergwerke läuft bereits auf Hochtouren. Uranbergbau in der westlichen Welt wird mit Argusaugen überwacht und reglementiert – aber auf dem afrikanischen Kontinent ist es ein Geschäft mit Zukunft.

Durch die unwirtlichen Verhältnisse blieb eine nennenswerte Besiedlung des heutigen Staatsgebietes von Namibia nach der Entdeckung durch portugiesische Seefahrer im 15. Jahrhundert durch Europa längere Zeit aus. Im 19. Jahrhundert wurde Namibia eine Kolonie des Deutschen Kaiserreiches (Deutsch-Südwestafrika). Im Ersten Weltkrieg wurde die Kolonie von den britischen Truppen Südafrikas eingenommen und 1920 mit dem Ende des Krieges vom Völkerbund an Südafrika zur Verwaltung übergeben. Bis zur Unabhängigkeit Namibias im März 1990 hielt Südafrika das Land entgegen internationaler Bemühungen und eines rund zwei Jahrzehnte währenden bewaffneten Kampfes gegen die 1960 gegründete und

Namibia – seit den 1970er-Jahren wird Uran gefördert

von der Sowjetunion finanzierte Südwestafrikanische Volksorganisation (SWAPO) besetzt. Nach mehr als 100 Jahren der Fremdbestimmung wurde der Führer der SWAPO, Samuel Shafishuna Nujoma, zum ersten Präsidenten Namibias gewählt. Nujoma regierte das Land für drei Amtsperioden. Da eine vierte Amtsperiode nicht in der Verfassung vorgesehen ist, ging die Macht im März 2005 in der Partei auf Hifikepunye Lucas Pohamba über. Pohamba wurde Ende 2009 für eine weitere Amtszeit als Präsident bestätigt.

Namibia – doppelt so groß wie Deutschland und nur zwei Millionen Einwohner

Im Wesentlichen ist Namibia durch zwei Wüsten geprägt: im Westen durch die Namib und im Osten durch die Kalahari. Dadurch ist das durchschnittliche Klima heiß und trocken und das Land ist extrem dünn besiedelt. Rund zwei Millionen Menschen verteilen sich auf eine Fläche, die etwa doppelt so groß ist wie Deutschland. Davon leben alleine in der Hauptstadt Windhoek rund 300.000 Menschen. Obwohl Namibia zu den reicheren Ländern des afrikanischen Kontinents zählt, ist die Einkommensverteilung sehr ungleich und die hohe Arbeitslosigkeit sowie die hohe HIV/AIDS-Durchseuchung ein Problem für die größtenteils marktwirtschaftlich orientierte Wirtschaft.

Mehr als „nur“ Safari: Namibia ist der größte Uranproduzent in Afrika und Standort der drittgrößten Uranmine der Welt

Namibia ist in Europa vor allem durch den Tourismus bekannt: Die vielfältigen Landschaftsformen und der Tierreichtum locken jedes Jahr viele Besucher ins Land. Mit einem Anteil von rund 20 Prozent an der gesamten Wirtschaftsleistung des Landes und mehr als 50 Prozent an den Exporterlösen ist der wichtigste Wirtschaftszweig Namibias jedoch der Bergbausektor. Die bedeutendsten geförderten

Rohstoffe sind Uran und Diamanten, gefolgt von Gold, Kupfer, Blei, Zinn und Erdgas.

2010 förderte Namibia knapp 4.500 Tonnen Uran, was das Land zum größten Uranproduzenten auf dem afrikanischen Kontinent macht. Nach den Bergwerken McArthur River und Ranger in Kanada und Australien ist die Rössing-Mine nordöstlich von Swakopmund die drittgrößte Uranmine der Welt.

Entdeckt wurde die Uranlagerstätte bereits in der deutschen Kolonialzeit. Zu einer genaueren Erkundung kam es aber erst in den 1960er-Jahren durch den anglo-australischen Bergbaukonzern **Rio Tinto**. 1976 begann der ursprünglich für 20 Jahre geplante kommerzielle Abbau von Uran, doch 2005 und 2007 investierte der Konzern weitere 100 Millionen US-Dollar, um den Abbau von Uran auszuweiten und die Lebensdauer der Mine zu verlängern. Heute arbeiten über 1.000 Menschen auf dem riesigen Tagebau, der sich über drei Kilometer Länge und 1,5 Kilometer Breite erstreckt und dessen tiefster Punkt über 350 Meter in den Boden reicht. 2010 wurden allein in Rössing über 3.000 Tonnen Uran abgebaut. Ab 2013 soll die jährliche Produktion auf über 3.800 Tonnen steigen. Dadurch nimmt auch die wirtschaftliche Bedeutung der Rössing-Mine für Namibia zu – der Anteil des Rössing-Tagebaus an der gesamten Wirtschaftskraft des Landes könnte sich von derzeit rund fünf Prozent in etwa verdoppeln.

2008 entdeckte die australische **Extract Resources** nur fünf Kilometer südlich der Rössing-Mine eine weitere Uranlagerstätte: Rössing-Süd oder auch Husab gilt nach weiteren Erkundungsarbeiten mittlerweile als die sechstgrößte Uranerzlagerstätte der Welt. Bereits 2014 soll hier vor der Haustür von Rio Tinto mit dem Uranabbau begonnen werden und im Folgejahr ist eine jährliche Produktion von 5.700 Tonnen Uran geplant. Der größte Teilhaber mit über 40 Prozent der Anteile an Extract Resources ist die in London gelistete **Kalahari Minerals**. Rio Tinto wiederum ist an

NAMIBIA

Hauptstadt	Windhoek
Fläche (km²)	824.292
Einwohnerzahl (Millionen)	2,147
Bruttoinlandsprodukt (BIP), in Mrd. USD	11,9
BIP pro Einwohner, in USD	5.529
Human Development Index (HDI)	120/187
Hauptexportgüter: Diamanten, Uran, Gold, Kupfer, Vieh (Rohstoffe ca. 50% der Exporte)	

Quelle: UNDP, CIA World Factbook, Auswärtiges Amt 2012

NIGER

Hauptstadt	Niamey
Fläche (km²)	1.267.000
Einwohnerzahl (Millionen)	16,5
Bruttoinlandsprodukt (BIP), in Mrd. USD	11,1
BIP pro Einwohner, in USD	671
Human Development Index (HDI)	186/187
Hauptexportgüter: Uran und Agrargüter	

Quelle: UNDP, CIA World Factbook, Auswärtiges Amt 2012

MALAWI

Hauptstadt	Lilongwe
Fläche (km²)	118.484
Einwohnerzahl (Millionen)	15,9
Bruttoinlandsprodukt (BIP), in Mrd. USD	12,98
BIP pro Einwohner, in USD	817
Human Development Index (HDI)	171/187
Hauptexportgüter: Agrargüter (ca. 90% der Exporte) und Uran	

Quelle: UNDP, CIA World Factbook, Auswärtiges Amt 2012

beiden Unternehmen beteiligt und besitzt so bereits 20 Prozent des Husab-Projekts.

Die zweite große bereits produzierende Uranmine in Namibia betreibt die australische **Paladin Energy**. Die Langer-Heinrich-Mine befindet sich 50 Kilometer südöstlich der Rössing-Mine und nahm im Jahr 2006 mit einer Kapazität von 1.000 Tonnen die Produktion auf. 2013 soll die Produktion rund 2.000 Tonnen erreichen.

Weniger als 50 Kilometer nordöstlich der Rössing-Mine liegt Trekkopje: Durch die Übernahme von UraMin hat sich die französische **Areva** diese Uranlagerstätte gesichert und treibt deren Entwicklung voran. Der Abbau von Uran in kleineren Mengen begann hier 2010, soll aber bis 2013 auf über 3.000 Tonnen im Jahr steigen.

Mehrere vornehmlich australische Unternehmen erkunden weitere Uranvorkommen in Namibia. Darunter sind unter anderem **Bannerman Resources**, **Marenica Energy**, **Deep Yellow** oder die Kanadier **Forsys Metals** und **Xemplar Energy**. Mehrheitlich befinden sich die Vorhaben in frühen Planungsstadien, für deren weitere Entwicklung finanzkräftige Partner benötigt werden.

Viele der Unternehmen lockt neben den immensen Vorkommen von Uran in Namibia die Aussicht auf einen im Vergleich zu Australien und Kanada unkomplizierten Abbau und die Unterstützung der Regierung. So gibt es beispielsweise für den Abbau von Uran in der Rössing-Mine bis heute kein Strahlenschutzgesetz. Durch die Sprengungen im Tagebau gelangt schwach radioaktiver Staub in die Umgebung. Um diesen Effekt zu mildern und das Gestein zu verarbeiten, wird zudem viel Wasser benötigt. Die Rössing-Mine alleine verbraucht im Monat genauso viel Wasser wie die Hauptstadt Windhoek mit über 300.000 Einwohnern. Protesten der Bevölkerung zum Trotz obsiegen hier wirtschaftliche Erwägungen. Schätzungen zufolge verfügt das Land über fast

300.000 Tonnen kommerziell abbaubaren Urans, von dem ein Großteil im günstigen Tagebau förderbar ist.

Doch die Luft für neue Projekte wird auch in Namibia dünner. Erst im April 2011 verkündete die Regierung des Landes, dass zukünftig die staatliche Minengesellschaft Epangelo Mining die Kontrolle über alle neuen strategischen Bergbauprojekte erhalten soll. Dies schließt den Abbau von Uran ein. Doch versicherte die Regierung, dass diese Regelung weder rückwirkend angewendet werden würde noch dass sie zu einer Enteignung von bestehenden Bergbauunternehmungen führen solle.

Niger – liefert seit über 40 Jahren Uran für französische Atomkraftwerke

Nach Namibia ist Niger der zweitgrößte Produzent von Uran auf dem afrikanischen Kontinent. 2010 wurden in Niger knapp 4.200 Tonnen Uran abgebaut. Das Staatsgebiet Nigers besteht zu zwei Dritteln aus Wüste. Das Klima ist daher überwiegend heiß und trocken. Regelmäßige Dürren und die daraus resultierende Nahrungsmittelknappheit sind für große Teile der rund 15 Millionen Einwohner lebensbedrohlich. Nach Angaben der Weltbank zählt Niger zu den zehn ärmsten Ländern der Welt.

Lediglich im Südwesten des Landes, wo auf über 600 Kilometern Länge der Niger, der drittgrößte Fluss Afrikas, durch das Land fließt, sind die Bedingungen besser. Am Fluss Niger liegt auch die über eine Million Einwohner zählende Hauptstadt des Landes: Niamey. Der Staat Niger ist seit 1960 unabhängig – die Grenzziehung der ehemaligen französischen Kolonie innerhalb von Französisch-Westafrika erfolgte ohne Berücksichtigung der historischen, sprachlichen oder kulturellen Gegebenheiten. Nach einer Phase von Staatsstreichen und Aufständen der Tuareg schien sich das autoritär regierte Land politisch zu stabilisieren. Doch 2010 kam es erneut zu einem Militärputsch und der amtierende

Präsident wurde von einer Militärjunta unter Führung von Major Salou Djibo abgesetzt. Anfang 2011 fanden in Niger Parlaments- und Präsidentschaftswahlen statt, bei denen sich Mahamadou Issoufou als neues Staatsoberhaupt durchsetzte.

> Der Abbau von Uran ist die wichtigste Devisenquelle des Landes und hierbei ist die französische Areva strategischer Partner der Regierung

Wichtigstes Exportgut des Landes ist das durch die französische Staatsfirma **Areva** abgebaute Uran, dessen Ausfuhr 70 Prozent der Gesamtexporte ausmacht. Die Franzosen haben Ende der 1950er-Jahre in Niger Uran gefunden und seit Anfang der 1970er abgebaut. Das Zentrum der Uranförderung sind die Lagerstätten in der Nähe der Nachbarstädte Arlit und Akokan, fast 1.000 Kilometer nordöstlich der Hauptstadt Niamey. Heute leben in den beiden Städten zusammen rund 80.000 Menschen. Vom nordwestlichen Rand Arlits ist ein riesiger Berg auszumachen: Fast 40 Millionen Tonnen Abraum, radioaktiv strahlende Überreste des Uranbergbaus der vergangenen 40 Jahre, sind hier aufgetürmt. Greenpeace stellte 2009 Strahlenbelastungen in den Straßen von Akokan fest, die 500-mal höher als normal waren, denn früher wurde der radioaktive Abraum der Mine als Baumaterial für Straßen und Häuser benutzt. Auch das Trinkwasser sei kontaminiert, so die Umweltorganisation.

Für die Erschließung und den Abbau sind die Gesellschaften Société des Mines de l'Air (SOMAIR) und Compagnie Miniere d'Akouta (COMINAK) gegründet worden, die mehrheitlich dem französischen Staatskonzern Areva und der staatlichen nigerischen Minengesellschaft Sopamin gehören. An COMINAK sind zudem noch die japanische Overseas Uranium Resources Development und die spanische Enusa beteiligt.

Seit 2008 wird von Areva zudem die Imouraren-Lagerstätte entwickelt, an der neben den Franzosen und Sopamin auch die koreanische Korea Electric Power Co (Kepco) beteiligt ist.

Mit Imouraren entsteht das größte Bergbauprojekt im Land

Mit einem Investitionsvolumen von über einer Milliarde US-Dollar ist Imouraren, rund 70 Kilometer südlich von Arlit und Akokan gelegen, das größte jemals in Niger realisierte Bergbauprojekt. Die Imouraren-Lagerstätte erstreckt sich über eine Fläche von 2,5 x 8 Kilometer. Bereits 2013 planen die Franzosen hier mit dem Abbau von Uran zu beginnen. Ab 2014 plant das Unternehmen über einen Zeitraum von 35 Jahren jährlich 5.000 Tonnen Uran zu gewinnen.

Der zweite große Mitspieler im Urangeschäft in Niger neben den Franzosen sind die Chinesen. Seit 2006 entwickelt die China Nuclear International Uranium Corporation, kurz **SinoU**, die Abokorum-Lagerstätte. Darüber hinaus hat SinoU Ende 2010 den Uranabbau in der Azelik-Mine aufgenommen. Erstes Etappenziel der Betreiberfirma Société des Mines d'Azelik SA (SOMINA), die zu über einem Drittel SinoU, zu einem Drittel der Regierung und zu einem weiteren Drittel anderen chinesischen Investoren gehört, ist eine Jahresproduktion von 700 Tonnen Uran. Doch bis 2015 soll diese Menge bereits auf 2.500 Tonnen steigen und sich bis 2020 auf eine jährliche Förderung von 5.000 Tonnen verdoppeln. Bei der Entwicklung eines weiteren Uranvorkommens, Madaouela, sind die Chinesen ebenfalls mit dabei. An dem Projekt hat sich 2008 der kanadische Branchenführer Cameco mit zehn Prozent beteiligt. Das Unternehmen behält sich vor, bis zu 48 Prozent an Madaouela zu einem späteren Zeitpunkt zu erwerben.

Mittelfristiges Ziel der Regierung im Niger ist, die Uranproduktion auf über 10.000 Tonnen jährlich auszubauen. Die Areva ist dabei der strategische Partner der Afrikaner. Bei der Vergabe von

Abbaulizenzen ist der Staat nicht besonders zimperlich: So rührten die Aufstände der Tuareg vor fünf Jahren daher, dass diese ihre traditionellen Weideflächen durch die Vergabe von Uran-Abbaulizenzen nicht mehr nutzen konnten und an den Gewinnen aus dem Uranbergbau nicht beteiligt wurden.

Konflikt mit den Tuareg in Niger

In Niger verschärfen die Uranbodenschätze den Konflikt zwischen den Tuareg im Norden und der Regierung im Süden. Bereits in den 1990er-Jahren herrschte Bürgerkrieg zwischen Nord und Süd. Mit den von Uranexporten finanzierten Waffen hielt der Süden Nigers den Norden des Landes mit seinen Rebellen unter Kontrolle. Als der Preis für Uran 2007 haussierte, vergab die Regierung im Süden mehr als 100 Explorationslizenzen an ausländische Firmen. Die Gebietskonzessionen überschnitten sich jedoch mit den Ländern der Tuareg, die das Land zum Weiden ihrer Tiere brauchten. Der Konflikt eskalierte: Es kam zu gewalttätigen Auseinandersetzungen und Entführungen westlicher Diplomaten, Geschäftsleute und Touristen. Erst Ende 2009 konnte der Konflikt beigelegt werden. Experten warnen jedoch vor dem wachsenden Einfluss von El Kaida in dem Gebiet und dem Risiko, dass Uran in die falschen Hände gelangen kann.

Der Bergbau, vor allem von Gold und Platin, hat eine lange Tradition in Südafrika. 2010 wurden hier aber auch knapp 600 Tonnen Uran gefördert, was einem Rückgang von rund einem Drittel in den vergangenen zehn Jahren entspricht. Der Uranabbau ist in dem

Land am Kap quasi ein Nebenprodukt der Gold- und Kupferförderung. Die Nuclear Fuels Corporation of South Africa, eine Tochtergesellschaft von **AngloGold-Ashanti**, ist hier das führende Unternehmen. Uran ist für den Goldminenbetreiber jedoch nur ein untergeordneter Geschäftszweig. Im Juli 2011 beteiligte sich das Unternehmen mit einem Anteil von knapp 20 Prozent an der kanadischen **First Uranium**, die mit Ezulwini und Buffelsfontein gleich zwei ehrgeizige Bergbauprojekte in der Klerksdorp-Region südwestlich von Johannesburg verfolgt. Über 300 Millionen US-Dollar investieren die Kanadier, um in den beiden Bergwerken Anlagen zur Uranaufbereitung der Verarbeitungsrückstände des Tagebaus der vergangenen Jahre entstehen zu lassen. In Ezulwini soll die Urangewinnung von derzeit unter 100 Tonnen bereits bis 2013 auf über 150 Tonnen pro Jahr anwachsen. Und neben der bestehenden Goldförderung der Buffelsfontein-Mine könnte hier die Urangewinnung auf bis zu 600 Tonnen pro Jahr in den nächsten Jahren ansteigen.

Südafrika – Uran ist hauptsächlich ein Nebenprodukt der Gold- und Kupferförderung

Kein so glückliches Händchen besaß der kanadische Uranproduzent **Uranium One** in Südafrika. Ebenfalls in der Klerksdorp-Region sollte das Dominion-Reefs-Projekt bei Haartebeesfontein bereits 2011 rund 1.700 Tonnen Uran pro Jahr fördern. Doch höhere Kosten des Untertagebaus, Ausfälle bei der Energieversorgung und Arbeitsniederlegungen zwangen Uranium One, die Produktion im Herbst 2008 einzustellen. Im April veräußerten die Kanadier die Uranmine für weniger als 50 Millionen US-Dollar an die nicht börsengelistete Shiva Uranium, die 2011 die Produktion wieder aufnahm.

Die Urangewinnung des südafrikanischen Goldproduzenten Harmony Gold ist in der nicht börsengelisteten Rand Uranium gebündelt. Das Unternehmen, an dem Pamzodi Resources, der größte Private-Equity-Fonds Südafrikas, mehrheitlich beteiligt ist, strebt an, die Randfontein-Mine wieder in Betrieb zu nehmen. Die Randfontein-Mine förderte Uran bis in die 1980er-Jahre. Rand Uranium strebt eine jährlich Produktion in der Größenordnung von 1.000 Tonnen an und plant im Frühjahr 2013 die kommerzielle Förderung aufzunehmen.

Die 2005 gegründete und 2006 in London und Toronto gelistete **UraMin** plante die Erschließung von drei Uranlagerstätten in Südafrika, Namibia und der Zentralafrikanischen Republik: Ryst Kuil, Trekkopje und Bakouma. Für die Entwicklung veranschlagte das Unternehmen über eine halbe Milliarde US-Dollar. Zusammengenommen sitzt das Unternehmen auf Uranvorkommen im Wert von knapp zwölf Milliarden US-Dollar. Ein attraktiver Leckerbissen, zumindest für den Branchenführer Areva. Im September 2007 übernahm der Uranproduzent das Unternehmen und arbeitet seitdem daran, die drei Minen in Produktion zu bringen.

Malawi – überholt 2010 Südafrika als drittgrößten Uranproduzenten in Afrika

Das kleine afrikanische Binnenland Malawi liegt zwischen Tansania, Mosambik und Sambia. Ehemals britisches Protektorat und Kolonie, erlangte das Land 1964 die Unabhängigkeit von Großbritannien. Der erste Präsident des Landes, Hastings Kamuzu Banda von der Malawi Congress Party, regierte Malawi bis 1993 diktatorisch. Bei den ersten freien Wahlen 1994 wurde Bakili Muluzi von der United Democratic Front zum Präsidenten gewählt und 1999 im Amt bestätigt. Da die Verfassung eine dritte Amtszeit ausschließt, ging die Staatsführung 2004 auf den von Muluzi gewünschten Nachfolger Bingu Mutharika über, der 2009 ebenfalls im Amt bestätigt wurde.

Malawi, das zu den ärmsten Ländern der Welt zählt, ist überwiegend landwirtschaftlich geprägt. Der Agrarsektor beschäftigt

90 Prozent der rund 14 Millionen Einwohner und erwirtschaftet fast 90 Prozent der Exporterlöse des Landes. Dabei verfügt Malawi über wertvolle Bauxit-, Niob- und Uranvorkommen.

Im April 2009 begann die Förderung von Uran in der Kayelekera-Mine im Norden Malawis, westlich von Karonga. Das australische Unternehmen **Paladin Energy** hatte die Erzlagerstätte 1997 erworben und über 200 Millionen US-Dollar in die Entwicklung investiert. Die Regierung von Malawi hält einen Anteil von 15 Prozent an dem Projekt, während die übrigen 85 Prozent bei der malawischen Tochtergesellschaft von Paladin Energy liegen. 2009 wurden bereits rund 100 Tonnen Uran kommerziell gefördert und im Jahr 2010 stieg die Produktion auf über 650 Tonnen an. 2013 plant das Unternehmen die volle jährliche Produktionskapazität von knapp 1.500 Tonnen Uran zu erreichen. Die Staatsführung von Malawi geht davon aus, mehr als 100 Millionen US-Dollar pro Jahr aus der Uranmine zu erwirtschaften. Damit würde die Kayelekera-Mine zur wichtigsten Devisenquelle des Landes und alleine rund zehn Prozent zum Bruttoinlandsprodukt des Landes beisteuern.

Nur 100 km südöstlich liegt eine weitere Uranlagerstätte: Livingstonia. 2010 schlossen die australischen Unternehmen Resource Star und Globe Metals and Mining eine Joint-Venture-Vereinbarung ab, um die kommerzielle Ausbeutbarkeit näher zu erkunden. Von einer möglichen Förderung ist Livingstonia jedoch noch mehrere Jahre entfernt.

Uranexploration in Tansania, Botswana, Mauretanien, Sambia und der Zentralafrikanischen Republik

Weitere vielversprechende Projekte zum Abbau von Uran werden derzeit in der Zentralafrikanischen Republik, in Tansania, Botswana, Mauretanien und in Sambia vorangetrieben. In der Zentralafrikanischen Republik hat der französische Uranriese **Areva** bereits über 100 Millionen

US-Dollar in die weitere Entwicklung von Bakouma investiert. Im Tagebau sollen nach einer Testphase bis zu 1.200 Tonnen Uran pro Jahr gefördert werden. Mit einer Inbetriebnahme rechnen die Franzosen jedoch erst zwischen 2015 und 2016.

In Tansania ist mit der kanadischen **Uranium One** einer der international führenden Uranproduzenten vor Ort. Die russische Atomredmetzoloto (ARMZ), der neue Großaktionär der Kanadier, hatte im Juni 2011 die Übernahme der australischen Mantra Resources für knapp 1,2 Milliarden US-Dollar abgeschlossen. Deren Kernprojekt war das Mkuju-River-Uranprojekt in Tansania. Aktuell führt Uranium One eine wirtschaftliche Machbarkeitsstudie für Mkuju River durch und 2013 soll der Abbau von Uranerz beginnen. Die Kanadier rechnen mit einer jährlichen Uranförderung von bis zu 1.400 Tonnen, die auf 2.500 Tonnen jährlich gesteigert werden könnte.

Die russische ARMZ Holding, unter der alle russischen Uran fördernden Unternehmen zusammengefasst sind, gehört zu den fünf größten Uranförderern weltweit und ist der größte Uranlieferant für die russische Atombranche. Im Sommer 2010 übernahm ARMZ mit 51 Prozent der Aktien die Mehrheit an der kanadischen Uranium One, an der die Russen zuvor schon mit 21 Prozent beteiligt waren. Ziel der staatlichen Atomredmetzoloto ist es, bis 2015 hinter Kasachstan zum zweitgrößten Uranproduzenten der Welt aufzusteigen.

Neben Uranium One verfolgt die australische Uranex mit Songea, Mkuju, Manyoni, Bahi und Itigi über verschiedene Uran-Explorationsprojekte in der Bahi- und Mkuju-Region.

Im Süden von Sambia treibt die kanadische **Denison Mines** die Entwicklung der Mutanga-Mine voran. Bereits 2012 soll hier das erste Uran gefördert werden. Die von Barrick Gold übernommene Equinox Minerals sitzt in Sambia ebenfalls auf großen Uranlagerbeständen (Lumwana) als Nebenprodukt des Kupferabbaus, doch eine Ausbeutung wird derzeit nicht ins Auge gefasst. Die australische **African Energy Resources** hat im Oktober 2009 die Lizenz zur weiteren Erkundung von Uranlagerstätten bekommen. In einigen Jahren könnten in der Chirundu-Mine rund 500 Tonnen Uran pro Jahr gefördert werden.

In Botswana ist die Investmentgesellschaft Polo Resources an zwei australischen Bergbauunternehmen beteiligt, die vor Ort den Uranabbau explorieren: **A-Cap Resources** und **Impact Minerals**. Während die Projekte von Impact Minerals im Osten Botswanas noch sehr vage sind, erkundet A-Cap Resources im Nordosten des Landes das Letlhakana-Projekt. Das Tagebauprojekt erfordert noch Investitionen von etwa 200 Millionen US-Dollar und könnte bereits 2014 in Produktion gehen. In Mauretanien erkunden zwei australische Unternehmen Möglichkeiten für einen zukünftigen Uranbergbau: **Aura Energy** und **Forte Energy**. Beide Projekte befinden sich aber noch in einem sehr frühen Stadium. Auf Forte Energy hat Areva bereits ein Auge geworfen und sich mit rund elf Prozent an dem Unternehmen beteiligt.

Auch wenn sich die Mehrzahl der Projekte zur Uranförderung in diesen Ländern noch in einer frühen Phase befindet, ist mit einem baldigen Produktionsstart von Uranminen in Tansania und Sambia, gefolgt von der Zentralafrikanischen Republik, zu rechnen. Ein wesentlicher Faktor für die Beschleunigung der Projektrealisierung wäre ein höherer Uranpreis und damit verbundene höhere Investitionsausgaben finanzkräftiger Partner. Das Beispiel Malawi zeigt, dass sich der gewinnträchtige Abbau von Uranerz auch in der aktuellen Phase verhältnismäßig niedriger Uranpreise rechnet.

Spätestens das Auslaufen des HEU-Abkommens Ende 2013 wird den Markt für Uran in Bewegung versetzen und die Minenproduktion wird an Bedeutung gewinnen. Durch das Wachstum der Uranförderung dürften viele afrikanische Länder, darunter die großen Produzenten wie Namibia und Niger, von dieser Entwicklung profitieren. Auf Sicht der nächsten Jahre dürfte der Anteil von Uran aus Afrika von derzeit etwa 20 Prozent weiter ansteigen, denn in der entwickelten Welt sind die Anstrengungen nicht groß, die unter Umweltgesichtspunkten nicht unbedenkliche Förderung weiter auszubauen.

KAPITEL 8

„Feeding the Dragon": China hungert nach Eisenerz

Sierra Leone, Guinea, Liberia, Gabon, Kamerun und die Republik Kongo

Das rasante Wachstum der chinesischen Volkswirtschaft verschlingt über die Hälfte des weltweit geförderten und exportierten Eisenerzes. Die großen Lieferanten, Australien und Brasilien beziehungsweise das Eisenerz-Oligopol aus den drei Bergwerksgesellschaften Vale, BHP Billiton und Rio Tinto, nutzen ihre Marktmacht dabei lukrativ aus. Um die Abhängigkeit von diesen Anbietern zu reduzieren und um das zukünftige Wachstum zu sichern, investiert China massiv in den Aufbau von Eisenerzprojekten in Afrika.

„China continues to have a very strong demand [for iron ore]."

– Murilo Ferreira, CEO of Vale

Guinea
Sierra Leone
Liberia
Kamerun
Gabon
Republik Kongo
Namibia
Südafrika

Während Rohöl generell als der „Schmierstoff" für die Weltwirtschaft gilt, ist Eisenerz einer der wichtigsten Rohstoffe für die Stahlindustrie. Es ist unverzichtbar für den Infrastrukturaufbau, aber auch für Sektoren wie die Bauwirtschaft oder die Automobilindustrie – kaum ein Wirtschaftszweig kommt ohne diesen Primärrohstoff aus. Gerade aufstrebende Volkswirtschaften benötigen für ihr Wachstum große Mengen Eisenerz. Insbesondere China spielte hier in den letzten Jahren eine wichtige Rolle – so stieg die Stahlproduktion in den letzten 20 Jahren von, im weltweiten Kontext gesehen, null auf einen Anteil von fast 50 Prozent der weltweiten Produktion. Und dadurch entwickelte das Reich der Mitte einen schier unstillbaren Hunger nach Eisenerz. Denn die eigenen Eisenerzvorkommen sind nur von minderer Qualität und zudem im internationalen Vergleich zu teuer zu fördern. So hat sich China zum größten Nachfrager nach Eisenerz auf den Weltmärkten entwickelt und Länder wie Australien und Brasilien stoßen mit ihren Schienen- und Hafenkapazitäten an Wachstumsgrenzen.

Im Juni 2011 geht die „Vale Brazil" mit knapp 400.000 Tonnen Eisenerz an Bord auf Jungfernfahrt. Die Transportkapazität ist mehr als doppelt so hoch wie die bislang größte Schiffsklasse für Massengüter, die Capesize-Klasse, die Schüttgüter wie Eisenerz, Kohle oder Getreide transportiert. Mit der Ladung der „Vale Brazil" alleine können mehr als 250.000 Tonnen Stahl produziert werden, rund dreieinhalb mal so viel Stahl, wie in der Golden Gate Bridge in San Francisco verbaut ist. Vergleichbar der Einführung des Airbus A380 revolutioniert dieser neue Frachter-Typ der Brasilianer die Schifffahrt.

Vale, weltweit der größte Lieferant von Eisenerz auf dem Weltmarkt mit einem Marktanteil von knapp 25 Prozent, hat sechs

Der brasilianische Bergbaukonzern Vale ist der größte Eisenerzproduzent der Welt, gefolgt von Rio Tinto und BHP Billiton

Frachter dieses Typs in Südkorea und zwölf weitere in China bestellt, die bis 2013 ausgeliefert werden sollen. Rund 1,2 Milliarden US-Dollar finanzieren die Chinesen bei diesem Großprojekt. Die Brasilianer investieren zudem knapp drei Milliarden US-Dollar in den Ausbau des Überseehafens Ponta da Madeira. 2012 erreichte dessen Verladekapazität rund 150 Millionen Tonnen.

Im Frühjahr 2010 war es die beherrschende Schlagzeile: Das seit vier Jahrzehnten angewandte Benchmark-Preissystem für Eisenerz gehört der Vergangenheit an. Bis dato verhandelten die großen Produzenten mit ihren Abnehmern einen für ein Jahr bindenden Preis und kleine Produzenten orientierten sich an diesen Vertragsbedingungen.

Die Bergbaukonzerne stechen die Stahlindustrie aus – 2010 bringt drastische Umwälzungen für die gesamte Branche

Vale und BHP Billiton waren im März 2010 die ersten Produzenten, die mit ihren asiatischen Abnehmern Preisabsprachen mit kürzerer Laufzeit abschlossen, die sich an den geltenden Marktkonditionen orientierten. Gegenüber den für 2009/2010 ausgehandelten Preisen können die großen Eisenerzkonzerne eine Verdoppelung der Preise durchsetzen. Hier zeigt sich die Marktmacht der großen Bergbaukonzerne gegenüber der international stark fragmentierten Stahlindustrie. Bis heute ist die Mehrzahl der Produzenten zu quartalsweisen beziehungsweise monatlichen Preisabsprachen übergegangen. Da Eisenerz nicht standardisiert an den Warenterminbörsen gehandelt wird, gibt es viele unterschiedliche Preise zu unterschiedlichsten Erzqualitäten. Eine viel beachtete Preisquelle sind die chinesischen Importpreise für Eisenerz, die vom *Steel Business Briefing* veröffentlicht werden. 2011 bewegte sich der Preis für diese Eisenerzqualität zwischen 120 und 190 US-Dollar je Tonne und auch im ersten Halbjahr 2012 wurden für eine Tonne Eisenerz zwischen 130 und 150 US-Dollar bezahlt.

Preisentwicklung von Eisenerz 2009-2012

Quelle: Bloomberg, 2012

Wie an den diesen Zahlen schnell ersichtlich wird: Eisenerz ist ein Volumengeschäft. Das Metall zählt auf den Rohstoffmärkten zu den sogenannten „Schüttgütern“ (Bulk Commodities). 2011 wurden weltweit rund 2,8 Milliarden Tonnen Eisenerz gefördert, was einem Vielfachen sämtlicher anderen geförderten Metalle entspricht. Fast die gesamte Förderung wird für die Herstellung von Stahl verwendet. Über die Hälfte des weltweit geförderten Eisenerzes wird in den Produzentenländern selbst verbraucht – die andere Hälfte steht dem internationalen Handel zur Verfügung. Den Exportmarkt dominieren dabei zwei Länder: Australien und Brasilien. Zusammen kommen die beiden Länder auf einen

> **Weltweit wurden 2011 rund 2,8 Milliarden Tonnen Eisenerz gefördert – Brasilien und Australien sind die wichtigsten Exporteure, fast 75 Prozent aller Eisenerzexporte stammen aus den beiden Ländern**

gemeinsamen Marktanteil aller Eisenerzexporte von beinahe 75 Prozent.

Neben dem brasilianischen Bergbaukonzern Vale sind die angloaustralischen Bergbaugiganten BHP Billiton und Rio Tinto die dominierenden Marktteilnehmer – zusammen kommen sie auf einen Marktanteil von über 50 Prozent.

China alleine ist für 60 Prozent der weltweiten Eisenerznachfrage verantwortlich

Eisenerz ist in stark wachsenden Volkswirtschaften aufgrund der boomenden Infrastrukturinvestitionen ein gesuchtes Gut. Allein das Reich der Mitte fördert knapp eine Milliarde Tonnen Eisenerz pro Jahr, doch dies ist nicht ausreichend für das dynamische Wachstum des Landes. Fast 60 Prozent des weltweit für den Export verfügbaren Eisenerzes gehen nach China. Damit ist das Land sowohl der größte Förderer als auch der mit Abstand größte Importeur des wichtigen Rohstoffes zur Stahlproduktion. Deutlich abgeschlagen folgt Japan als zweitgrößter Importeur von Eisenerz mit einem Anteil von knapp 15 Prozent an den weltweiten Eisenerzimporten.

Nach Australien und Brasilien rückt Afrika in den Fokus der Bergbauindustrie

Insbesondere die Augen von China haben sich in den letzten Jahren auch im Hinblick auf die Versorgung mit Eisenerz auf den afrikanischen Kontinent gerichtet. Nicht zuletzt aus den genannten Gründen – weil die eigene Eisenerzproduktion von nur minderer Qualität und zudem mit hohen Kosten verbunden ist und um die Abhängigkeit von Brasilien und Australien zu verringern – hat China bereits immense Summen in Afrika investiert.

Südafrika – ein wichtiger Exporteur auf dem Weltmarkt

Das einzige afrikanische Land mit einer nennenswerten Eisenerzproduktion ist Südafrika. Das Land ist der fünftgrößte Exporteur auf dem Weltmarkt und verschiffte im Jahr 2011 knapp 40 Millionen Tonnen Eisenerz, was jedoch weniger als einem Zehntel der von Australien verschifften Menge entspricht. Aus der Provinz Nordkap im Nordwesten von Südafrika, flächenmäßig die größte Provinz des Landes und gleichzeitig am dünnsten besiedelt, stammen mehr als 80 Prozent des in Südafrika produzierten Eisenerzes. Die Förderung konzentriert sich auf die Gebiete zwischen Postmasburg und Hotazel sowie zwischen Sishen and Kathu. Sishen ist gleichzeitig die größte Eisenerzmine von Afrika: Im offenen Tagebau arbeiten hier knapp 10.000 Menschen in einer Grube mit einem Durchmesser von mehr als zwölf Kilometern. Die Mine betreibt die in Südafrika ansässige **Kumba Iron Ore**, die zu 65 Prozent dem diversifizierten Bergbauriesen **Anglo American** gehört. In der Sishen-Mine wurden 2010 mehr als 40 Millionen Tonnen Eisenerz gefördert. An der Sishen Iron Ore Company hält Kumba einen Anteil von knapp 75 Prozent, 20 Prozent sind im Besitz des südafrikanischen Bergbaukonzerns **Exxaro Resources**. Aus einer weiteren Mine von Kumba Iron Ore, Thabazimbi in Limpopo, kommen rund zwei Millionen Tonnen Erz hinzu. Daneben baut das Unternehmen an einer weiteren Mine, Kolomela (ehemals Sishen South), die bis zu zehn Millionen Tonnen Erz pro Jahr fördern und bis Mitte 2013 fertiggestellt werden soll. Mit zwei produzierenden Minen und einer weiteren im Bau ist Kumba Iron Ore der größte Eisenerzproduzent auf dem afrikanischen Kontinent. Mehr als 80 Prozent der Förderung von knapp 45 Millionen Tonnen sind für den Export vorgesehen, der mehrheitlich nach China geht. Mit dieser Größe rangiert das Unternehmen auch international unter den zehn größten Eisenerzproduzenten.

Bis Mitte 2013 plant zudem **Assmang**, den Ausbau der Khumani-Eisenerzmine in der Nordkap-Provinz fertigzustellen. Die Produktion soll von derzeit zehn auf über 15 Millionen Tonnen Eisenerz erhöht werden. Assmang ist ein Joint Venture der beiden afrikanischen Bergbauunternehmen **Assore** und **African Rainbow Minerals**.

Über die nächsten Jahre wird sowohl die Eisenerzförderung als auch die verfügbare Exportkapazität in Südafrika steigen, doch das Wachstum im großen Stil findet woanders statt: in Westafrika.

Noch ist die Eisenerzförderung in Westafrika eine zu vernachlässigende Größe auf dem Weltmarkt. Doch China und die großen Konzerne verfolgen ambitionierte Ziele für die Region: Über die nächsten zehn Jahre könnten mehr als 15 Minen entwickelt werden – bis 2020 könnte der Anteil Westafrikas an der weltweiten Eisenerzproduktion auf über zehn Prozent steigen. Werden alle Projekte umgesetzt, hat Westafrika das Potenzial, über 400 Millionen Tonnen Eisenerz pro Jahr zu fördern, was einem Viertel der aktuellen weltweiten Nachfrage entsprechen würde.

Eisenerzförderung in Westafrika – auf dem Weg zum „Big Business“

Westafrika ist in den letzten Jahren ein Anziehungspunkt für die großen Bergbau- und Stahlkonzerne als auch für kleine Explorationsunternehmen geworden. Der Fokus liegt auf dem großen Potenzial für neue Eisenerzminen in der Region. Vor allem China treibt in der Region durch Chalco, Shandong Iron & Steel und den China International Fund Investitionen voran, um die eigene Rohstoffversorgung zu sichern.

Die internationalen Bergbau-Konglomerate wie **BHP Billiton**, **Rio Tinto Vale** und **Xstrata** sind bereits vor Ort engagiert. Aber auch Stahlkonzerne wie **ArcelorMittal**, **Severstal** oder **Sesa Goa** hat die Aussicht auf umfangreiche Vorkommen mit hohen Erzgehalten angelockt.

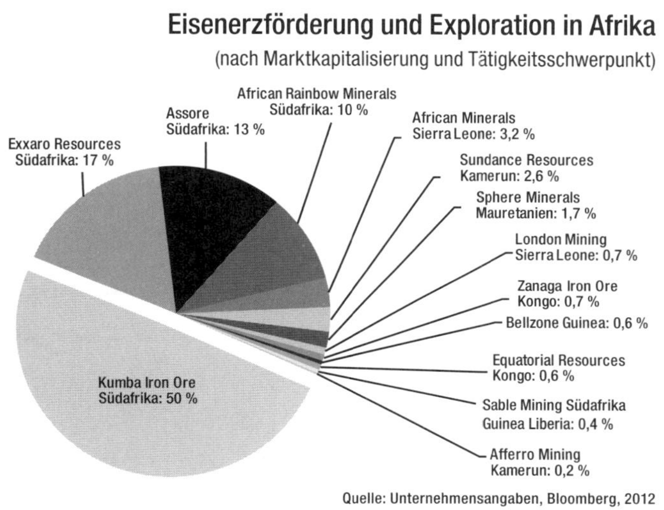

Die für den Abbau von Eisenerz interessanten Gebiete erstrecken sich in Westafrika vom Kongo im Süden über die Landstriche am Golf von Guinea bis nach Mauretanien im Norden. Die Fläche dieses Gebietes ist beinahe zehn Mal so groß wie die Pilbara-Region in Westaustralien, in der Rio Tinto und BHP Billiton einige der größten Eisenerzminen der Welt betreiben. Am weitesten vorangeschritten im Hinblick auf einen baldigen Produktionsstart sind Eisenerz-Bergbauprojekte im westafrikanischen Länderdreieck Sierra Leone, Guinea und Liberia.

In zehn Jahren könnte Westafrika ein Viertel des weltweiten Bedarfs an Eisenerz decken

Viele der Projekte stehen noch vor großen Herausforderungen in Bezug auf die politische Stabilität einzelner Länder wie Liberia, Côte d'Ivoire, Sierra Leone und Guinea-Bissau oder in Bezug auf die noch nicht vorhandene Infrastruktur wie einem Eisenbahnnetz

SIERRA LEONE

Hauptstadt	Freetown
Fläche (km²)	71.740
Einwohnerzahl (Millionen)	5,4
Bruttoinlandsprodukt (BIP), in Mrd. USD	4,7
BIP pro Einwohner, in USD	880
Human Development Index (HDI)	180/187
Hauptexportgüter: Agrargüter (Kaffee, Kakao), Diamanten	

Quelle: UNDP, CIA World Factbook, Auswärtiges Amt 2012

GUINEA

Hauptstadt	Conakry
Fläche (km²)	245.857
Einwohnerzahl (Millionen)	10,6
Bruttoinlandsprodukt (BIP), in Mrd. USD	4,6
BIP pro Einwohner, in USD	437
Human Development Index (HDI)	178/187
Hauptexportgüter: Bauxite, Alumina, Gold, Agrargüter	

Quelle: UNDP, CIA World Factbook, Auswärtiges Amt 2012

LIBERIA

Hauptstadt	Monrovia
Fläche (km²)	111.369
Einwohnerzahl (Millionen)	3,8
Bruttoinlandsprodukt (BIP), in Mrd. USD	0,97
BIP pro Einwohner, in USD	257
Human Development Index (HDI)	182/187
Hauptexportgüter: Agrargüter (Kaffee, Kakao), Kautschuk, Diamanten, Eisenerz	

Quelle: UNDP, CIA World Factbook, Auswärtiges Amt 2012

und Verladehäfen. Einige Projekte sind hingegen schon weit fortgeschritten. So hat ArcelorMittal 2011 die Eisenerzförderung in Liberia aufgenommen. Seit 2006 hat sich das Unternehmen die Investition bereits über eine Milliarde US-Dollar kosten lassen. In Sierra Leone bringen **African Minerals** und **London Mining** zwei neue Minen in Produktion: Tonkolili und Marampa.

Sierra Leone

Reich an Bodenschätzen wie Bauxit, Eisenerz, Gold und Diamanten, erholt sich Sierra Leone langsam von den Folgen des Bürgerkrieges von 1991 bis 2002. Die Hauptstadt Freetown mit über einer Million Einwohnern ist die einzige Hauptstadt Afrikas, die nicht an ein Stromnetz angeschlossen ist und in der auch Wasserleitungen nicht selbstverständlich sind. Die Arbeitslosigkeit ist extrem hoch, fast drei Viertel der Bevölkerung leben von weniger als einem US-Dollar am Tag. Die Kindersterblichkeitsrate liegt bei erschreckenden 30 Prozent und jedes zweite Kind im Alter zwischen fünf und 14 Jahren muss teilweise schwere Arbeit verrichten. Mit dem Bürgerkrieg kam die legale Förderung von Gold und Diamanten quasi zum Stillstand, aber der Schmuggel über Liberia, Burkina Faso und die Elfenbeinküste blühte auf. Mittlerweile hat die legale Förderung von Gold und Diamanten wieder zugenommen und vor der Küste wurde 2009 Öl entdeckt. Zudem versprechen die Investitionen im Bergbausektor eine Revitalisierung der seit über 20 Jahren vernachlässigten Eisenerzförderung – Investitionen, die sich in den nächsten Jahren auszahlen werden, denn aktuell ist die Förderung und der Export von Diamanten die wichtigste Devisenquelle des Landes.

Sierra Leone – Schleppende Erholung nach über zehn Jahren Bürgerkrieg

Die portugiesischen Entdecker im 15. Jahrhundert gaben der wilden Gebirgsregion südlich des heutigen Freetown an der Küste Westafrikas den Namen „Löwengebirge" – Sierra Leone. Anfang des 19. Jahrhunderts verleibte sich Großbritannien das Gebiet als Kolonie ein und nach der Berliner Kongokonferenz 1885 wurde auch das Hinterland zum britischen Protektorat erklärt. 1961 wurde Sierra Leone von Großbritannien unabhängig. Nach zwei Militärputschen kam 1968 der All People's Congress (APC) unter Siaka Stevens an die Macht, die er bis zu seinem Rücktritt 1985 innehatte. Unter der Führung Stevens' nahmen die ethnischen Konflikte im Lande sowie die Korruption zu und das Land wurde systematisch ausgeplündert. Regierungsmitglieder konnten sich insbesondere an den staatlich kontrollierten Diamantenminen bereichern. Nachfolger von Stevens wurde Generalmajor Joseph Saidu Momoh. Ende der 1980er-Jahre wurde die wirtschaftliche Situation des Landes zunehmend instabiler, Proteste und Demonstrationen häuften sich, Lebensmittel wurden knapp. 1991 begann die Revolutionary United Front (RUF) unter Foday Sankoh einen bewaffneten Kampf gegen die Regierung – Sierra Leone versank in einem Bürgerkrieg. Die RUF wurde dabei von Charles Taylor, Kriegsherr aus dem benachbarten Liberia, unterstützt, der sich die Kontrolle über die Diamantenminen von Sierra Leone verschaffte und im Gegenzug die RUF mit Waffen versorgte. Der Konflikt wurde von beiden Seiten mit äußerster Brutalität geführt. Bilder von Massakern an der Bevölkerung, Amputationen, Misshandlungen und von Kindersoldaten gingen um die Welt. Erst das massive Eingreifen der Vereinten Nationen mit fast 20.000 Soldaten und eine britische Intervention konnten den Bürgerkrieg beenden. Schätzungen zufolge verloren mehr als 100.000 Menschen ihr Leben. Nach einer Übergangszeit fanden 2007 Neuwahlen unter UN-Aufsicht statt, bei der die zuvor jahrelang regierende Einheitspartei APC als Sieger hervorging und Ernest Bai Koroma für die nächsten fünf Jahre als neuer Präsident von Sierra Leone vereidigt wurde.

Die Marampa-Mine wurde von der in Großbritannien börsengelisteten **London Mining** in 2006 erworben und ist mit einer Förderkapazität von zwei Millionen Tonnen Eisenerz im Jahr im Dezember 2011 reaktiviert worden. Bis 2013 plant das Unternehmen die Produktion auf vier Millionen Tonnen Erz zu verdoppeln. Ziel des Unternehmens ist es, die Produktion auf über 15 Millionen Tonnen Eisenerz pro Jahr bis zum Jahr 2016 zu steigern.

African Minerals und London Mining bauen die Eisenerzproduktion in Sierra Leone auf

Einen Monat zuvor, im November 2011, konnte die ebenfalls in London gelistete **African Minerals** die erste Ladung über 40.000 Tonnen Eisenerz aus Tonkolili verschiffen – der erste Export von Eisenerz in dem viele Jahre vom Bürgerkrieg zerrütteten Sierra Leone seit 30 Jahren. Erst im August hatte sich der chinesische Stahlproduzent Shandong Iron & Steel mit 1,5 Milliarden US-Dollar an dem Projekt beteiligt – im Gegenzug für das Anrecht auf eine jährliche Lieferung von zehn Millionen Tonnen Eisenerz. Bereits Ende 2012 soll die jährliche Produktion 15 Millionen Tonnen erreichen, so das Unternehmen. Über die nächsten Jahre plant

African Minerals die Produktion in mehreren Schritten auf über 80 Millionen Tonnen zu steigern und damit endgültig zum größten Exporteur von Eisenerz in Westafrika zu werden.

Neben weiteren Projekten in Australien und in Afrika ist das australische Explorationsunternehmen **Cape Lambert Resources** ebenfalls in Sierra Leone aktiv. Hier entwickelt das Unternehmen zwei Projekte und ist über eine Beteiligung an **African Iron** auch im Kongo sowie mit dem Sandenia-Projekt in Guinea auf der Suche nach entwickelbaren Eisenerzprojekten.

Guinea

Guinea zählt ebenfalls zu einem der rohstoffreichsten Länder Afrikas. Die Exporte von Rohstoffen machen mehr als 80 Prozent der gesamten Exporterlöse des Landes aus. Neben der Förderung von Gold und Diamanten ist Guinea der weltweit größte Exporteur von Bauxit, einem Rohstoff, der zur Herstellung von Aluminium benötigt wird. Die Vorkommen an Bauxit werden auf über zehn Milliarden Tonnen geschätzt, was mehr als einem Drittel der weltweiten Reserven entspricht. Im Süden des Landes bei Boké fördert die größte Bauxitmine der Welt den begehrten Rohstoff. Ebenfalls im Süden des Landes bei Firawa wurden 2008 bedeutende Uranvorkommen gefunden. Daneben verfügt Guinea über große Eisenerzvorkommen unter anderem in der Region um Mount Nimba im äußersten Südosten des Landes im Grenzgebiet zu Liberia und der Elfenbeinküste. Doch trotz seines Rohstoffreichtums gehört Guinea immer noch zu einem der ärmsten Länder der Welt. Die politische Instabilität des Landes, das hohe Maß an Korruption und eine kaum vorhandene Infrastruktur schreckten bislang Investoren ab.

In seiner Wahlkampagne 2010 versprach der an der Sorbonne in Frankreich ausgebildete neue Präsident Alpha Condé Reformen im Bergbausektor. Nach langem Anlauf wurde in Guinea im

September 2011 ein neues Bergbaugesetz verabschiedet. Es garantiert dem Staat einen Anteil von 15 Prozent an allen Bergbauprojekten mit der Option, einen Anteil von bis zu 20 Prozent zusätzlich zu erwerben, sodass sich der Gesamtanteil des Staates bis auf 35 Prozent summieren kann.

Guinea führt 2011 ein neues Bergbaugesetz ein

Bei der Einführung wies Bergbauminister Mohamed Lamine Fofana in Conakry darauf hin, dass einheimische Unternehmen bevorzugt behandelt werden und ausländische Unternehmen vor der Konzessionsgewährung neben Durchführbarkeitsstudien auch Studien über die Umwelt- und Sozialverträglichkeit vorzulegen haben. Auch ist eine Mindestquote an einheimischen Arbeitskräften zu beachten. Trotz der im internationalen Vergleich zum Teil restriktiven Vorgaben des neuen Bergbaugesetzes ist das Interesse der großen internationalen Bergbaugesellschaften an den Bodenschätzen des kleinen Landes enorm. Insbesondere bei der Förderung von Eisenerz könnte Guinea in den nächsten Jahren eine führende Rolle in Afrika zukommen.

Eisenerz-Roulette – Rio Tinto muss das Megaprojekt Simandou in Guinea mit Vale teilen

Im äußersten Südosten von Guinea erstreckt sich über gut 100 Kilometer eine idyllische bewaldete Hügelkette: Simandou. Im südlichen Teil des Gebiets wird seit einigen Jahren ein riesiges Tagebaugebiet zur Förderung von Eisenerz aufgebaut, denn die Eisenerzvorkommen von Simandou gehören zu den größten noch unerschlossenen Vorkommen der Welt. Der anglo-australische Bergbaugigant Rio Tinto ist der Pionier in der Region und hat 2003 sämtliche Lizenzen für Simandou erworben. Bis heute hat Rio Tinto bereits über 700 Millionen US-Dollar in die Entwicklung des Projektes investiert. Unter Präsident Lansana Conté wurde der nördliche Teil der Konzession vom Staat enteignet und die Regierung drohte damit, auch die Lizenzen für den südlichen Teil des Gebietes zu überdenken. Der australische Konzern war an einem Rückkauf der Gebiete interessiert, wurde jedoch von dem israelischen Milliardär Beny Steinmetz ausgestochen, dessen BSG Resources (Beny Steinmetz Group Resources) sich den Zugriff auf Simandou-Nord sicherte. In einem nächsten Schritt holte Steinmetz im April 2010 mit der brasilianischen Vale einen der größten Konkurrenten von Rio Tinto mit an Bord, um die Entwicklung des Gebietes voranzutreiben. Gut 2,5 Milliarden US-Dollar haben sich die Brasilianer einen Anteil von 51 Prozent an Simandou-Nord kosten lassen. Ein lukratives Geschäft, aber ein noch viel glänzenderes Geschäft für den israelischen Diamantenmogul Steinmetz, der lediglich eine halbe Milliarde US-Dollar für die Konzessionen bezahlt hat. 2013 plant Vale etwa zwei Millionen Tonnen Eisenerz aus der Zogota-Mine in Simandou zu fördern, bereits zwei Jahre später soll die Jahresproduktion auf 15 Millionen Tonnen steigen, um im Jahr 2020 50 Millionen Tonnen zu betragen. Aktuell plant das Unternehmen, das Eisenerz durch Liberia und den Hafen Buchanan zu exportieren, da diese Strecke kürzer ist als jene durch Guinea.

Rio Tinto konnte sich jedoch mit der Regierung von Guinea über die verbliebenen Rechte an Simandou-Süd einigen. Das Unternehmen zahlte 700 Millionen US-Dollar in die Staatskasse von Guinea und räumte dem Staat das Recht ein, bis zu 35 Prozent an dem Projekt zu erwerben. Für die weitere Entwicklung des Tagebauprojekts muss der anglo-australische Konzern jedoch noch tief in die Tasche greifen: Eine rund 650 Kilometer lange Eisenbahnstrecke von Simandou bis zur Küste muss geplant und gebaut werden und südlich von Conakry in der Forécariah-Provinz soll ein neuer Tiefseehafen entstehen. Um diese Entwicklung voranzutreiben, ist Rio Tinto ein Joint Venture mit den Chinesen eingegangen.

Die Aluminium Corporation of China, kurz Chalco, die eine Tochtergesellschaft der staatseigenen Chinalco ist, investiert knapp 1,5 Milliarden US-Dollar in das Projekt. Innerhalb der nächsten Jahre planen die Unternehmen eine Jahresförderung von rund 100 Millionen Tonnen Eisenerz aufzubauen.

Der britische Explorer **Bellzone Mining** arbeitet in Guinea an zwei Eisenerzprojekten: Forécariah und Kalia. Das Unternehmen, dessen Aktien noch fast zu 50 Prozent in den Händen des Gründers Nikolajs Zuks liegen, kann auf eine Finanzierung durch den China International Fund bauen. Über 1,5 Milliarden US-Dollar investieren die Chinesen in Schienen- und Hafeninfrastruktur, die in einem ersten Schritt eine Kapazität von 100 Millionen Tonnen pro Jahr aufweisen soll, aber auf bis zu 300 Millionen Tonnen ausgebaut werden kann. Während die Produktion in Forécariah bereits im März 2012 angelaufen ist und bis 2014 auf zehn Millionen Tonnen pro Jahr gesteigert werden soll, hat das wesentlich größere Kalia-Projekt das Potenzial, bis zu 50 Millionen Tonnen Eisenerz pro Jahr zu fördern, doch damit rechnet das Unternehmen nicht vor 2018.

Guinea – Der Beginn von Freiheit und Demokratie?

Zuvor Teil von Französisch-Westafrika, erlangte Guinea 1958 die Unabhängigkeit von Frankreich. In den nächsten drei Jahrzehnten errichtete Ahmed Sékou Touré mit der Einheitspartei Parti Démocratique de Guinée (PDG) eine der grausamsten Diktaturen in Afrika, unter der Tausende Menschen gefoltert und getötet wurden. Unter der Herrschaft des „großen Elefanten" („Syli") wendete sich das Land dem Sozialismus zu. Trotz des Reichtums an Bodenschätzen herrschte Armut und

Unterernährung und über eine Million Menschen verließen das Land. Nach dem Tod von Touré im Jahr 1984 putschte das Militär unter Führung von Oberst Lansana Conté. Der Interimspräsidenten Louis Lansana Béavogui wurde gestürzt, Conté setzte die Verfassung außer Kraft und erklärte sich zum neuen Präsidenten.

Im Zuge der allgemeinen Demokratisierung in den afrikanischen Staaten seit den frühen 1990er-Jahren wurde auch in Guinea ein Mehrparteiensystem eingeführt. In den folgenden Wahlen, die von gewalttätigen Protesten begleitet waren, setzte sich Conté als Kandidat der Partei Parti de l'Unité et du Progrès (PUP) wiederholt durch. In den Jahren 2000 und 2001 wehrte Guinea Angriffe sierra-leonischer und liberianischer Rebellen auf das guineische Staatsgebiet ab. Infolge der Bürgerkriege in beiden Ländern hielten sich zeitweise mehr als 500.000 Flüchtlinge aus Liberia und Sierra Leone in Guinea auf. Im Dezember 2008 starb der gesundheitlich schwer angeschlagene, mittlerweile 72-jährige Conté, dem seine Gegner Machtmissbrauch und Korruption vorwarfen. Vorher war es immer wieder zu gewalttätigen Protesten und Streiks gekommen, zwischenzeitlich wurde mehrfach das Kriegsrecht ausgerufen. Nur wenige Stunden nach dem Tod Contés übernahm das Militär die Macht im Land, setzte die Verfassung außer Kraft und löste die Regierung auf. 2009 kam es in der Hauptstadt Conakry zu einem Blutbad: Die Militärregierung ließ eine Demonstration von über 50.000 Menschen blutig niederschlagen, Sicherheitskräfte schossen auf Demonstranten, Hunderte Menschen starben. Nach einer Übergangszeit fanden im Sommer 2010 in Guinea zum ersten Mal in seiner

Geschichte friedliche und demokratische Wahlen statt, bei denen sich der langjährige Oppositionsführer der Partei Rassemblement du Peuple de Guinée (RPG), Alpha Condé, als neuer Präsident von Guinea durchsetzte.

Liberia

Auch der dritte „Eisenerz-Major“ im Bunde, die anglo-australische **BHP Billiton**, ist in der Region vertreten. Doch sind ihre Projekte noch nicht so weit fortgeschritten wie die der Konkurrenten Rio Tinto und Vale. Das Unternehmen plant, die Aktivitäten mit denen des weltgrößten Stahlproduzenten, **ArcelorMittal**, zu kombinieren. Beide Unternehmen besitzen Explorationsprojekte in Guinea und Liberia. Das am weitesten fortgeschrittene Projekt ist Mount Nimba in Liberia an der Grenze zu Guinea und der Elfenbeinküste.

Wiederaufbau nach langem Bürgerkrieg

Das Staatsgebiet Liberias besteht neben dem Küstenabschnitt überwiegend aus Bergland. Das Land verfügt über attraktive Bodenschätze, Wald, ausreichend Wasser und ein für die Landwirtschaft günstiges Klima. Doch der jahrzehntelange Bürgerkrieg sowie eine korrupte und unfähige Regierung haben der Wirtschaft des Landes, insbesondere der Infrastruktur, schwere Schäden zugefügt. Das Land, in dem weniger als fünf Millionen Menschen leben, exportiert Güter im Wert von unter einer Milliarde US-Dollar – die Wirtschaftskraft je Einwohner liegt bei weniger als 250 US-Dollar und ein Großteil der Menschen lebt in Armut.

Eisenerz und Kautschuk – einstige Größe und Zukunftsvision des Landes

Hauptexportgüter sind Eisenerz, Diamanten, Kautschuk, Tropenholz und andere Agrargüter wie Kaffee und Kakao. Anfang des 20.

Jahrhunderts investierten amerikanische Firmen wie Firestone und Goodrich in Liberia und bauten riesige Kautschukplantagen auf. Kautschuk wurde binnen weniger Jahre mit einem Anteil von fast 90 Prozent das Hauptexportgut des Landes. Der amerikanische Reifenhersteller Firestone betrieb in Liberia die größte Kautschukplantage der Welt. Nach den Wirren und Zerstörungen des Bürgerkrieges plant nun die liberianische Regierung ein Wiederaufbauprogramm im Agrarsektor.

Doch das große Geld schlummert unter der Erde. Vor dem Bürgerkrieg stützte sich die Wirtschaft zu einem großen Teil auf die Förderung von Eisenerz. Bereits in den 1950er-Jahren investierte ein deutsch-liberianisches Konsortium, zu dem auch die heutige ThyssenKrupp gehörte, in den Aufbau der Bergwerksanlagen in der Bong-Range- und Putu-Range-Region. Mit dem Bürgerkrieg kam jedoch die Förderung zum Erliegen.

Liberia – Ein Land erwacht nach Jahrzehnten des Bürgerkrieges

Das Küstengebiet Liberias, damals auch als „Pfefferküste" bekannt, wurde im späten 15. Jahrhundert von den Portugiesen erforscht. Bis zum Beginn des 19. Jahrhunderts war der Ort Trade Town östlich der heutigen Hauptstadt Monrovia einer der Dreh- und Angelpunkte des atlantischen Sklavenhandels. Nach Abschaffung der Sklaverei erwarb die amerikanische Kolonialisierungsgesellschaft einen Landstreifen südlich der britischen Kolonie Sierra Leone, um freigelassene ehemalige Sklaven anzusiedeln: Liberia. Als einer der ersten afrikanischen Staaten erklärte das Land 1847 seine Unabhängigkeit. Nach der Berliner Kongokonferenz 1885 verlor Liberia jedoch rund 30 Prozent seines

Staatsgebietes an Frankreich. Bis zum Militärputsch 1980 beherrschte seitdem die aus den USA eingewanderte schwarze Elite durch die rechtskonservative True Whig Party das Land. 1980 putschte das Militär: Samuel K. Doe stürmte an der Spitze einer bewaffneten Gruppe den Präsidentenpalast und tötete den amtierenden Präsidenten William R. Tolbert jr. Doe errichtete eine Militärdiktatur unter der National Democratic Party of Liberia. Eine mehr als 20 Jahre andauernde Phase der politischen Instabilität und des Bürgerkriegs folgte. 1989 begann Charles Taylor von der Elfenbeinküste aus einen Krieg gegen Does Herrschaft in Liberia zu führen. Bereits 1990 war ein großer Teil des Landes unter der Kontrolle der Rebellen und im September 1990 wurde Doe von einer Rebellengruppe gefasst, gefoltert und hingerichtet. Das Ende Does führte zu einer weiteren politischen Zersplitterung des Landes und der Bürgerkrieg weitete sich zu einem ethnischen Konflikt aus. Charles Taylor gründete die National Patriotic Party und ließ sich 1997 zum Präsidenten von Liberia wählen. Doch der Bürgerkrieg ging weiter. Im Norden und Süden formierten sich Rebellengruppen wie die Liberians United for Reconciliation and Democracy (LURD) und Movement for Democracy in Liberia (MODEL) und festigten ihre Machtbasis. Im Sommer 2003 kontrollierte Taylor weniger als ein Drittel seines Landes und wurde zum Rücktritt gezwungen. Schätzungen zufolge starben während des Bürgerkrieges in Liberia über 200.000 Menschen und mehr als eine Million Menschen wurden vertrieben. Nach einer Übergangszeit fanden Ende 2005 reguläre Präsidentschaftswahlen statt, aus denen Ellen Johnson-Sirleaf von der Unity Party als Siegerin hervorging. 2011 wurde sie wiedergewählt. Die Wahl wurde jedoch von gewaltsamen Auseinandersetzungen überschattet und nur jeder dritte Bürger konnte seine Stimme abgeben.

Mit Investitionen in Milliardenhöhe durch ausländische Konzerne unter anderem in den im Norden gelegenen Nimba Mountains soll nun der Wirtschaftszweig revitalisiert werden. Die wichtigsten Aufgaben der Regierung von Präsidentin Johnson-Sirleaf sind der Wiederaufbau der Infrastruktur des Landes, die Bekämpfung der Korruption und die Förderung ausländischer Investitionen.

Die Entwicklung von Mount Nimba in Liberia verursacht Kosten von rund zwei Milliarden US-Dollar und könnte innerhalb von zwei Jahren in einer ersten Ausbauphase rund zehn Millionen Tonnen Eisenerz fördern. Näher an der Küste von Liberia realisiert **Afferro Mining** seit mehreren Jahren zusammen mit dem Stahlproduzenten Severstal Putu. Das Areal liegt nur rund 100 Kilometer von der Küste entfernt und das Projekt soll eine Jahresproduktion von mehr als 30 Millionen Tonnen Eisenerz liefern. Im Dezember 2011 bot der Stahlproduzent an, das Projekt vollständig zu übernehmen. Dem Explorationsunternehmen bleiben noch vier Eisenerz-Entwicklungsprojekte in Kamerun.

Gabon, Kamerun und die Republik Kongo

Kamerun bildet zusammen mit Gabon und dem Kongo die zweite Gruppe von Ländern in Westafrika, die über interessante Entwicklungsmöglichkeiten hinsichtlich einer zukünftigen Eisenerzförderung verfügen.

Die zweite Liga der westafrikanischen Eisenerzprojekte stellen Gabon, Kamerun und die Republik Kongo dar

GABON

Hauptstadt	Libreville
Fläche (km^2)	267.667
Einwohnerzahl (Millionen)	1,6
Bruttoinlandsprodukt (BIP), in Mrd. USD	22,5
BIP pro Einwohner, in USD	14.258
Human Development Index (HDI)	106/187
Hauptexportgüter: Rohöl (70% der Export), Uran	

Quelle: UNDP, CIA World Factbook, Auswärtiges Amt 2012

REPUBLIK KONGO

Hauptstadt	Brazzaville
Fläche (km^2)	342.000
Einwohnerzahl (Millionen)	4,2
Bruttoinlandsprodukt (BIP), in Mrd. USD	17,11
BIP pro Einwohner, in USD	4.033
Human Development Index (HDI)	137/187
Hauptexportgüter: Rohöl, Diamanten, Agrargüter (Kaffee, Kakao)	

Quelle: UNDP, CIA World Factbook, Auswärtiges Amt 2012

KAMERUN

Hauptstadt	Yaounde
Fläche (km^2)	475.440
Einwohnerzahl (Millionen)	19,7
Bruttoinlandsprodukt (BIP), in Mrd. USD	44,3
BIP pro Einwohner, in USD	2.250
Human Development Index (HDI)	150/187
Hauptexportgüter: Rohöl, Aluminium, Agrargüter	

Quelle: UNDP, CIA World Factbook, Auswärtiges Amt 2012

Nach dem Verkauf von Putu in Liberia konzentriert sich das in Großbritannien gelistete Explorationsunternehmen **Afferro Mining** auf die Entwicklung von Nkout, Ntem, Ngoa und Akonolinga in Kamerun. Im benachbarten Kongo ist der Schweizer Rohstoffgigant **Xstrata** eine Kooperation mit der ebenfalls in Großbritannien gelisteten **Zanaga Iron Ore** eingegangen. Bis Mitte 2014 soll eine Machbarkeitsstudie über die jährliche Förderung von 30 bis 45 Millionen Tonnen Eisenerz erstellt sein und Xstrata behält sich bis dahin das Recht vor, das Zanaga-Eisenerzprojekt komplett zu übernehmen.

Neben Cape Lambert Resources verfolgt das ebenfalls aus Australien stammende Explorationsunternehmen **Equatorial Resources** zwei Eisenerzprojekte im Kongo: Mayoko und Badondo. Auch wenn beide Projekte noch in den Kinderschuhen stecken, so ist insbesondere das Badondo-Projekt im Nordwesten der Republik Kongo aufgrund der strategischen Lage sehr interessant. In der gleichen Region entwickeln noch weitere Unternehmen Eisenerzprojekte, die auf eine gemeinsame – aber noch zu bauende – Infrastruktur zurückgreifen könnten. Die private Core Mining, an der ebenfalls Severstal beteiligt ist, verfolgt neben einem weiteren Projekt in Gabon die Entwicklung des Avima-Projekts im Kongo. Bei der weiteren Entwicklung der Region kommt es auf die Fortschritte bei dem australischen Unternehmen **Sundance Resources** an. Sundance entwickelt im Grenzgebiet von Kamerun und dem Kongo eine umfangreiche Eisenerzförderung (Mbalam und Nabeda), die in der Größenordnung von etwa 35 Millionen Tonnen liegen könnte. Kernpunkt auch für die anderen Projekte in der Region ist hierbei der Bau einer über 500 Kilometer langen Eisenbahntrasse zur Küste von Kamerun und die Projektierung eines internationalen Verladehafens bei Mamelles. Im Sommer 2012 steigen die Chinesen durch Sichuan Hanlong in das Projekt ein und beteiligen sich mit 20 Prozent.

Der Aufbau der Eisenerzförderung in Westafrika ist derzeit eine der weltweit spannendsten Rohstoffunternehmungen. Von der Nulllinie ausgehend könnte die Region binnen zehn Jahren rund ein Viertel der Nachfrage nach dem begehrten Rohstoff für die Stahlerzeugung befriedigen.

Westafrika – große Chancen, aber Risiken bleiben

Während im Länderdreieck Guinea, Liberia und Sierra Leone bereit die erste Produktion mit großer Wachstumsfantasie anläuft, stehen im Länderdreieck Gabon, Republik Kongo und Kamerun bereits weitere Projekte der zweiten Reihe zur Realisierung an. Für eine weitere Entwicklung sind jedoch erhebliche Investitionen in Infrastrukturprojekte zu leisten – neben den großen Bergbau- und Stahlunternehmen Australiens, Brasiliens und Indiens sind insbesondere die Chinesen hier aktiv. Das Reich der Mitte verfolgt das eindeutige Ziel, sich den Zugang zu wichtigen Ressourcen zu sichern und gleichzeitig die in den letzten Jahren entstandene Abhängigkeit von Australien und Brasilien zu reduzieren.

Für die nächsten Jahre kann die westafrikanische Eisenerzförderung die angespannte Lage am Weltmarkt nicht lindern, doch ab 2015 wird die Region ein großes Förderpotenzial aufweisen. Neben den Herausforderungen beim Aufbau der nötigen Infrastruktur ist die politische Stabilität ein wesentlicher Faktor. Hierbei ist zu bedenken, dass die kombinierten Investitionssummen die Wirtschaftskraft der beteiligten Länder oft um ein Vielfaches übersteigen. Dies wird sich vor allem im Hinblick auf die politische Stabilität als große Herausforderung erweisen.

KAPITEL 9

Der afrikanische Kupfergürtel. Kupfer, Kobalt und Coltan in Zentralafrika

Demokratische Republik Kongo und Sambia

Der Preis für eine Tonne Kupfer verfünffachte sich aufgrund des rasanten chinesischen Wirtschaftswachstums in den letzten zehn Jahren. Immense Reserven des begehrten Metalls liegen in Sambia und der Demokratischen Republik Kongo, Länder durch die der sogenannte afrikanische Kupfergürtel verläuft. Neben Kupfer locken in der Region ebenfalls die Aussichten bei den Hightech-Metallen Kobalt und Coltan.

Demokratische
Republik Kongo
Sambia

„Nightmare Nation ...with [President Kabila's] security forces cracking down and his chief rival calling for revolt, the scene is set for bloodshed."

– Robyn Dixon, *Los Angeles Times*,
zu den Wahlen in der Demokratischen Republik Kongo 2011

„So far [...] everything is going in a peaceful manner, in a calm way."

– Maria Muniz de Urquiza, Chef-EU-Wahlbeobachterin,
zu den Wahlen in Sambia 2011

Kupfer ist aus Anwendungen des Bau- und Transportsektors, der Elektrotechnik, aus dem Maschinenbau sowie aus Konsumgütern nicht wegzudenken. Während die Nachfrage nach dem Metall aus den entwickelten Ländern jedes Jahr jedoch nur leicht wächst, hat auch hier das dynamische Wachstum der chinesischen Wirtschaft in den vergangenen Jahren den Kupfermarkt drastisch verändert.

2011 wuchs die weltweite Nachfrage nach Kupfer auf rund 20 Millionen Tonnen. Bei einem durchschnittlichen Kupferpreis von knapp 9.000 US-Dollar je Tonne in 2011 erreichte der Kupfermarkt in diesem Jahr eine Marktgröße von fast 200 Milliarden US-Dollar. Die größten acht in diesem Geschäft tätigen globalen Unternehmen kontrollieren dabei die Hälfte der globalen Kupferproduktion. Der übrige Markt ist dagegen stark fragmentiert.

Der Anteil von China an der weltweiten Kupfernachfrage ist mittlerweile auf 40 Prozent gestiegen, das heißt, fast jede zweite Tonne des weltweit geschürften Metalls benötigt das chinesische Riesenreich für sein Wachstum.

> Fast jede zweite weltweit geförderte Tonne Kupfer verbraucht derzeit das chinesische Riesenreich und saugt das rote Metall auf wie ein gigantischer Staubsauger

Marktanteil weltweiter Kupferproduzenten

in Afrika aktiv:
African Copper
African Eagle Resources
African Rainbow Minerals
Barrick Gold
China NF Metal Mining
ENRC
First Quantum Minerals
Freeport McMoRan
Glencore
Jinchuan Group
Minmetals Reources
MMC Norlisk Nickel
Tiger Resources
Vedanta

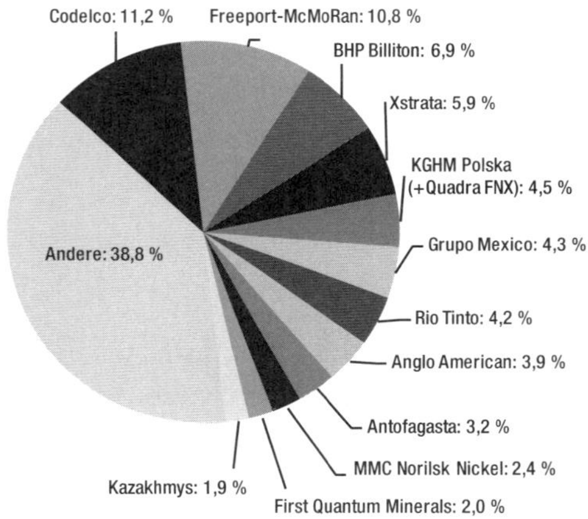

Quelle: Bloomberg, 2012

Ein großer Teil des weltweit geförderten Kupfers stammt aus der Atacamawüste im Norden Chiles. Das lateinamerikanische Land produziert beinahe

> Chile ist weltweit mit großem Abstand der größte Kupferproduzent

ein Drittel des weltweit geförderten Kupfers. Die staatseigene Corporacion Nacional del Cobre de Chile, kurz **Codelco,** ist der größte Kupferhersteller der Welt und für ein Drittel der gesamten Kupferproduktion Chiles verantwortlich. Aber mit Chuquicamata und El Teniente liegen in Chile nicht nur die größten Kupferminen der Welt, sondern das Land verfügt auch über fast die Hälfte der weltweit nachgewiesenen Kupferreserven.

Immense Reserven des begehrten Metalls liegen darüber hinaus im zentralafrikanischen Dschungel. Die Kupferförderung in dem Gebiet ist hingegen noch unterentwickelt.

Der Kupfergürtel in Zentralafrika zählt zu den größten Bergbauregionen des afrikanischen Kontinents

Der Kupfergürtel („Copperbelt") ist die bedeutendste Bergbauregion in Zentralafrika und neben dem Bushveld-Komplex in Südafrika das größte Industriegebiet des Kontinents. Das Bergbaurevier erstreckt sich über 800 Kilometer Länge und rund 250 Kilometer Breite vom Zentrum Sambias in den Südosten der Demokratischen Republik Kongo (DRC). Es liegt auf einer Hochebene am östlichen Ende der Lundaschwelle etwa 1.200 bis 1.300 Meter über dem Meeresspiegel.

Der sambische Teil gehört überwiegend zur Provinz Copperbelt, der kongolesische Teil zur ehemaligen Provinz Katanga. Dieser Teil reicht weit in sambisches Staatsgebiet hinein. Wichtige Städte im sambischen Teil sind Ndola, Kitwe, Chingola, Luanshya und Mufulira, die zu den zehn größten sambischen Städten zählen. Die größte kongolesische Stadt im Copperbelt ist Lubumbashi, welche die zweitgrößte Stadt des Landes ist. Der Copperbelt zeichnet sich durch Kupfererz-Vorkommen aus – Experten schätzen, dass in dem Gebiet mehr als ein Zehntel der weltweiten Kupfervorkommen schlummern. Neben Kupfer werden aber auch Kobalt, Gold und andere Metalle abgebaut.

Neben Kupfer fällt vor allem Kobalt eine wichtige Rolle zu. Weltweit wird das Metall überwiegend aus Kupfer- und Nickelerzen gewonnen, seine Verwendung als wichtiges Legierungselement und in Kobaltverbindungen macht es für die Industrieländer zu einem strategisch wichtigen Metall. Der Name Kobalt leitet sich aus der deutschen Mythologie her: Im Bergbau des Erzgebirges wurden Kobolde für das Stehlen von Silber verantwortlich gemacht. Stattdessen hinterließen sie silberfarbene Erze: Kobalt.

Wichtige Anwendungsfelder von Kobalt sind Batterien, Superlegierungen, Hartmetalle, Farben, Katalysatoren oder Magnete. Eine Tonne Kobalt kostete 2011 im Durchschnitt rund 35.000 US-Dollar – im Verhältnis zu anderen Metallmärkten ist der Markt für Kobalt, von dem 2010 knapp 90.000 Tonnen gefördert wurden, mit einem Marktwert von rund drei Milliarden US-Dollar relativ klein. Wichtige Erzlagerstätten befinden sich in der Demokratischen Republik Kongo, Australien, Kuba, Neukaledonien, Sambia und Russland. Der Löwenanteil in Bezug auf Produktion und Reserven entfällt hierbei auf die Demokratische Republik Kongo.

Verglichen mit den vorhandenen Ressourcen ist die Förderung und Produktion von Kupfer in Sambia und dem Kongo (DRC) jedoch noch unterentwickelt. 2011 lag die weltweite Kupferförderung bei gut 16 Millionen Tonnen – mit einem Anteil von über einem Drittel dominiert Chile die globale Förderung. Nach Chile folgen Peru, China, USA und Indonesien. Zusammen produzieren diese fünf Länder über 60 Prozent des weltweit geförderten Kupfers. Weltweit folgt Sambia erst auf dem achten Platz, während die DRC nicht unter den Top-10-Produzenten vertreten ist.

Kupfer und Kobalt: Für Sambia und die DR Kongo die Haupteinnahmequelle

Etwas anders sieht das Bild bei Kobalt aus: Aus dem Kongo stammten 2011 über 50 Prozent des weltweit geförderten Metalls, gefolgt auf Platz 2 von Sambia. Zusammen produzieren die beiden Länder fast zwei Drittel der weltweiten Kobaltproduktion von knapp 90.000 Tonnen und verfügen über 50 Prozent der weltweit abbaubaren Reserven. Zusammen tragen die Förderung von Kupfer und Kobalt sowohl für Sambia als auch für die Demokratische Republik Kongo jeweils über zwei Drittel der gesamten Exporterlöse bei.

Chancen und Risiken im Kongo (DRC)

Die Demokratische Republik Kongo, ehemals Zaire, mit der Hauptstadt Kinshasa ist nach dem Sudan und Algerien das drittgrößte Land Afrikas und flächenmäßig etwa so groß wie zwei Drittel von Westeuropa. Nachbarländer sind die wesentlich kleinere, ehemals französische Republik Kongo, die Zentralafrikanische Republik, Sudan, Uganda, Ruanda, Burundi, Sambia, Tansania und Angola. Mit seinem Reichtum an Bodenschätzen wie Kupfer, Kobalt, Gold, Diamanten und anderen seltenen Mineralien ist der Kongo ein Musterbeispiel für die These vom „Ressourcen-Fluch".
Denn die rund 70 Millionen Einwohner der Demokratischen Republik Kongo zählen zu den Ärmsten der Welt. Im Human Development Index der Vereinten Nationen belegte die Demokratische Republik Kongo im Jahr 2011 den letzten Platz.
Der Kongo wurde am 1960 unter Präsident Kasavubu und dem populären Premierminister Patrice Lumumba von Belgien unabhängig. Einer Zeit großer Instabilität und mehrerer Militärinterventionen folgte unter Joseph Mobutu 1965 eine Diktatur, in dessen Verlauf Mobutu und die Eliten des Landes, jetzt Zaire, die Reichtümer

des Kongo systematisch plünderten. Das System kollabierte 1997, als Mobutu durch Laurent-Desire Kabila entmachtet wurde. Im Januar 2001 wurde Kabila unter ungeklärten Umständen von einem seiner Leibwächter ermordet und die Herrschaft ging auf seinen Sohn Joseph Kabila über. Trotz des offiziellen Endes des seit 1998 wütenden 2. Kongokrieges im Juli 2003 gibt es noch immer Konflikte im Land. Im Verlauf dieses „Afrikanischen Weltkriegs", an dem acht afrikanische Staaten und 25 bewaffnete Gruppen beteiligt sind, sterben über fünf Millionen Menschen: der bislang blutigste bewaffnete Konflikt seit dem Zweiten Weltkrieg. Das Regierungsamt übernahm Joseph Kabila nur wenige Monate vor seinem 30. Geburtstag, was ihn zum jüngsten Staatsführer der Welt machte. Der Staatsapparat arbeitet unzuverlässig, Korruption ist an der Tagesordnung. Die persönliche Bereicherung durch Regierungsämter ist seit Jahrzehnten üblich und hat das Land vor große Probleme gestellt. So transferierte der Mobutu-Clan ein Vermögen von mehreren Milliarden US-Dollar ins Ausland. Aber auch die aktuelle Präsidentenfamilie hat durch die Vergabe von staatlichen Bergbaulizenzen ein beträchtliches Vermögen angehäuft. Die Wahlen 2006 und 2011 bestätigten Kabila, heute 40 Jahre alt, als Staatsführer. Beide Wahlen waren von gewalttätigen Ausschreitungen überschattet und wurden von unabhängigen Wahlbeobachtern infrage gestellt.

Der Ressourcenreichtum des Kupfergürtels wurde bereits zum Ende des 19. Jahrhunderts entdeckt. Das Gebiet unterlag zu dieser

Zeit im Norden belgischer (Belgisch-Kongo) und im Süden britischer (Nordrhodesien) Herrschaft. Bereits in den 1960er-Jahren wurden in Sambia etwa eine Dreiviertelmillion Tonnen Kupfer pro Jahr gefördert. Doch der Verfall der Kupferpreise auf dem Weltmarkt stürzte die Region in den 1970er- und Ende der 1990er-Jahre in eine tiefe Krise. So sank die Kupferförderung in Sambia bis zum Jahr 2000 auf nur noch rund 250.000 Tonnen pro Jahr.

Sambia

Anfang der 1970er-Jahre war die **Zambia Consolidated Copper Mines** (ZCCM) unter dem Vorstandsvorsitz des Staatspräsidenten Kenneth Kaunda das größte Unternehmen Schwarzafrikas. Die ZCCM ist nicht nur im Kupferbergbau, sondern auch bei der Gewinnung von Kobalt, Blei und Zink die bestimmende Größe im Land. Im Rahmen der Privatisierung der sambischen Wirtschaft gingen die Aktivitäten der ZCCM in der 1999 gegründeten Zambia Consolidated Copper Mines Investment Holdings auf, die zu fast 90 Prozent in Staatsbesitz bleibt. Ziel der Investmentholding ist, eine Staatsbeteiligung an allen Bergbauprojekten im Land sicherzustellen.

Equinox baut die größte Kupfermine in Sambia und wird von Barrick Gold aufgekauft

1999 erwarb das australische Bergbauunternehmen **Equinox Minerals** die Lumwana-Kupfermine in der Nähe von Solwezi. Über die folgenden zehn Jahre entwickelte das Unternehmen die bis dato größte Kupfermine Sambias und drittgrößte Kupfermine auf dem gesamten afrikanischen Kontinent. Ende 2008 lief hier die Förderung von Kupfer, Kobalt und Uran an. 2011 stammte bereits fast ein Fünftel der gesamten Kupferförderung Sambias aus der Lumwana-Mine und die Kupferförderung in Sambia kletterte wieder über 700.000 Tonnen im Jahr.

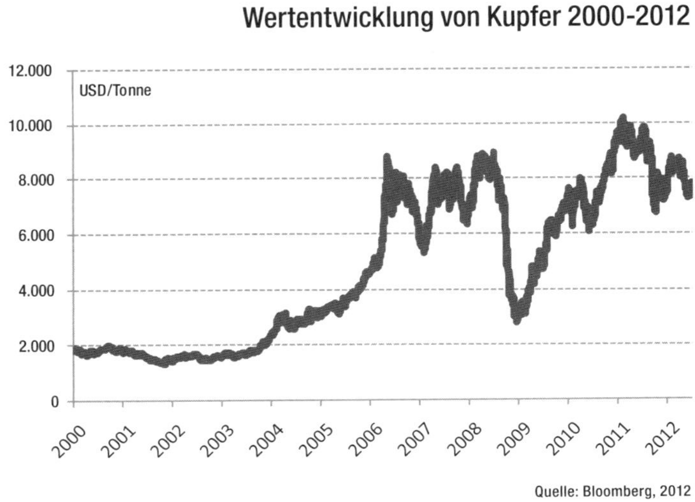

Im Frühjahr 2011 geriet Equinox ins Visier der staatlich kontrollierten **Minmetal Resources** – mit einem feindlichen Übernahmeangebot wollten die Chinesen die produzierende Kupfermine unter ihre Kontrolle bringen. In einem Bieterkampf übertrumpfte jedoch der weltweit größte Goldproduzent, die kanadische **Barrick Gold**, das Angebot der Chinesen. Für fast acht Milliarden US-Dollar erhält Barrick Gold den Zuschlag für Equinox Minerals, deren mit Abstand größtes Asset besagte Lumwana-Kupfermine im Kupfergürtel ist. Doch für die chinesische Minmetal Resources ist das letzte Wort noch nicht gesprochen. Im September 2011 unterbreiteten die Chinesen ein freundliches Übernahmeangebot für die kanadische **Anvil Mining** über 1,3 Milliarden US-Dollar. Die Kanadier sind seit 2002 im Kongo aktiv und förderten 2010 knapp 20.000 Tonnen Kupfer in der rund 30 Kilometer nördlich von Lubumbashi gelegenen Kinsevere-Mine. 2013 plant Anvil die Kupferförderung auf 60.000 Tonnen auszuweiten.

Günstigeres Wirtschaftsklima in Sambia

An die Demokratische Republik Kongo grenzt der afrikanische Binnenstaat Sambia, das ehemalige Nordrhodesien. Unter Kenneth Kaunda wurde das Land 1964 von der Kolonialmacht Großbritannien unabhängig. Im Vergleich zu den Nachbarländern ist Sambia ein politisch stabiles Land und verfügt mit Kupfer, Kobalt und Edelsteinen über reiche Bodenschätze. Mehrere Nationalparks und die Victoria-Wasserfälle machen das Land zudem für den Tourismus interessant. Rund 80 Prozent der Bevölkerung sind in der Landwirtschaft beschäftigt, aber der Export von Kupfer und Kobalt steuert beinahe 80 Prozent zu den gesamten Exporterlösen des Landes bei. 2010 und 2011 stieg die Förderung dieser beiden für Sambia wichtigen Rohstoffe deutlich an und beflügelte das Wirtschaftswachstum des Landes. Der *Economist* zählte Sambia Anfang 2011 im Hinblick auf das Jahr 2015 zu den zehn am schnellsten wachsenden Volkswirtschaften weltweit. Sambia vollzog 1990 den Übergang zum demokratischen Mehrparteiensystem und Frederick Chiluba löste den seit der Unabhängigkeit amtierenden Kenneth Kaunda als Staatspräsident ab. Seitdem war die Movement for Multi-Party Democracy (MMD) die bestimmende politische Partei Sambias. Nach zwei Amtszeiten löste Levy Mwanawasa 2001 den bisherigen Präsidenten im Amt ab, die MMD büßte jedoch an Zuspruch ein und Wahlbeobachter aus der EU beurteilten die Wahl als chaotisch und nicht fair. In der Wahl 2006 büßte die MMD endgültig den Status der dominierenden Partei gegen die United Democratic Alliance (UDA) und die Patriotic Front (PF) ein. Trotzdem wurde Mwanawasa für eine zweite Amtszeit wiedergewählt, das zweitbeste Resultat erreichte Michael Sata von der Patriotic Front, der die schlechten Arbeitsbedingungen unter den chinesischen Investoren im Land anprangert. Bei den Wahlen 2011 konnte sich Sata jedoch durchsetzen und wurde im September 2011 als neuer Staatspräsident vereidigt. Bezeichnet ist, dass nach dem Wahlkampf der Ton des Präsidenten gegenüber ausländischen und speziell chinesischen Investoren deutlich freundlicher geworden ist.

Der kanadische Bergbaukonzern **First Quantum Minerals**, dessen geschäftlicher Schwerpunkt auf der Förderung von Kupfer in Afrika liegt, verfolgt ehrgeizige Wachstumspläne in der Demokratischen Republik Kongo und in Sambia. Im Kongo war das Unternehmen jedoch nicht vom Glück verfolgt.

DR Kongo

Die Kamoto-Mine in der Nähe von Kolwezi ist das Herz der kongolesischen Bergbauprovinz Katanga – mehr als drei Millionen Tonnen Kupfer und über 300.000 Tonnen Kobalt werden hier vermutet. Alleine der aktuelle Marktwert der Kupferreserven macht fast 30 Milliarden US-Dollar aus.

Die Kupferminen von First Quantum werden vom Staat enteignet, aber andere Konzerne stehen Schlange, um im Kongo zu investieren

Im September 1990 stürzte der zentrale Teil des Bergwerks ein und begrub zahlreiche Bergleute; der Betrieb kam zum Stillstand. Unter der Mobutu-Diktatur wurde nicht neu investiert und das größte Bergwerk Katangas war dem Verfall preisgegeben.

Seit den späten 1990er-Jahren hatte die staatliche **Gécamines** den überwiegenden Teil ihrer Bergbauprojekte an internationale Minenkonzerne abgetreten, darunter die kanadische **First Quantum Minerals**. Die Kanadier investierten über 700 Millionen US-Dollar in Kolwezi, doch nach einer Revision der Bergbaulizenzen entzog die Regierung des Kongo im August 2009 dem kanadischen Unternehmen die Lizenz. Nachdem sich First Quantum nicht mit der Kabila-Regierung einigen konnte, entzog der oberste Gerichtshof dem Unternehmen ebenfalls die Lizenzen für die Frontier und

SAMBIA

Hauptstadt	Lusaka
Fläche (km^2)	752.618
Einwohnerzahl (Millionen)	14,3
Bruttoinlandsprodukt (BIP), in Mrd. USD	21,9
BIP pro Einwohner, in USD	1.533
Human Development Index (HDI)	164/187
Hauptexportgüter: Kupfer und Kobalt	

Quelle: UNDP, CIA World Factbook, Auswärtiges Amt 2012

DEMOKRATISCHE REP. KONGO (DRC)

Hauptstadt	Kinshasa
Fläche (km^2)	2.344.858
Einwohnerzahl (Millionen)	73,6
Bruttoinlandsprodukt (BIP), in Mrd. USD	25,2
BIP pro Einwohner, in USD	342
Human Development Index (HDI)	187/187
Hauptexportgüter: Kupfer und Kobalt, Gold, Diamanten	

Quelle: UNDP, CIA World Factbook, Auswärtiges Amt 2012

Lonshi-Minen – dies bedeutete eine Enteignung aller Besitztümer der Firma im Kongo, ein herber Schlag für das Unternehmen.

Doch die Risiken und Unwägbarkeiten im Kongo schrecken die internationalen Bergbaukonzerne nicht ab, denn zu verlockend sind die Gewinnaussichten des immensen Ressourcenreichtums des Landes. So verkündete der Bergbauminister Martin Kabwelulu Mitte 2012, die Kupferproduktion des Landes bis 2016 auf 1,5 Millionen Tonnen verdreifachen zu wollen. Zudem soll die Gesetzgebung angepasst werden, um die Abgaben sowie die Staatsbeteiligung an Bergbauprojekten erhöhen zu können.

Der amerikanische Bergbaukonzern **Freeport-McMoRan** arbeitet derzeit an einer Erweiterung der im März 2009 angelaufenen Förderung von Kupfer und Kobalt in der Demokratischen Republik Kongo. Zusammen mit der kanadischen **Lundin Mining** und der staatlichen Gécamines betreibt das in Phönix, Arizona, beheimatete Unternehmen Tenke Fungurume, das sich knapp 180 Kilometer nordwestlich von Lubumbashi in der Katanga-Provinz befindet.

Ebenfalls im Katanga-Kupfergürtel treibt das kleine australische Unternehmen **Tiger Resources** die Entwicklung einer Kupfer/Kobalt-Mine voran. 2011 lief die Förderung an und über die nächsten drei Jahre plant das Unternehmen eine Förderung von etwa 50.000 Tonnen Kupfer pro Jahr zu erreichen.

Vom Misserfolg der kanadischen First Quantum, deren Aktivitäten sich seit den Enteignungen im Kongo auf das Nachbarland Sambia konzentrieren, profitiert **Eurasian Natural Resources** (ENRC), der größte Bergbaukonzern Kasachstans. 2009 übernahm die Gesellschaft die Central African Mining & Exploration (Camec), die neben anderen Projekten in Afrika auch in der Katanga-Provinz im Kongo aktiv ist. In einer umstrittenen Transaktion erwarb ENRC die von der Regierung des Kongo enteigneten und vormals First Quantum Minerals gehörenden Vermögenswerte.

Anfang 2012 einigt sich ENRC mit First Quantum außergerichtlich über diese Transaktion und zahlt rund 1,2 Milliarden US-Dollar an die Kanadier – noch immer ein Schnäppchen für ENRC, wenn man bedenkt, dass 2009 Analysten die Vermögenswerte von First Quantum im Kongo mit über 2,5 Milliarden US-Dollar bewertet hatten.

Und auch der weltgrößte Rohstoffhändler, die erst seit 2011 börsengelistete **Glencore**, ist neben Sambia vor allem im Kongo aktiv. Mehrheitlich besitzt der Konzern die Mopani-Kupfermine in Sambia und die separat in Kanada gelistete Katanga Mining. Katanga fördert im Kongo mit der Kamoto-Kupfermine und dem DRC Copper and Cobalt Project über 100.000 Tonnen Kupfer und rund 8.000 Tonnen Kobalt. Bis 2015 plant Glencore die Produktion auf über 300.000 Tonnen Kupfer und rund 30.000 Tonnen Kobalt auszuweiten. Daneben besitzen die Schweizer noch einen Minderheitsanteil an Mutanda in der Katanga-Provinz des Kongo, ein Kupfer/Kobalt-Projekt, dessen Förderkapazität im Jahr 2013 auf über 100.000 Tonnen Kupfer und rund 20.000 Tonnen Kobalt steigen soll.

Mit dem weltweit größten Eisenerzproduzenten, der brasilianischen **Vale** und dem chinesischen, staatseigenen Bergbaugiganten **Jinchuan Group**, liefern sich zudem zwei internationale Großkonzerne einen Bieterstreit um die im Verhältnis winzige Metorex. Das südafrikanische Unternehmen, dessen Hauptschwerpunkt im Kongo liegt, erhielt im April 2011 ein Übernahmeangebot der Brasilianer über 1,1 Milliarden US-Dollar. Die Chinesen konterten darauf mit 1,4 Milliarden US-Dollar und erhielten Anfang 2012 den Zuschlag. Vale hat in diesem Streit den Kürzeren gezogen, doch plant das Unternehmen, innerhalb der nächsten fünf Jahre über zwölf Milliarden US-Dollar in Afrika zu investieren.

Machtkampf im Kongo

Um den Ressourcenreichtum des Kongo tobt seit vielen Jahren ein Machtkampf zwischen den drei gerissensten Geschäftsleuten des afrikanischen Kontinents: George Forrest, Billy Rautenbach und Dan Gertler. Forrest ist der große alte Mann des kongolesischen Bergbaus und Chef der Forrest Group. Anfang 2004, wenige Monate nach Kriegsende im Kongo, schlossen Forrest und Kinross Gold mit der Regierung einen Joint-Venture-Vertrag über Kamoto ab: Die Kamoto Copper Company (später Katanga Mining). Rautenbach, Gründer der größten Transportfirma des südlichen Afrika, Wheels of Africa, und Freund des simbabwischen Präsidenten Mugabe, griff durch die britische Camec nach dem Juwel Katanga Mining. Doch nach einer kurzen Übernahmeschlacht musste er aufgeben: Die Regierung des Kongo kündigte an, die Bergbaulizenzen von Camec und Katanga (die den Bestimmungen von 2002 entsprechend erst 2004 vergeben wurden) zu überprüfen. Camec verstand den Wink und zog im September 2007 das Übernahmeangebot zurück. Rautenbach war zuvor auch Manager der staatlichen Gécamines, wurde jedoch durch Forrest abgelöst – eine intime Feindschaft verbindet die beiden Männer.
Der lachende Dritte ist der 1973 geborene Dan Gertler: Gerade einmal 30 Jahre alt, schloss er 2004 einen Joint-Venture-Vertrag mit der Regierung des Kongo zur Entwicklung von Kov (später das Unternehmen Nikanor). Kov (Kamoto-Virgule Oliveira) ist die einzige Mine in Katanga, die noch mehr Ressourcen aufweist als Kamoto. Mehr als 6,7 Millionen Tonnen Kupfer und 650.000

Tonnen Kobalt – doppelt so viel wie Kamoto – werden hier vermutet. Nach aktuellen Marktpreisen übersteigt der Wert dieser Ressourcen die Wirtschaftskraft von halb Afrika. Während die Abwehrschlacht von Katanga gegen Camec lief, kaufte Gertler durch Nikanor ebenfalls Anteile an Katanga auf. Neben Gertler ist in Nikanor ebenfalls Beny Steinmetz engagiert, einer der reichsten Männer Israels und wie Gertler ebenfalls Diamantenhändler. Anfang 2008 fusionierten Nikanor und Katanga Mining, Camec zog entgültig den Kürzeren. Neben dem entsprechenden Kleingeld bringt Gertler hervorragende Verbindungen mit: Er ist der Enkel des Gründers der Diamantenbörse in Israel, ein Freund Ariel Sharons und mit dem gleichaltrigen Präsidenten des Kongo, Joseph Kabila, versteht er sich auch hervorragend. Dies wird offensichtlich, als der Kongo 2009 die Vermögensgegenstände der kanadischen First Quantum enteignete und die Lizenzen für Kolwezi deutlich unter Wert an Dan Gertlers Highwind Properties übertrug. In nur wenigen Monaten fand sich ein interessierter Käufer: Die kasachische ENRC erwarb durch einen Einstieg bei Gertlers Unternehmen Comrose die begehrte Bergbaulizenz und stieg damit zum zweitgrößten Kupferförderer in Afrika hinter First Quantum auf. Und Dan Gertler verzehnfacht innerhalb eines halben Jahres sein eingesetztes Kapital.

Die gestiegene Nachfrage nach Kupfer über die vergangenen zehn Jahre, ausgelöst durch das rasante Wachstum der chinesischen Volkswirtschaft und die mangelnde Investitionsbereitschaft in neue Minen, führte zu einem deutlichen Anstieg der Preise. Der Preis für eine Tonne Kupfer überschritt 2011 das Niveau von

10.000 US-Dollar, während Kupfer in den 1990er-Jahren durchschnittlich lediglich 2.200 US-Dollar kostete.

Während der Preisanstieg von Kupfer fast ausschließlich auf das Wachstum Chinas zurückzuführen ist, liegt der Grund für die sprunghaft gestiegene Nachfrage nach Kobalt in neuen Anwendungsfeldern aus den entwickelten Volkswirtschaften. Über zwei Drittel der Nachfrage stammen aus den wachsenden Bereichen der Industrie-, Medizin- sowie der Umwelttechnik. Innovative Anwendungsfelder sind zum Beispiel Solarmodule, Brennstoffzellen oder Hybridfahrzeuge. Auch neuartige Metalllegierungen für die Hochtechnologie, von denen der überwiegende Teil im Triebwerksbau in der Luftfahrtindustrie eingesetzt wird, sorgen für einen steigenden Bedarf insbesondere an hochreinem Kobalt.

Kupfer und Kobalt – gefragte Rohstoffe in China und den Industrieländern

Lag der Bedarf der Industrieländer vor fünf Jahren noch bei etwa 60.000 Tonnen pro Jahr, ist er aktuell auf über 90.000 Tonnen gestiegen. Dieser stark wachsende Bedarf und die einseitige Abhängigkeit von der afrikanischen Förderung erklärt, warum Kobalt analog zu den Seltenen Erden für die Industrieländer zu einem strategisch wichtigen Rohstoff geworden ist.

Der Ressourcenreichtum der zentralafrikanischen Staaten Sambia und Kongo hat darum in den vergangenen Jahren nicht nur die Chinesen, sondern auch multinationale Konzerne ins Land gelockt, um diese verborgenen Schätze auszubeuten. Dass dies nicht ohne Risiko ist, zeigt unter anderem die Enteignung, die das kanadische Unternehmen First Quantum erleben musste. Aber auch die sonstigen politischen Risiken, zum Beispiel durch Unruhen und Umstürze, sind nicht zu vernachlässigen, zählen doch beide Staaten trotz ihres Rohstoffreichtums zu den ärmsten Ländern der Welt.

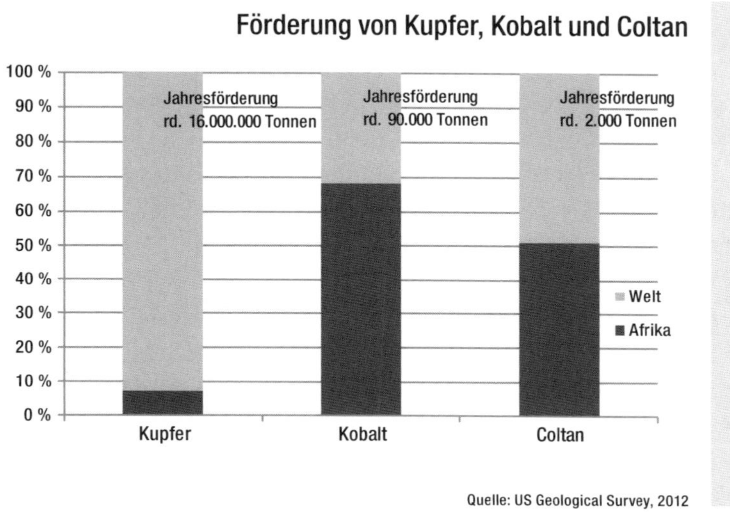

Während die Kupferreserven des Kongo und von Sambia insbesondere für das Wachstum der aufstrebenden Volkswirtschaften in Asien attraktiv sind, ist die Dominanz der beiden Länder bei der Belieferung der weltweiten Hightechindustrien mit Kobalt ein Grund zur Sorge für die Industrieländer. Eine noch ausgeprägtere Abhängigkeit existiert bei einem weiteren Rohstoff: Coltan.

Ebenso wie Kobalt ist Coltan ein unabdingbarer Rohstoff für die Hightechindustrie der entwickelten Volkswirtschaften. Coltan ist ein Kunstwort und steht für die Mineraliengruppe Columbit-Tantalit, die aus den Elementen Tantal und Niob besteht. Das aus dem Coltanerz gewonnene Tantal ist aus modernen elektrischen Geräten nicht mehr wegzudenken: Mehr als 60 Prozent des Metalls werden jedes Jahr für mehrere Milliarden Kondensatoren

Coltan aus Afrika – unverzichtbares Material für die Hightechindustrien des Westens

benötigt, die in Mobiltelefonen, Laptops, Spielekonsolen, Digitalkameras und Flachbildschirmen Verwendung finden. Weitere Anwendungen liegen in der Medizintechnik, der chemischen Industrie und in neuartigen Legierungen.

Pro Jahr werden lediglich 2.000 Tonnen Coltan gefördert – über die Hälfte des Erzes stammt aus Afrika, namentlich aus der Demokratischen Republik Kongo. Im Regenwald im Osten des Landes an der Grenze zu Ruanda und Uganda liegen rund 80 Prozent der weltweit bekannten Reserven des Materials. Einer der Hauptumschlagsplätze des noch primär durch Kleinschürfer gewonnenen Materials ist die Stadt Goma in der Nähe des Kivusees. Der über 2.500 km^2 große See liegt im ostafrikanischen Grabenbruch und bildet die Grenze zwischen der Demokratischen Republik Kongo und Ruanda.

Die Lage der Bodenschätze im Grenzgebiet von Kongo, Ruanda und Uganda führt bis heute zu gewalttätigen Auseinandersetzungen in der Region. Als nach dem Völkermord in Ruanda 1994 über eine Million Flüchtlinge aus Ruanda in den Kongo kamen, unter ihnen auch die für den Völkermord an den Tutsi verantwortlichen Hutu-Milizen, eskalierte der Konflikt in der Region. Im Kongo-Krieg zwischen 1998 und 2003 starben fast fünf Millionen Menschen und immer wieder kommt es zu Raubzügen der ruandischen Milizen. Nach Daten der Vereinten Nationen wurde etwa 80 Prozent des über 300 Milliarden US-Dollar umfassenden Militärbudgets Ruandas aus gestohlenen Rohstoffen des Kongo finanziert.

Coltan: Seit Jahrzehnten ein Quell blutiger Auseinandersetzungen

In dieser Zeit gründete die „Rassemblement Congolais pour la Démocratie“ (RCD) die Minengesellschaft der Großen Seen (SOMIGL), die das Monopol über den Coltanhandel ausüben soll.

Als Geschäftsführerin setzt die RCD die in der Region berüchtigte Aziza Gulamali Kulsum ein. Sie dominiert seit Jahren den Coltanhandel in der Region und gilt als eine der Hauptgeldgeberinnen der Hutu-Rebellen in Burundi. Sie ist eines der zentralen Glieder des lokalen Netzes aus Schmugglern und Waffenhändlern in der Region.

Der Coltanabbau führt zu wirtschaftlichen und sozialen Problemen. Auch die Umwelt wird stark in Mitleidenschaft gezogen

Als die Coltanpreise sich nach dem letzten großen Coltanboom vor gut zehn Jahren, bei dem die Preise sich von 80 auf über 400 US-Dollar verfünffachten, wieder beruhigten, zogen die Tutsis mit ihren Zwangsarbeitern ab und die Kindersoldaten der Maji-Maji traten an ihre Stelle.

Das Geschäftsmodell ist über die Jahre gleich geblieben. Im Dschungel im Osten des Kongo schürfen kleine Gruppen in Handarbeit das begehrte Metall – im Durchschnitt kann von einem Arbeiter so jeden Tag der Erde etwa ein Kilogramm abgerungen werden. Für eine Handvoll US-Dollar gelangt das Metall über zahllose Zwischenhändler in die Provinzstädte Goma und Kisangani oder wird von den Kindersoldaten der Maji-Maji erbeutet. Von hier wird das Coltanerz per Lastwagen über Ruanda nach Daressalam in Tansania transportiert, von wo aus die Fracht in alle Welt verschifft wird.

Die Arbeitsbedingungen sind dabei denkbar schlecht, Gewalt, Kinder- und Zwangsarbeit sind an der Tagesordnung. Weil im Kleinstbergbau trotzdem mehr Geld als in der Landwirtschaft verdient wird, verlassen viele Menschen ihre Felder und Lebensmittelknappheit ist die Folge. Die planlosen Bergbauaktivitäten in der Region haben auch zu gravierenden Umweltschäden geführt.

Die Rodung des Regenwaldes, die Verschmutzung von Flüssen und das Jagen der heimischen Tiere für die Verpflegung setzt unter anderem dem Kahuzi-Biéga-Nationalpark zu, der auf über 600.000 Hektar ein einmaliges zusammenhängendes Stück tropischen Regenwald bildet und der seit über 30 Jahren ein UNESCO-Weltnaturerbe ist. Die internationalen Medien prangern in diesem Zusammenhang unter anderem die Zerstörung des Lebensraumes der heimischen Berggorillas an. Im knapp 800.000 Hektar großen Virunga-Nationalpark leben nur noch weniger als 500 Exemplare, so Schätzungen der Umweltschutzorganisation Pro Wildlife.

Neben dem vorherrschenden lokalen Abbau verfolgt der Schweizer Rohstoffhandelsriese Glencore ehrgeizige Ziele im Coltanabbau in der Region. Bis 2015 plant das Unternehmen, über die Tochtergesellschaft Katanga Mining zum weltgrößten Förderer von Coltan aufzusteigen. Der Geschäftssinn der Schweizer deckt sich mit dem steigenden Bedarf: Mehrere Institute, unter anderem das Fraunhofer-Institut und die Bundesanstalt für Geowissenschaften und Rohstoffe, warnen bereits jetzt vor einem Engpass bei strategischen Metallen wie Coltan, der das Wachstum der Zukunftstechnologien in den Industriestaaten bremsen könnte.

KAPITEL 10

Bauxit und Aluminium – Wachstum in Afrika

Guinea, Ghana und Kamerun

Der Zugang zu günstiger Energie und die Verfügbarkeit von Bauxit sind die beiden wichtigsten Faktoren bei der Produktion von Aluminium. Das westafrikanische Guinea ist der größte afrikanische Bauxitlieferant und weltweit unter den Top 5 der Produzenten. Über die nächsten Jahre könnte aber auch die Förderung in Ghana und Kamerun stark wachsen, denn die Chinesen sind auf Einkaufstour.

„The Chinese aluminum industry has a structural problem that will not go away and that will lead to structural consequences."

– Klaus Kleinfeld, Chairman and CEO of Alcoa

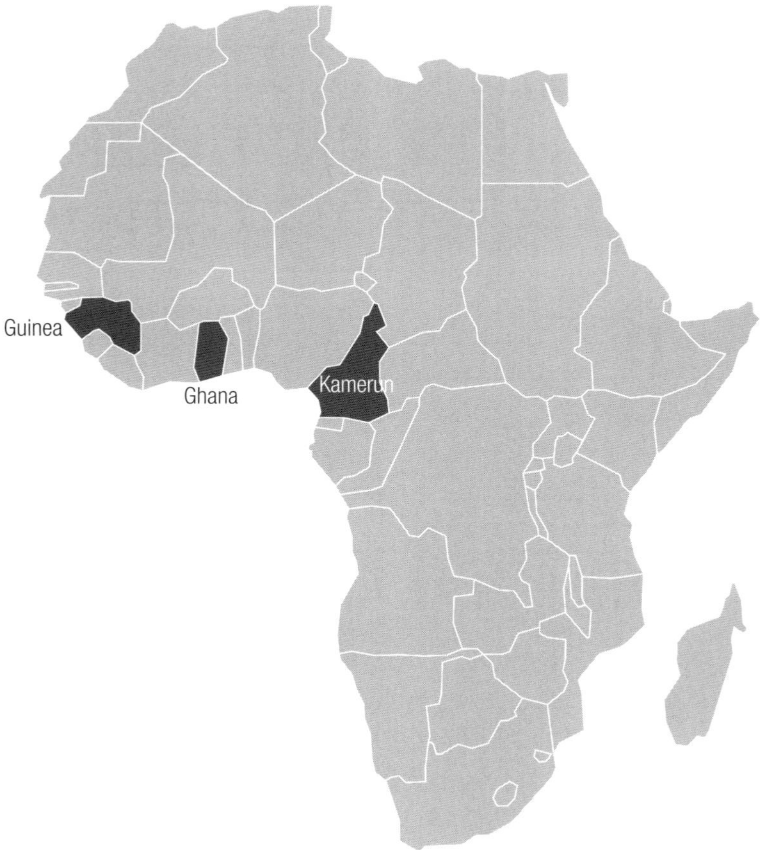
Guinea
Ghana
Kamerun

Bauxit ist der Stoff, aus dem Aluminium gemacht wird, der Rohstoff, der in entwickelten Volkswirtschaften zahlreiche Anwendungen wie im Fahrzeug- und Flugzeugbau, in der Bauwirtschaft, als Verpackungsmaterial oder in der Elektrotechnik findet. Aluminium ist beim Bau von Autos, Eisenbahnwaggons oder Flugzeugen nicht mehr wegzudenken. Im Alltag begleiten uns beispielsweise Getränkedosen und die viel genutzte Alufolie. 2011 wurden weltweit rund 40 Millionen Tonnen Aluminium hergestellt. Das dafür benötigte Bauxit, mehr als 200 Millionen Tonnen, wird überwiegend im Tagebau gefördert.

Das russische Unternehmen **Rusal** ist im Jahr 2000 durch die Fusion der Aluminiumsparten von Sibirsky Aluminium und Sibneft entstanden. Im März 2007 schloss sich Rusal mit dem russischen Konkurrenten Sual zusammen und übernahm die Aluminiumsparte des Schweizer Rohstoffhändlers Glencore. Die Mehrheit am Unternehmen hält weiterhin der russische Oligarch Oleg Deripaska. Durch diese Konsolidierung entstand der weltgrößte Produzent von Aluminium. Zweitgrößter Produzent ist nach der Übernahme der kanadischen Alcan der anglo-australische Bergwerkskonzern **Rio Tinto**, gefolgt von der amerikanischen **Alcoa**, der chinesischen **Chinalco**, der norwegischen **Norsk Hydro** und dem anglo-australischen Bergbaukonzern **BHP Billiton**. Zusammen kontrollieren diese sechs Konzerne knapp die Hälfte der weltweiten Aluminiumproduktion von rund 40 Millionen Tonnen.

Weltweit führende Aluminiumproduzenten auf der Suche nach Bauxit und günstigen Produktionsstandorten: Rusal, Rio Tinto, Alcoa, Chinalco, Norsk Hydro und BHP Billiton

In Afrika dominiert BHP Billiton die Aluminiumproduktion. In Südafrika und Mosambik werden jährlich rund 800.000 und 550.000 Tonnen Aluminium hergestellt. Mit zusammen rund

360.000 Tonnen folgen die Länder Ägypten, Kamerun und Nigeria. Diese fünf Länder stehen zusammengenommen für rund fünf Prozent der weltweiten Aluminiumproduktion, was in etwa vergleichbar ist mit der jährlichen Aluminiumproduktion der USA. In Mosambik ist BHP Billiton zusammen mit Mitsubishi am Aluminiumkonzern Mozal beteiligt. In Südafrika betreibt der angloaustralische Konzern zwei Aluminiumschmelzereien in Natal. Anfang 2012 kündigte BHP Billiton jedoch an, die jährliche Produktion wegen Schwierigkeiten bei der Energieversorgung drosseln zu müssen.

Bauxit – Aluminiumoxid (Alumina) – Aluminium

Bauxit wird im Tagebau gewonnen. Der Rohstoff wird in Druckbehältern mit Natronlauge erhitzt, wodurch Aluminiumoxid (auch Tonerde oder Alumina genannt) entsteht. Bei rund 1000 °C wird das Aluminiumoxid geschmolzen und durch Elektrolyse wird schließlich Aluminium gewonnen. Fast 50 Prozent der Produktionskosten entfallen dabei auf Energie. Wegen des hohen Stromverbrauchs bei der Herstellung von Aluminium wurden in den vergangenen Jahren zahlreiche Produktionsanlagen in Ländern mit Zugang zu preiswerter Energie aufgebaut. Hierunter fallen zum Beispiel die Vereinigten Arabischen Emirate, Bahrain, Venezuela, Island und Brasilien.

Aus vier Tonnen Bauxit können etwa zwei Tonnen Aluminiumoxid gewonnen werden, aus denen wiederum mit hohem Energieaufwand etwa eine Tonne Aluminium entsteht. Eine Tonne Aluminium reicht beispielsweise aus, um etwa 60.000 Cola- oder Bierdosen herzustellen.

Aluminium büßt durch Recycling kaum an Qualität ein, weswegen das Material weltweit die höchsten Wiederverwendungsraten aufweist. Etwa drei Viertel des jemals hergestellten Aluminiums sind deswegen noch heute im Umlauf. Die internationale Recyclingrate liegt bei über 60 Prozent, für einige Anwendungen und in einigen Ländern steigen diese Werte auf über 90 Prozent an. Bei der Aufbereitung können im Vergleich zur Primär-Aluminiumerzeugung rund 90 Prozent der Energiekosten eingespart werden.

Mit einem Marktanteil von fast 40 Prozent ist die Volksrepublik China der weltweit größte Aluminiumproduzent und gleichzeitig auch der größte Verbraucher des Materials. Dabei verbraucht China nicht nur einen Großteil der eigenen Produktion, sondern

Wertentwicklung von Aluminium 2000-2012

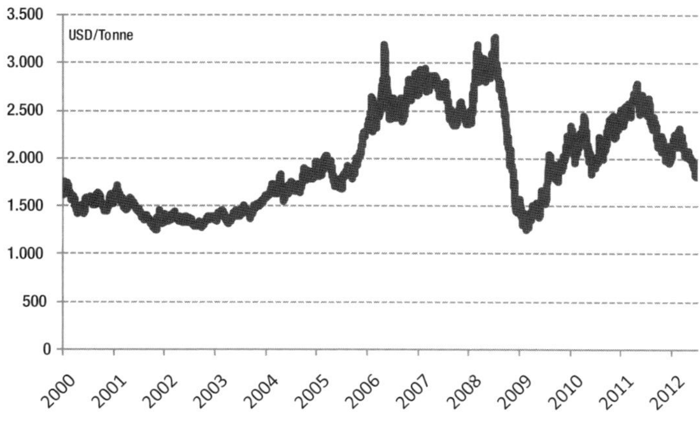

Quelle: Bloomberg, 2012

ist innerhalb der letzten zehn Jahre zu dem mit Abstand größten Konsumenten auf den Weltmärkten herangewachsen.

Mit deutlichem Abstand folgen in der Produktion Russland, Kanada, Australien und die USA. Zusammen vereinen diese fünf Länder einen Anteil von rund zwei Dritteln der Weltproduktion. Der Export von Aluminium ist aufgrund des energieintensiven Herstellungsprozesses indirekt auch ein Export von Energie. Dies ist insbesondere für China ein limitierender Faktor bei der inländischen Aluminiumproduktion.

Die großen Aluminiumkonzerne stehen vor zwei Herausforderungen: erstens der Zugang zu günstiger Energie und zweitens die Sicherung der Verfügbarkeit von Bauxit. Neue Vorkommen liegen auch hier oft auf dem afrikanischen Kontinent.

Afrika unter den Top 5 der Bauxitlieferanten weltweit

Nach Daten des **US Geological Survey** wurden 2010 weltweit knapp 210 Millionen Tonnen Bauxit gefördert. Die fünf mit deutlichem Abstand zu den nachfolgenden Produzenten größten Förderländer dieses Rohstoffes für die Aluminiumherstellung sind Australien, China, Brasilien, Indien und Guinea. Zusammen kommen diese fünf Länder auf einen Marktanteil von fast 85 Prozent.

Aus dem westafrikanischen Guinea stammen knapp zehn Prozent der weltweiten Bauxitförderung. Kleinere afrikanische Produzentenländer sind Sierra Leone, Ghana, Tansania und Mosambik. Guinea dominiert aber nicht nur mit über 90 Prozent die gesamte afrikanische Förderung, in dem Land liegt auch über ein Drittel der weltweiten Bauxitreserven. In Afrika verfügt sonst lediglich Kamerun über nennenswerte Bauxitreserven, die jedoch noch unentwickelt sind.

Sierra Leone förderte 2010 rund eine Million Tonnen Bauxit, etwa ein halbes Prozent der weltweiten Produktion. **Sierra Minerals**

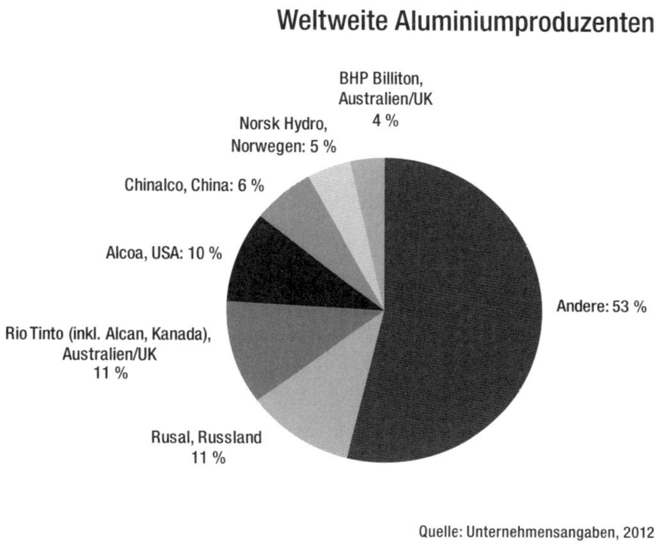

Holdings ist einer der größten Arbeitgeber in Sierra Leone und das einzige Unternehmen, das Bauxit im Land abbaut. Bekannte Lagerstätten befinden sich auf der Freetown-Halbinsel, im Pujehun-Distrikt im Süden sowie im Norden des Landes bei Kamakwie und Makumre. Nochmals deutlich kleiner fällt die Bauxitförderung in Ghana, Tansania und Mosambik aus, die zusammen knapp eine halbe Million Tonnen fördern.

Ghana – dank China auf dem Sprung nach vorne

Trotz der in Ghana reichlich vorhandenen Bauxitlagerstätten wird heute nur ein kleiner Anteil der Vorkommen bei Awaso durch die **Ghana Bauxite Corporation** abgebaut. Größere Bauxitlager liegen in Akim-Abuakwa, auf dem Kwahu-Plateau und in Asante. Das bisher größte Vorkommen mit geschätzten 200 Millionen Tonnen förderbarem Bauxit liegt westlich von Kumasi.

GUINEA

Hauptstadt	Conakry
Fläche (km²)	245.857
Einwohnerzahl (Millionen)	10,6
Bruttoinlandsprodukt (BIP), in Mrd. USD	4,6
BIP pro Einwohner, in USD	437
Human Development Index (HDI)	178/187
Hauptexportgüter: Bauxite, Alumina, Gold, Agrargüter	

Quelle: UNDP, CIA World Factbook, Auswärtiges Amt 2012

KAMERUN

Hauptstadt	Yaounde
Fläche (km²)	475.440
Einwohnerzahl (Millionen)	19,7
Bruttoinlandsprodukt (BIP), in Mrd. USD	44,3
BIP pro Einwohner, in USD	2.250
Human Development Index (HDI)	150/187
Hauptexportgüter: Rohöl, Aluminium, Agrargüter	

Quelle: UNDP, CIA World Factbook, Auswärtiges Amt 2012

GHANA

Hauptstadt	Accra
Fläche (km²)	238.533
Einwohnerzahl (Millionen)	24,8
Bruttoinlandsprodukt (BIP), in Mrd. USD	62,0
BIP pro Einwohner, in USD	2.500
Human Development Index (HDI)	135/187
Hauptexportgüter: Gold, Diamanten, Kakao, Rohöl, Bauxit/Aluminium, Holz	

Quelle: UNDP, CIA World Factbook, Auswärtiges Amt 2012

Die Aluminiumschmelzerei bei Tema, rund 40 Kilometer von der Hauptstadt Accra entfernt, operierte im Jahr 2011 aufgrund der mangelnden Energieversorgung mit lediglich 20 Prozent ihrer möglichen Kapazität von rund 200.000 Tonnen Aluminium pro Jahr. Betrieben wird die Anlage durch die Volta Aluminium Corporation.

Anfang 2005 einigten sich der amerikanische Aluminiumkonzern **Alcoa** und die Regierung von Ghana auf eine Wiederaufnahme des Bauxitabbaus in Kibi und Nyinahin im Osten Ghanas. Für die weitere Entwicklung des Projekts ist der Bau einer Aluminiumfabrik, die Wiederaufnahme der vollen Produktionskapazität der Tema-Schmelzerei und der Ausbau des Schienensystems sowie die Sicherstellung einer ausreichenden Energieversorgung nötig. Alcoa ist mit einem Anteil von 80 Prozent Mehrheitseigentümer an der Ghana Bauxite Company, die restlichen 20 Prozent sind im Staatsbesitz. Im Zuge der Übernahme durch Rio Tinto trennte sich der Konzern jedoch von seinen Aktivitäten in Ghana. Auf der Käuferseite stehen wie so oft die Chinesen: Die **Bosai Minerals Group** übernahm die 80 Prozent Beteiligung an der Ghana Bauxite Company und verfolgt ehrgeizige Zukunftspläne. In einem ersten Schritt investierte Bosai Minerals über eine Milliarde US-Dollar. In 2014 soll schließlich die Förderung von bis zu 1,5 Millionen Tonnen Bauxit pro Jahr anlaufen.

Guinea – der führende afrikanische Bauxitproduzent

Guinea zählt zu einem der rohstoffreichsten Länder Afrikas – die Exporte von Rohstoffen machen mehr als 80 Prozent der gesamten Exporterlöse des Landes aus. Neben der Förderung von Gold und Diamanten sowie dem Aufbau der Förderung von Eisenerz ist Guinea einer der weltweit größten Produzenten von Bauxit. Die verfügbaren Vorkommen an Bauxit werden auf über zehn Milliarden Tonnen geschätzt, was rund einem Drittel der weltweiten Reserven entspricht. Diese lagern in den Minen rund um Kindia, Fria und Boké. Im Süden des Landes bei Boké fördert die größte Bauxitmine der Welt den begehrten Rohstoff.

Gegenwärtig wird Bauxit in Guinea von drei Gesellschaften abgebaut: **Compagnie des Bauxites de Guinee, Compagnie des Bauxites de Kindia** und **Friguia**. Aufgrund des Energie- und Infrastrukturmangels wird jedoch nur ein kleiner Teil des geförderten Bauxits im Land weiterverarbeitet. 2011 wurde publik, dass die Volksrepublik China beabsichtigt, im großen Maßstab in die Bauxitproduktion des westafrikanischen Landes einzusteigen.

China investiert bis zu zehn Milliarden US-Dollar in Bauxitprojekte in Guinea

Die **China Power Investment Corporation** verhandelte mit der Regierung über ein Investment über zehn Milliarden US-Dollar in

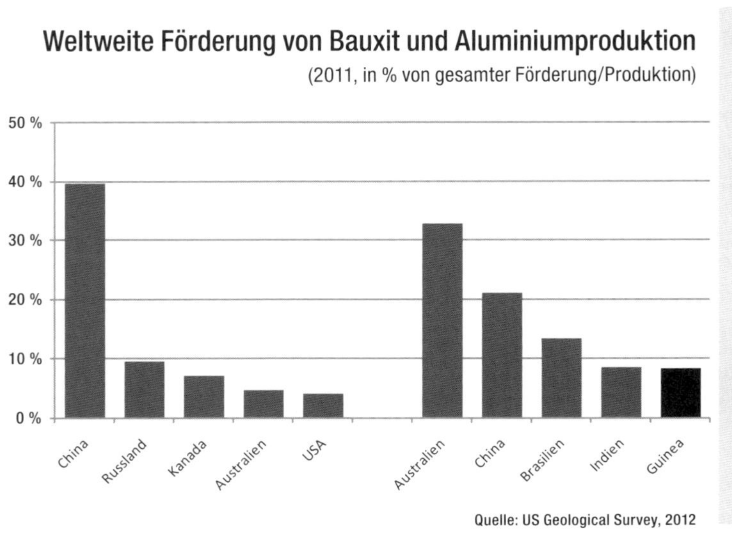

der guineischen Region Boffa. Neben der nötigen Infrastruktur inklusive einem Kraftwerk und einem modernen Hafen sollen hier Anlagen entstehen, die in einer ersten Phase vier Millionen Tonnen Aluminiumoxid produzieren. Die Verarbeitungskapazität könnte in einer zweiten Phase auf acht Millionen Tonnen pro Jahr verdoppelt werden. Allein die erste Projektphase würde die aktuelle Produktion von Friguia um das Sechsfache übertreffen und auf einem vergleichbaren Niveau wie Compagnie des Bauxites de Guinee liegen.

Einen Schritt weiter sind bereits die Russen. 2011 begann der weltweit führende Aluminiumproduzent, die russische Rusal, mit der Bauxitexploration des Dian-Dian-Projekts. Etwa 350 Kilometer von der Hauptstadt Conakry entfernt vermutet Rusal abbaubare Vorkommen von rund einer Milliarde Tonnen Bauxit. Für den Aufbau eines Tagebaus veranschlagte das Unternehmen bisher Kosten von über fünf Milliarden US-Dollar. Rusal ist mit fast 2.500 Beschäftigten bereits der größte ausländische Arbeitgeber in Guinea und deckt etwa 40 Prozent seines Bauxitbedarfs aus dem westafrikanischen Land.

Das zentralafrikanische Kamerun grenzt an Nigeria, den Tschad, die Zentralafrikanische Republik, die Republik Kongo, Gabun und Äquatorialguinea. Nach den Ölfunden der vergangenen Jahre ist der Öl- und Gassektor für Kamerun sehr wichtig geworden – zu den weiteren natürlichen Ressourcen des Landes gehören neben Erdöl auch Bauxit, Eisenerz, Kaffee, Bananen, Kautschuk, Holz, Gold und Diamanten. Das Land profitierte von einer jahrelang recht liberalen Wirtschaftspolitik. Doch ein Problem stellt die, selbst im afrikanischen Vergleich, ausufernde Korruption dar.

Findet in Kamerun eine Aufholjagd statt?

Seit dem China-Afrika-Gipfel 2006 ist das Interesse der Volksrepublik China an Kamerun und seinen Rohstoffen spürbar gestiegen.

Zahlreiche chinesische Unternehmen sind in Kamerun tätig und der Handel mit China hat in den letzten Jahren deutlich angezogen.

Positive Entwicklung in Kamerun

Den Namen Kamerun verdankt das zentralafrikanische Land dem Erfindungsreichtum der portugiesischen Entdecker des 15. Jahrhunderts, die die Ländereien nach den reichen Krabbenvorkommen im Fluss Wuri benannten (Rio de Camarões, Krabbenfluss). Nach deutscher Schutzherrschaft wurde Kamerun Ende des 19. Jahrhunderts eine deutsche Kolonie. Nach dem Ersten Weltkrieg fiel Kamerun an den Völkerbund, der das Mandat zur Verwaltung des Landes an Großbritannien und Frankreich vergab. Bis in die späten 1950er-Jahre kam es häufig zu Unruhen im Land und der Ruf nach Unabhängigkeit wurde lauter. 1960 wurde der französische Teil des Landes nach einer Volksabstimmung und dem Auslaufen des UN-Mandates unabhängig. Der Norden des britischen Mandatsgebiets schloss sich nach einer Volksabstimmung Nigeria an, der südliche Teil schloss sich 1961 dem Staat Kamerun an. Der vom Ministerpräsidenten zum kamerunischen Staatspräsidenten aufgestiegene Fulbe Ahmadou Ahidjo errichtete eine blutige Diktatur und ließ jede unabhängige Meinungsäußerung unterdrücken. Mithilfe verdeckter und offener französischer Unterstützung und brutaler Repression gelang es Ahidjo, sein Regime zu festigen. Hierzu gründete er die Einheitspartei Union Nationale Camerounaise (UNC), die später Rassemblement démocratique du Peuple Camerounais beziehungsweise Cameroon People's Democratic Movement (RDPC) genannt wird. Anfang der 1980er-Jahre musste Staatspräsident Ahidjo zurücktreten und die Macht ging an den bisherigen Premierminister Paul Biya über. Als zweiter Präsident Kameruns versprach Biya mehr Demokratie und soziale Gerechtigkeit. Tatsächlich wurden in den 1990er-Jahren auch Oppositionsparteien zu den Wahlen zugelassen und die Pressefreiheit wurde ausgeweitet. Die bislang letzten Wahlen fanden im Oktober 2011 statt. Paul Biya, inzwischen 78 Jahre alt, trat erneut an und wurde mit über drei Viertel aller Stimmen für weitere sieben Jahre im Amt bestätigt.

An beiden Ufern des Sanaga leben in der Stadt Edéa in Kamerun rund 120.000 Menschen. Der Stadt kommt zugute, dass sie am Verbindungsweg zwischen der Hafen- und Wirtschaftsmetropole Douala und der Hauptstadt Yaoundé liegt. Darüber hinaus prägen die Stadt ein großes Aluminiumschmelzwerk sowie ein beeindruckendes Wasserkraftwerk, welches die nötige Energie für die Schmelzerei liefert. Die Betreibergesellschaft **Alucam** (Aluminium du Cameroun) ist das größte Unternehmen des Landes und produziert rund 75.000 Tonnen Aluminium pro Jahr für den Export.

Kamerun – attraktive Bauxitlagerstätten warten auf ihre Entwicklung

Das hierfür nötige Bauxit stammt aus dem benachbarten Guinea. Denn obwohl Kamerun über große Bauxitvorkommen verfügt, werden für deren Entwicklung hohe Investitionen in die Infrastruktur benötigt, die bislang ausgeblieben sind.

Im abgelegenen nördlichen Teil des Landes sind mit Minim-Martap und Ngaouanda zwei Bauxitlagerstätten nachgewiesen, die zusammen über eine Million Tonnen wirtschaftlich abbaubares Bauxit enthalten.

Cameroon Alumina, ein Joint Venture zwischen Dubai Aluminium, der indischen Hindalco Industries und der amerikanischen Hydromine, plant hier ab 2014 zwischen 4,5 und neun Millionen Tonnen Bauxit pro Jahr abzubauen und Anlagen zur Herstellung von Aluminiumoxid mit einer Kapazität zwischen 1,5 und drei Millionen Tonnen pro Jahr zu errichten. An Kosten veranschlagt das Unternehmen über fünf Milliarden US-Dollar – was einem Zehntel der gesamten jährlichen Wirtschaftsleistung von Kamerun entspricht –, denn die Bauxitlager befinden sich über 500 Kilometer vom nächsten Hafen entfernt.

Auch die Chinesen haben Kamerun entdeckt: Die chinesische **Gansu Corporation** arbeitet an der Erschließung von Bauxitvorkommen von rund zwei Milliarden Tonnen. Die nötigen Investitionen und stabile politische Rahmenbedingungen vorausgesetzt, hat Kamerun das Potenzial, bei der Förderung und Verarbeitung von Bauxit über die nächsten Jahre zu Guinea aufzuschließen.

KAPITEL 11

Sonne, Strand und Meer – Der Abbau von Mineralsanden

Südafrika, Madagaskar, Mosambik, Senegal, Sierra Leone und Kenia

Von der Öffentlichkeit unbemerkt vervielfachten sich die Preise im exotischen Rohstoffsegment der mineralischen Sande in den vergangenen Jahren. Mangelnde Investitionen in neue Abbaumöglichkeiten und boomende Bau- und Infrastruktur-Investitionen in Asien katapultieren die Preise in neue Höhen und schaffen Anreize, neue Förderungsprojekte zu erschließen. Während Südafrika bereits eine bedeutende Größe auf den Weltmärkten darstellt, liegt die Mehrzahl der weltweit neu zu erschließenden Projekte an den Küsten der Sub-Sahara-Region Afrikas.

„Output from a number of existing mines is reducing and will take considerable time for new mines to be developed that will make up for the shortfall."

– Tony McCluskey, Kenmare Resources

Für die Produzenten von mineralischen Sanden wie Ilmenit, Rutil oder Zirkon ist 2012 ein goldenes Jahr. Trotz Krise in Europa und weltweiter Wachstumsabschwächung schließen sie Verträge mit ihren Kunden, die im Durchschnitt mehr als dreimal so viel zahlen müssen als noch vor einem Jahr. Im Rohstoffsegment sind Mineralsande (engl. mineral sands) den meisten Anlegern kaum bekannt, unter anderem weil sie nicht börsengehandelt sind und wenig offensichtlich ist, für welche Produkte sie gebraucht werden. Dennoch bilden sie eine kleine und äußerst lukrative Nische auf den weltweiten Rohstoffmärkten.

Mineralische Sande – ein profitabler Nischenmarkt im Rohstoffsegment

Die wichtigsten Rohstoffe in der Gruppe der mineralischen Sande sind Ilmenit, Rutil sowie Zirkon. Als Sonderform des Ilmenits werden auch Leukoxen sowie Magnetit, Kassiterit, Granat und Turmalin zu der Gruppe der mineralischen Sande gezählt.

Nach der Verwendung werden im Segment der Mineralsande zwei große Märkte unterschieden: Zirkon und Titandioxid

MADAGASKAR

Hauptstadt	Antananarivo
Fläche (km²)	587.041
Einwohnerzahl (Millionen)	22,3
Bruttoinlandsprodukt (BIP), in Mrd. USD	20,6
BIP pro Einwohner, in USD	924
Human Development Index (HDI)	151/187
Hauptexportgüter: Zucker, Kaffee, andere Agrargüter	

Quelle: UNDP, CIA World Factbook, Auswärtiges Amt 2012

MOSAMBIK

Hauptstadt	Maputo
Fläche (km²)	799.380
Einwohnerzahl (Millionen)	23,5
Bruttoinlandsprodukt (BIP), in Mrd. USD	24,20
BIP pro Einwohner, in USD	1.029
Human Development Index (HDI)	184/187
Hauptexportgüter: Aluminium, Zucker, Kaffee, Baumwolle, andere Agrargüter	

Quelle: UNDP, CIA World Factbook, Auswärtiges Amt 2012

SENEGAL

Hauptstadt	Dakar
Fläche (km²)	196.722
Einwohnerzahl (Millionen)	13,0
Bruttoinlandsprodukt (BIP), in Mrd. USD	25,47
BIP pro Einwohner, in USD	1.964
Human Development Index (HDI)	155/187
Hauptexportgüter: Rohöl, Fisch, Baumwolle, andere Agrargüter	

Quelle: UNDP, CIA World Factbook, Auswärtiges Amt 2012

KENIA

Hauptstadt	Nairobi
Fläche (km²)	580.367
Einwohnerzahl (Millionen)	43,0
Bruttoinlandsprodukt (BIP), in Mrd. USD	34,80
BIP pro Einwohner, in USD	809
Human Development Index (HDI)	143/187
Hauptexportgüter: Rohöl, Tee, Kaffee, Blumen, Fisch und andere Agrargüter	

Quelle: UNDP, CIA World Factbook, Auswärtiges Amt 2012

(TiO_2). Ilmenit und Rutil gehen als Vorprodukte in die Gewinnung von Titandioxid ein. Aufgrund seiner extremen Temperaturbeständigkeit wird Zirkon in der Keramik, in Beschichtungen und Ummantelungen, Implantaten sowie Maschinenteilen verwendet. Titandioxid ist heute mit Abstand das wichtigste weiße Pigment und findet vielfältige Anwendung zum Beispiel in Wand- und Druckfarben, in der Textilindustrie oder zur Färbung von Kunststoffen. Auch in der Kosmetik wird es aufgrund seiner Verträglichkeit oft bei Lippenstiften, Cremes, Schminken oder Puder eingesetzt. Neben der Hauptverwendung als Pigment ist Titandioxid zudem das Ausgangsprodukt zur Herstellung von Titan, das wiederum als strategischer Rohstoff in vielen hochtechnologischen Feldern eingesetzt wird. Dementsprechend fragen die Regionen Nordamerika, Europa und China einen Großteil des weltweit verfügbaren Titandioxids nach. Der Markt für Mineralsande ist im Vergleich zu anderen industriell geförderten Rohstoffen sehr klein: 2011 lag die weltweit geförderte Menge von Zirkon bei rund 1,5 Millionen Tonnen und die weltweit produzierte Menge von Titandioxid bei knapp sieben Millionen Tonnen. Zwei Drittel der Vorprodukte für Titandioxid und von Zirkon stammen aus Australien, Nordamerika und Südafrika. Mehr als zwei Drittel des weltweit produzierten Titandioxids werden von fünf Unternehmen verarbeitet, wobei neben dem Marktführer DuPont (USA) noch die Unternehmen Cristal Global (Saudi-Arabien), Huntsman (USA), Kronos (USA) und Tronox (USA) zu den weltweit größten Verarbeitern gezählt werden.

Mineralische Sande werden meistens in Strandregionen gewonnen

Mineralische Sande wie Rutil, Zirkon und Ilmenit lagern sich oft in Küstengebieten ab, wo sie aus Strandseifen und marinen Seifen durch Gezeiten, Meeresströmungen, Wind und Veränderungen des Meeresspiegels entstanden sind und sich als Sedimente abgelagert haben. Daher werden diese Schwermineralien meistens in Strandregionen gewonnen. Auf eine Tonne Sand kommen in diesen Gebieten bis zu 50 Prozent Zirkon, bis zu 60 Prozent Ilmenit oder bis zu 25 Prozent Rutil.

Ausbleibende Investitionen in die Erschließung neuer Lagerstätten in den vergangenen Jahren haben das Marktgleichgewicht zuletzt deutlich gestört. Einer der Gründe für die mangelnde Erschließung neuer Förderstätten liegt neben zu geringen Rohstoffpreisen in der industriellen Herstellung von Titandioxid begründet. Hierfür sind zwei Verfahren gebräuchlich. Im vorwiegend bei Ilmenit angewendeten Sulfatverfahren entsteht verdünnte Schwefelsäure (Dünnsäure), die früher überall und in einigen Ländern heute noch immer unbehandelt in Flüsse oder Meere geleitet wird. Bei der Gewinnung mittels des Chloridverfahrens, wofür neben Ilmenit häufig auch Rutil und TiO_2-Schlacke verwendet werden, entsteht keine Dünnsäure und das verwendete Chlor bleibt weitgehend im Prozesskreislauf.

Ilmenit und Rutil werden zu Titandioxid verarbeitet, das hauptsächlich für Pigmente verwendet wird, während Zirkon überwiegend für Fliesen und Keramik benötigt wird

Ein weiterer wichtiger Grund, der das Marktgleichgewicht neben der fehlenden Erschließung neuer Lagerstätten und der somit weltweit stagnierenden Produktionsmenge stört, liegt in einer deutlich anziehenden Nachfrage insbesondere in China und Indien. Hier sind es insbesondere die boomende Bauwirtschaft und die Investitionen in Infrastruktur, die die Nachfrage steigen lassen. Die Preise für Zirkon haben sich alleine seit 2010 fast verdoppelt und die Preise für Rutil und Ilmenit sind im gleichen Zeitraum um mehr als 250 beziehungsweise 330 Prozent gestiegen. Da diese Rohstoffe nicht börsengehandelt sind, ging diese Entwicklung fast unbemerkt an den meisten Anlegern vorbei.

Preisentwicklung bei mineralischen Sanden, 2000-2012

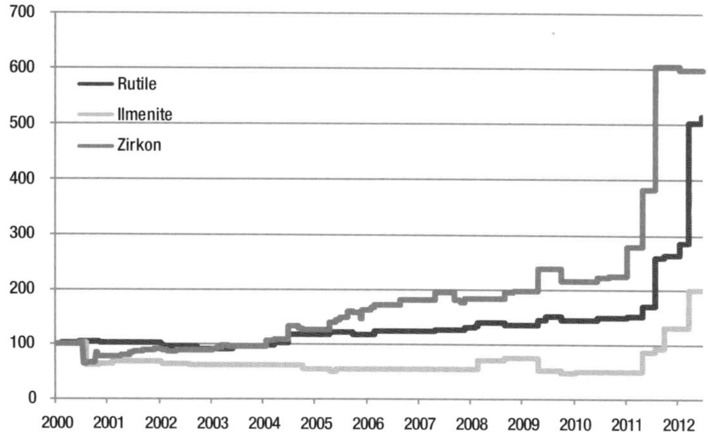

Quelle: Bloomberg 2012, Daten indexiert (30.12.199 = 100)

Nicht unbemerkt ist die deutliche Verteuerung von mineralischen Sanden an einigen Unternehmen des Bergbausektors vorbeigegangen, die aufgrund der Verteuerung der Rohstoffe nun bestrebt sind, ihre bestehende Produktion auszuweiten, oder versuchen, neue Lagerstätten zu erschließen. Während in Afrika als Produzentenland vor allem Südafrika eine dominante Rolle auf der weltweiten Bühne spielt, wird es hingegen die Sub-Sahara-Region sein, in der über die kommenden zwei bis drei Jahre die meisten neuen Förderprojekte weltweit realisiert werden.

Südafrika steht für ein Drittel der weltweiten Mineralsandförderung, aber bei neu zu erschließenden Projekten haben andere Länder in Afrika wie Madagaskar und Mosambik die Nase vorn

Die drei führenden Unternehmen der Branche sind der anglo-australische Bergbaukonzern **Rio Tinto**, die

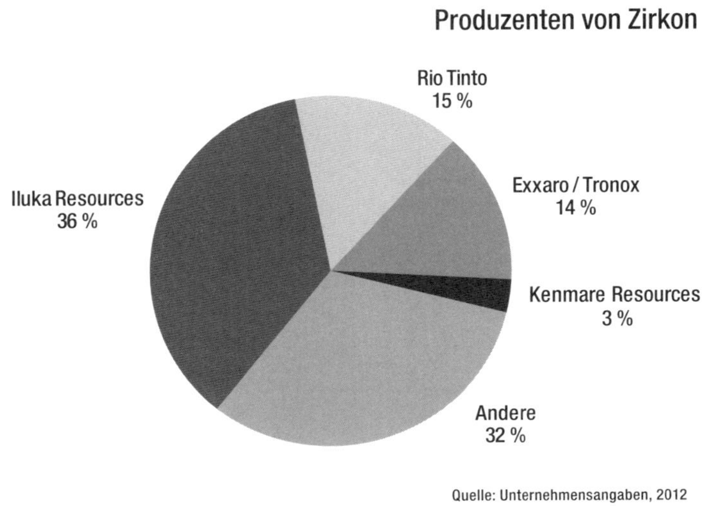

australische **Iluka Resources** und der südafrikanische Konzern **Exxaro**, von dem die amerikanische Tronox 2012 die Geschäftssparte der mineralischen Sande übernommen hat. Zusammen kommen diese drei Unternehmen auf einen Marktanteil bei der Förderung von Zirkon von knapp 66 Prozent und bei der Förderung der Titandioxid-Vorprodukte von rund 50 Prozent des Weltmarktes.

> Iluka Resources ist das größte unabhängige und auf diese Materialien spezialisierte Unternehmen

Die australische Iluka Resources ist der weltweit größte auf das Segment mineralische Sande spezialisierte Förderer von Titandioxid-Vorprodukten und Zirkon. Das Unternehmen baut mineralische Sande in Australien und den USA ab. Darunter fallen Abbaugebiete im Eucla Basin, Perth Basin und Murray Basin in Australien sowie im amerikanischen Bundesstaat Virginia.

Analog zur Förderung von anderen Metallen nimmt der anglo-australische Bergbaukonzern Rio Tinto auch bei mineralischen Sanden eine führende Stellung ein. Jedoch liegt der Umsatzanteil dieses Geschäftsfeldes am gesamten Unternehmensergebnis bei weniger als fünf Prozent. Rio Tinto fördert Ilmenit in der Nähe von Havre-Saint-Pierre in der kanadischen Provinz Quebec und betreibt zusammen mit BHP Billiton ein Joint Venture zur Förderung von Rutil, Zirkon und Roheisen in Südafrika: Richards Bay Minerals. Im Frühjahr 2012 kündigte BHP Billiton an, im Laufe des Jahres seinen Anteil an Richards Bay Minerals an Rio Tinto zu veräußern und sich aus dem Geschäft mit mineralischen Sanden zurückzuziehen. Daneben investierte Rio Tinto seit 2005 knapp eine Milliarde US-Dollar in den Aufbau einer Förderung von mineralischen Sanden im Südosten von Madagaskar. An dem hierfür gegründeten Unternehmen QIT Madagaskar Minerals ist die Regierung des Landes zu 20 Prozent beteiligt. Mitte 2009 lief hier die Verschiffung von Ilmenit über den neu gebauten Hafen von Ehoala an. Der aktuelle Tagebau Mandena, nördlich von Fort-Dauphin, soll eine Abbaukapazität von rund 750.000 Tonnen erreichen. Spätere Ausbauphasen bei Ste-Luce und Petriky eingerechnet soll die jährliche Produktion auf über zwei Millionen Tonnen steigen. Ebenfalls in Madagaskar entwickelt das australische Explorationsunternehmen **World Titanium Resources** das Toliara-Sands-Projekt im Südwesten des Landes. Die Ranobe-Mine im Projektgebiet soll ab 2013 rund 400.000 Tonnen Ilmenit und etwa 50.000 Tonnen Rutil und Zirkon pro Jahr fördern und über den nördlich gelegenen Hafen von Toliara verschiffen.

Der dritte große Produzent von mineralischen Sanden ist das südafrikanische Bergbauunternehmen **Exxaro**. Das Unternehmen baut in Südafrika Kohle, Eisenerz und neben anderen Metallen auch mineralische Sande ab. Im Sommer 2012 übernimmt die australische, aber in den USA börsengelistete Tronox den Geschäftsbereich

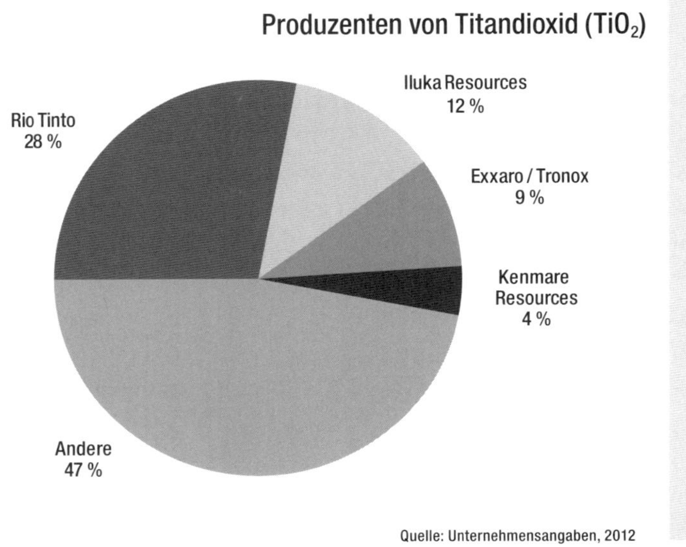

mineralische Sande von Exxaro. Die Südafrikaner bekommen im Gegenzug eine Beteiligung von fast 40 Prozent an dem Unternehmen.

Tronox als Verarbeiter von mineralischen Sanden steigt mit der Akquisition zum weltweit größten vertikal integrierten Produzenten von Titan und Titandioxid auf. Das Unternehmen betreibt in Südafrika das Namakwa-Sands-Projekt an der Westküste und KZN Sands in der Nähe von Richards Bay. In Australien fördert Tronox mineralische Sande aus der Cooljarloo-Mine, rund 170 Kilometer von Perth entfernt. Mit der Übernahme verdrängt Tronox die nicht-börsengelistete Cristal Global auf den zweiten Platz der vertikal integrierten Produzenten von Titan und Titandioxid. Das Unternehmen aus Saudi-Arabien hatte 2008 den damaligen fünftgrößten Produzenten von mineralischen Sanden, die australische BeMax Resources, übernommen. Als weiterer Verarbeiter dieser Materialien verbleibt die amerikanische **Titanium Metals**, deren Produkte hauptsächlich in der Luftfahrtbranche eingesetzt werden.

In Mosambik betreibt die in London gelistete **Kenmare Resources** die Moma-Mine. Derzeit arbeitet das Unternehmen an der Erweiterung seiner Abbaukapazitäten mit dem Ziel, die Förderung von Ilmenit auf 1,2 Millionen Tonnen pro Jahr zu steigern und die Produktion von Rutil auf über 20.000 Tonnen sowie von Zirkon auf 80.000 Tonnen zu steigern. Die ebenfalls in London gelistete und wesentlich kleinere Pathfinder Minerals eruiert ein weiteres Projekt in Mosambik, dessen Produktionsstart – eine erfolgreiche Finanzierung vorausgesetzt – jedoch nicht vor 2014 stattfindet.

Mosambik und Madagaskar – keine Paradiese auf Erden

Mosambik ist ein Staat in Südostafrika und grenzt an Tansania, Malawi, Sambia, Simbabwe und Südafrika. Die Straße von Mosambik im Indischen Ozean trennt das Land vom benachbarten Madagaskar. Unter dem Druck des bewaffneten Kampfes der Freiheitsbewegung FRELIMO (Frente da Libertação de Moçambique) erlangte Mosambik 1975 die Unabhängigkeit von Portugal. Danach versank das Land in einem 16-jährigen Bürgerkrieg zwischen der sozialistischen FRELIMO und der unter anderem von Simbabwe, Südafrika und den USA unterstützten anti-kommunistischen RENAMO (Resistência Nacional Moçambicana), währenddessen die Wirtschaft komplett zusammenbrach. Mit dem Ende des Kalten Krieges wendete sich die FRELIMO 1989 vom Marxismus ab und die 1990 aufgestellte Verfassung garantiert freie Wahlen, ein Mehrparteiensystem und freie Marktwirtschaft. 1992 wurde mit der Unterzeichnung eines Friedensvertrages zwischen FRELIMO und RENAMO der Bürgerkrieg offiziell für beendet erklärt und eine UNO-Friedenstruppe überwachte die Demokratisierung des Landes. 1994 fanden die ersten demokratischen Wahlen statt, in denen die alte Regierung ihre Position festigte und die RENAMO die parlamentarische Opposition bildete. Die letzten Parlaments- und Präsidentschaftswahlen fanden Ende 2009 statt, in denen der amtierende Präsident Armando Guebuza von der FRELIMO im Amt bestätigt wurde. Mosambik verfügt über bedeutende Rohstoffreserven, zum Beispiel Steinkohle, Bauxit, Eisenerz, Gold, Titan und Tantal, die jedoch noch wenig genutzt werden. Über 80 Prozent der Erwerbstätigen Mosambiks sind in der Landwirtschaft tätig, zu deren Haupterzeugnissen Zuckerrohr, Cashewnüsse, Baumwolle, Bananen, Tabak, Tee und Zitrusfrüchte gehören.

Madagaskar zählt ebenso wie das benachbarte Mosambik noch immer zu den ärmsten Ländern der Welt. Neben Rohstoffen exportiert das Land verschiedene Agrargüter wie Zucker, Kaffee oder Fischereiprodukte, ist aber trotzdem selbst auf den Import von Lebensmitteln angewiesen. Die ehemalige französische Kolonie erlangte 1960 die Selbstständigkeit, jedoch wurde die erste Republik schon bald von einer Militärdiktatur abgelöst. Nach großen Unruhen in der Bevölkerung errichtete Didier Ratsiraka 1975 ein sozialistisches Regime, das weite Teile der Wirtschaft verstaatlichte. Insbesondere die Verstaatlichungen im Agrarsektor führten zu wiederholten Engpässen bei der Versorgung mit Grundnahrungsmitteln. Erst 1992 wurde Ratsiraka durch eine breite Oppositionsbewegung gezwungen, seine Macht zu beschränken. Bei den Präsidentschaftswahlen 2001 kam es zu bürgerkriegsähnlichen Zuständen. Marc Ravalomanana wurde zum neuen Präsidenten ernannt und der bisherige Präsident musste fliehen. Ein Militärputsch 2006 scheiterte und Ravalomanana wurde für eine weitere Amtszeit vereidigt. Im Frühjahr 2009 kam es abermals zu einem Umsturz infolge von Protesten gegen die persönliche Bereicherung und Ausplünderung des Landes durch die Regierung und den Präsidenten. Dem Bürgermeister von Antananarivo, Andry Rajoelina, gelang es, das Militär auf seine Seite zu ziehen und die Macht zu ergreifen. Ravalomanana dankte ab und flüchtete ins Exil. Seitdem hält sich die international nicht anerkannte und demokratisch nicht legitimierte Regierung unter Rajoelina in Madagaskar an der Macht.

Im Sommer 2011 ging die französische Bergbaugruppe **Eramet** ein Joint Venture mit dem australischen Explorationsunternehmen **Mineral Deposits** ein, um zusammen die Förderung von Mineralsanden an der Küste von Senegal voranzutreiben. Ab Ende 2013 könnte bei dem Projekt zwischen der Halbinsel Cap Vert und Saint-Louis die Förderung beginnen. Bei voller Kapazität könnten hier über 500.000 Tonnen Ilmenit und etwa 80.000 Tonnen Zirkon pro Jahr gefördert werden. Die Kosten für das Grand-Côte-Projekt veranschlagen die beiden Unternehmen auf rund 500 Millionen US-Dollar. Mit der Umsetzung dieses Projektes würde die australische Mineral Deposits zum

Weiteres Wachstum im Senegal, Sierra Leone und Kenia absehbar

fünftgrößten Förderkonzern für Mineralsande nach Rio Tinto, Iluka, Exxaro/Tronox und Kenmare aufsteigen.

Weitere zukünftige Abbaugebiete von Mineralsanden liegen in der Sierra Leone und in Kenia. Die in London gelistete **Sierra Rutile** erweitert derzeit eine bereits bestehende Förderung von Rutil auf rund 65.000 Tonnen pro Jahr und fördert daneben auch kleinere Mengen an Zirkon und Ilmenit. In Kenia verfolgt die australische **Base Resources** ebenfalls ehrgeizige Wachstumsziele im Mineralsandsektor. Neben anderen Explorationszielen in Australien hat das Unternehmen für das Kwale-Projekt in Kenia 2011 eine Machbarkeitsstudie abgeschlossen. Über zwei Projektphasen könnte hier ab 2014/2015 eine Förderung von über einer halben Million Tonnen Ilmenit und etwa 130.000 Tonnen Rutil und Zirkon entstehen.

KAPITEL 12

Plantagenwirtschaft und Landnahmen – Die dunkle Seite der Landwirtschaft in Afrika

Äthiopien, Südsudan und Madagaskar

Die Landwirtschaft ist nicht nur für viele afrikanische Länder ein bedeutender Wirtschaftsfaktor. Spätestens seit der Lebensmittelkrise von 2007/2008 sind sowohl internationale Konzerne als auch Staaten auf der Suche nach günstigem und verfügbarem Ackerland. Sowohl bei der Anzahl als auch bei der Größe der abgeschlossenen langfristigen Pachtverträge liegt der afrikanische Kontinent im Fokus internationaler Investoren.

„No one should believe that these investors are there to feed starving Africans."

– Obang Metho, Solidarity Movement for New Ethiopia

Die Sektoren Energie, Bergbau und die für diese Sektoren nötige Infrastruktur vereinen den Großteil der ausländischen Investitionen in Afrika. Einzelne afrikanische Länder sind hochgradig abhängig vom Export von Öl und Gas oder von Erzeugnissen des Bergbausektors wie Gold, Platin, Diamanten oder Kupfer. Hierüber wird jedoch oft vergessen, welche Rolle die Landwirtschaft in Afrika spielt. Nach Angaben der Weltbank macht die Produktion landwirtschaftlicher Erzeugnisse in Afrika im Durchschnitt 30 Prozent der gesamten Wirtschaftskraft aus, während der weltweite Durchschnitt bei kaum mehr als fünf Prozent liegt. Zudem sind noch immer mehr als zwei Drittel aller Beschäftigten im Agrarsektor tätig. Dies zeigt die enorme wirtschaftliche Bedeutung des Sektors für Afrika.

Aber die Landwirtschaft ist nicht nur für die jeweiligen Länder von großer Bedeutung, bei einzelnen für den Export vorgesehenen Agrargütern, sogenannten Cash-Crops wie Kakao, Kaffee, Baumwolle, Tee, Zucker oder Tabak, spielt Afrika auch an den internationalen Agrarmärkten eine bedeutende Rolle.

Landwirtschaft in Afrika – Export von „Cash-Crops"

Aus Afrika stammen beispielsweise mehr als zwei Drittel des weltweit geernteten Kakaos. Der Löwenanteil entfällt dabei auf die beiden Länder Elfenbeinküste und Ghana, gefolgt von Nigeria und Kamerun.

Den Kaffee-Anbau dominieren Länder wie Brasilien, Vietnam, Indonesien und Kolumbien. Das ostafrikanische Äthiopien ist aber der weltweit fünftgrößte Kaffee-Exporteur und aus Afrika stammen gut zehn Prozent des weltweit konsumierten Kaffees. Kaffee wird in 25 afrikanischen Staaten angebaut und für viele Länder wie Äthiopien, Uganda, Ruanda oder Kenia ist er eine der wichtigsten Devisenquellen.

ÄTHIOPIEN

Hauptstadt	Addis Abeba
Fläche (km²)	1.104.300
Einwohnerzahl (Millionen)	91,2
Bruttoinlandsprodukt (BIP), in Mrd. USD	94,8
BIP pro Einwohner, in USD	1.010
Human Development Index (HDI)	174/187
Hauptexportgüter: Kaffee, Gold, andere Agrargüter	

Quelle: UNDP, CIA World Factbook, Auswärtiges Amt 2012

SÜDSUDAN

Hauptstadt	Juba
Fläche (km²)	644.329
Einwohnerzahl (Millionen)	10,6
Bruttoinlandsprodukt (BIP), in Mrd. USD	n. a.
BIP pro Einwohner, in USD	n. a.
Human Development Index (HDI)	n. a./187
Hauptexportgüter: Rohöl	

Quelle: UNDP, CIA World Factbook, Auswärtiges Amt 2012

MADAGASKAR

Hauptstadt	Antananarivo
Fläche (km²)	587.041
Einwohnerzahl (Millionen)	22,3
Bruttoinlandsprodukt (BIP), in Mrd. USD	20,6
BIP pro Einwohner, in USD	924
Human Development Index (HDI)	151/187
Hauptexportgüter: Zucker, Kaffee, andere Agrargüter	

Quelle: UNDP, CIA World Factbook, Auswärtiges Amt 2012

Nach China und Indien ist Kenia der größte Produzent und weltgrößte Exporteur von Tee. Mehr als ein Viertel des weltweit exportierten Tees stammt aus dem afrikanischen Land und trägt mehr als 15 Prozent zu den gesamten Exporterlösen bei. Kleinere afrikanische Produzentenländer sind Malawi, Uganda und Tansania. Nach dem Export von Tee ist noch vor dem Tourismus der Export von Schnittblumen die wichtigste Devisenquelle für Kenia. Nach einem rasanten Wachstum in den letzten Jahren hat sich Kenia mit einem Marktanteil von rund 25 Prozent noch vor Kolumbien und Israel zum größten Exporteur von Schnittblumen entwickelt. Rund zwei Drittel der exportierten Blumen gelangen in die Auktionshallen der Niederlande. Nach Kakao und Kaffee ist Baumwolle in Bezug auf die Deviseneinnahmen das bedeutendste Agrarexportgut. Etwa fünf Prozent der weltweit produzierten Baumwolle stammen aus Afrika. In Burkina Faso und weiteren west- und zentralafrikanischen Ländern leben etwa zehn bis 15 Millionen Menschen vom Baumwollanbau. Der Export von Baumwolle ist für viele afrikanische Produzentenländer ein bedeutender Wirtschaftsfaktor – in Burkina Faso stammen so noch heute mehr als 50 Prozent der Exporteinnahmen aus dem Verkauf von Baumwolle.

Brasilien dominiert den globalen Zuckermarkt mit einer jährlichen Ernte von über 40 Millionen Tonnen, von denen über 25 Millionen Tonnen exportiert werden. Nach Thailand, Indien und Australien folgt Afrika an fünfter Stelle mit einem Exportvolumen von knapp über zwei Millionen Tonnen. Von den in der „Southern African Development Community" zusammengefassten afrikanischen Ländern produzieren und exportieren Südafrika, Tansania, Swaziland, Sambia, Malawi, Mauritius, Zimbabwe und Mosambik Zucker. Auf Mauritius wird beispielsweise auf 70 Prozent der landwirtschaftlich nutzbaren Fläche Zucker angebaut. Der Zuckerexport ist für das Land neben dem Tourismus die wichtigste Einnahmequelle.

Nach China und Indien befinden sich mit Simbabwe und Malawi zwei afrikanische Länder unter den Top-10-Produzenten von Tabak. Zusammen vereinen die beiden Länder einen Anteil von rund 15 Prozent der weltweiten Tabakexporte. Erlöse aus dem Export von Tabak machen fast ein Viertel des gesamten Außenhandels von Malawi aus. Andere Anbauländer in Afrika sind Tansania, Mosambik, Uganda und Südafrika.

Keep on Rolling – Kautschuk

„African rubber is all over Southeast Asia."

– Reuters News

Der Boom der Rohstoffpreise trieb 2007 seltsame Blüten. Aufgrund der immensen Investitionen der großen Bergbauunternehmen in die Erschließung neuer Minen weltweit kam es zu einem Engpass an unerwarteter Stelle. Reifen für Spezialmaschinen wie Bagger, Radlader und Muldenkipper waren quasi ausverkauft, die Preise explodierten und Lieferzeiten von bis zu zwei Jahren waren die Regel. Die führenden Hersteller **Michelin**, **Goodyear** und **Bridgestone** haben den Bedarf, der von 2005 auf 2006 über zehn Prozent und im Folgejahr sogar um knapp 15 Prozent anstieg, schlichtweg unterschätzt. Die Reifen von im Tagebau eingesetzten Muldenkippern erreichen nicht selten einen Durchmesser von vier Metern. Das in der Bereifung eines Muldenkippers enthaltene Gummi würde genügen, um Reifen für rund 500 Pkw zu produzieren. Und die Reifenindustrie ist der Hauptabnehmer von Kautschuk, dem Vorprodukt von Gummi. Fast drei Viertel des weltweit produzierten Kautschuks gelangten in die Herstellung von Reifen. Der Anteil von Naturkautschuk an einem durchschnittlichen Reifen liegt trotz Spezialfasern und Hightech-Werkstoffen bei rund einem Viertel des gesamten Materialeinsatzes. Dabei liegt der Anteil von Naturkautschuk im weltweiten Verbrauch im Vergleich zu synthetischem Kautschuk bei annähernd der Hälfte. Es stammt überwiegend vom Hevea Brasiliensis, dem Kautschukbaum. Der Begriff Kautschuk kommt aus dem Indischen und leitet sich von „Träne des Baumes" ab. Durch die explosionsartig gestiegenen Anwendungsmöglichkeiten, die die Entdeckung der Vulkanisierung und damit des industriell gebräuchlichen Gummis durch Charles Goodyear im Jahr 1839 brachten, kam es in der zweiten Hälfte des 19. Jahrhunderts zu einem wahren Kautschukboom. Neben Brasilien boomte der Anbau in Form von Plantagen vor allem in den europäischen Kolonialländern in Asien und im tropischen Afrika. Die weltweite Produktion von Naturkautschuk, mehr als zehn Millionen Tonnen im Jahr 2011, dominiert Asien mit einem Marktanteil von rund 90 Prozent – Thailand und Indonesien sind die mit Abstand größten Kautschuk-Anbauländer, die zusammen fast 60 Prozent des weltweiten Angebots ausmachen. Afrika bestreitet knapp fünf Prozent der weltweiten Kautschukproduktion. Fast die Hälfte der afrikanischen Ernte stammt von der Elfenbeinküste, gefolgt von Liberia, Kamerun und Nigeria. Aufgrund der verfügbaren Flächen, des günstigen Klimas und den verfügbaren Arbeitskräften wird den afrikanischen Ländern für die Zukunft ein ideales Entwicklungspotenzial für die Ausweitung und

Kautschukpreise an der Warenterminbörse in Schanghai, 2003-2012

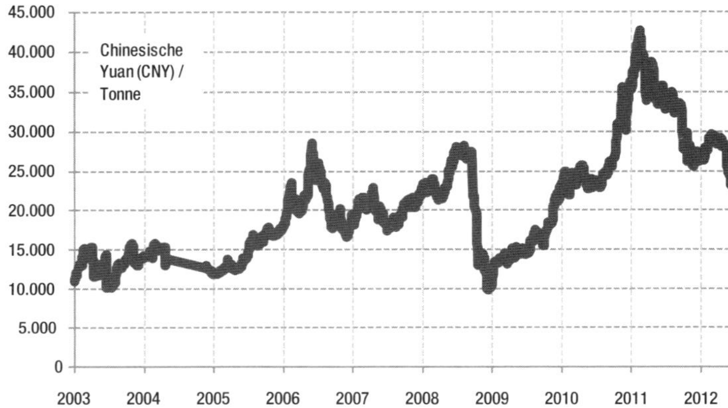

Quelle: Bloomberg 2012

den Aufbau von Kautschuk-Plantagen zugeschrieben. Der größte Kautschuk-Plantagen-Betreiber in Afrika ist die französische Gesellschaft „International Society of Rubber Plantations“ (SIPH), die in Westafrika sowohl eigene Plantagen besitzt als auch Kautschuk von unabhängigen Anbauern aufkauft.

Von den großen multinationalen Reifenherstellern sind in Afrika vor allem Michelin und Bridgestone mit eigenen Kautschuk-Plantagen vertreten. In Liberia baute der US-Reifenhersteller Firestone, der als Tochtergesellschaft seit 1988 zum japanischen Konkurrenten Bridgestone gehört, 1926 in Harbel die größte Kautschuk-Plantage der Welt. Mit der Regierung des Landes handelte das Unternehmen einen Pachtvertrag über eine Million Hektar Land für 0,06 US-Dollar je Hektar über

99 Jahre aus. 2005 erneuerte Firestone den Pachtvertrag mit der Übergangsregierung von Liberia über einen Zeitraum von 37 Jahre und eine Pacht von 0,50 US-Dollar je Hektar. Dem Unternehmen und seinen Lieferanten werden seit Jahren menschenunwürdige Arbeitsbedingungen und Kinderarbeit auf dieser Plantage vorgeworfen. Zudem verursacht die unsachgemäße Entsorgung von giftigen Chemikalien wie durch die Einleitung in den Farmington River nicht nur Umweltschäden, sondern auch gesundheitliche Belastungen für die angrenzenden Siedlungen. Auch heute noch zählt die Kautschuk-Plantage in Harbel zu den größten Arbeitgebern und Wirtschaftsunternehmen in Liberia. Während Bridgestone/Firestone ausschließlich in Liberia aktiv ist, unterhält der französische Michelin-Konzern Kautschuk-Plantagen in Nigeria, Côte d'Ivoire, Ghana und Benin. 2007 geriet das Unternehmen in die Schlagzeilen, als Umweltorganisationen Michelin Menschenrechtsverletzungen bei der Ausdehnung von Kautschuk-Plantagen in der Edo-Provinz im Südwesten Nigerias vorwarfen. Rund 3.500 Hektar Ackerland im Iguobazuwa Forest Reserve beanspruchte das Unternehmen, ohne die Nutzungsrechte der Anwohner zu berücksichtigen, die zudem von Polizeikräften eingeschüchtert wurden. Um Iguobazuwa herum leben etwa 20.000 Menschen, die bislang auf die landwirtschaftlichen Erträge aus diesem Gebiet angewiesen waren. Insgesamt werden in Nigeria rund 300.000 Hektar Fläche für den Anbau von Kautschuk genutzt, eine Fläche viermal so groß wie Berlin. Liberia ist mit rund 100.000 Hektar der zweitgrößte Kautschuk-Anbauer, gefolgt von der Elfenbeinküste mit etwa 70.000 Hektar. Doch die

Elfenbeinküste verfolgt ehrgeizige Wachstumspläne: Wurden im Jahr 2000 lediglich 100.000 Tonnen Kautschuk produziert, sollen 2015 rund 300.000 Tonnen erreicht werden. Bis 2025 soll die Produktion sogar auf über 600.000 Tonnen gesteigert werden, mehr als die gesamte afrikanische Produktion des Jahres 2011. Kautschuk ist zwar für die jeweiligen Länder eine wichtige Quelle für Deviseneinnahmen, doch ist kritisch anzumerken, dass für diese Flächen zugunsten großer Monokulturen natürliche Bepflanzungen gerodet werden müssen und diese Flächen auch nicht für die Produktion von Lebensmitteln zur Verfügung stehen.

„Agflation" – Das neue Schreckgespenst

Vor fünf Jahren tauchte ein neuer Sorgenfaktor für die Welt am Horizont auf: Weltweit verteuerten sich Nahrungsmittelpreise drastisch, was in vielen Ländern, insbesondere solchen Ländern, in denen Nahrungsmittel einen hohen Anteil der Konsumausgaben darstellen, zu Unruhen führte. Kostete Weizen Ende 2005 an den Weltmärkten beispielsweise deutlich weniger als vier US-Dollar pro Scheffel, stieg der Preis im Frühjahr 2008 auf über zwölf US-Dollar. Ein ähnliches Bild zeigte sich bei Mais: Ende 2005 stand der Preis bei etwas mehr als zwei US-Dollar je Scheffel, im Sommer 2008 mussten Käufer mehr als 7,50 US-Dollar bezahlen. Somit verteuerten sich die beiden Getreidesorten binnen weniger Monate um den Faktor von 3,5. Der Begriff der „Agflation", der Verteuerung von Agrargütern, machte die Runde. Auch wohlhabende Länder begannen sich Gedanken über die Versorgungssicherheit mit Grundnahrungsmittel zu machen.

Der Erwerb von landwirtschaftlichen Nutzflächen rückt in den Fokus

Die in den vergangenen Jahren zum Teil drastisch gestiegenen Nahrungsmittelpreise wirkten als Katalysator für das gestiegene Interesse von Investoren am Erwerb von Agrarflächen in Entwicklungs- und Schwellenländern. Im englischen Sprachraum hat sich der Begriff des „Land Grabbing", des Landraubes, als Umschreibung einer Art „Agro-Kolonialismus" etabliert. In der Regel treten auf der Käuferseite Länder, Konzerne und Finanzinvestoren auf, die an großen Ländereien vor allem in Entwicklungs- und Schwellenländern interessiert sind. Insbesondere Länder mit limitierten eigenen Land- und Wasserressourcen, aber ausreichend Kapital, wie die Staaten der Golfregion, China, Indien und Südkorea, sind in den letzten Jahren zunehmend aktiv geworden. Der mit Abstand größte Investor ist China gewesen: Das Land der Mitte hat in den letzten Jahren mehr als doppelt so viele Agrarflächen gekauft oder gepachtet wie der nächstgrößere Investor. Die Ziele sind, die Versorgung der eigenen Bevölkerung für die Zukunft zu sichern, der Anbau hochwertiger Agrarerzeugnisse für den Export und der Anbau nachwachsender Rohstoffe für die Produktion von Biokraftstoffen.

In China leben rund 20 Prozent der Weltbevölkerung, aber das Land verfügt über weniger als zehn Prozent des weltweit bestellbaren Ackerlandes. Zusätzlich geht die Ernährungs- und Landwirtschaftsorganisation der Vereinten Nationen (FAO) von einem Rückgang der landwirtschaftlichen Nutzflächen in China bis 2020 auf unter 130 Millionen Hektar aus. Wasserknappheit ist ebenfalls ein zunehmendes Problem. Im Vergleich dazu ist die Lage in Bahrain, Quatar und Saudi-Arabien, die unter die fünf Nationen mit der größten Wasserknappheit fallen, noch dramatischer. Die Staaten am Golf importieren schon jetzt rund 60 Prozent ihrer benötigten Lebensmittel.

Nach Studien unter anderem der internationalen Hilfsorganisation *Oxfam* verhandelten zwischen 2001 und 2012 internationale

Investoren um den Erwerb von rund 80 Millionen Hektar landwirtschaftlicher Flächen. Das entspricht mehr als den Agrarflächen von Deutschland, Frankreich, Großbritannien und Italien zusammengenommen. Vor allem die Regionen Afrika, Asien und Lateinamerika standen im Fokus der internationalen Investoren, jedoch liegt der eindeutige Fokus auf Afrika. Fast zwei Drittel aller in den vergangenen zehn Jahren bekannt gewordenen Landkäufe fanden auf dem afrikanischen Kontinent statt, in der Summe geht es um mehr als 50 Millionen Hektar Land.

Viele afrikanische Länder bieten sehr gute Voraussetzungen für den Agrarsektor: nutzbares Land, Wasser und günstige Arbeitskräfte. Die Ernährungs- und Landwirtschaftsorganisation der Vereinten Nationen (FAO) schätzt, dass Afrika über 60 Prozent der weltweit verfügbaren, aber noch unerschlossenen landwirtschaftlichen Flächen verfügt. Zum Beispiel verfügt der Sudan über 100 Millionen Hektar kultivierbares Ackerland, von dem weniger als 20 Prozent genutzt werden. Ähnlich sieht die Situation in der Demokratischen Republik Kongo aus: Das Land nutzt weniger als zehn Prozent seiner über 80 Millionen Hektar verfügbaren landwirtschaftlichen Flächen.

Palmölplantagen in Afrika

„We cannot just sit back and do nothing … other plantation players are looking at potential projects in Ghana, Ivory Coast and Cameroon."

– Mohd Bakke Salleh, CEO Sime Darby

Für 2012 prognostiziert das US-Landwirtschaftsministerium (USDA) einen Anstieg der Palmölproduktion auf über 50 Millionen Tonnen. Vor zehn Jahren lag die weltweite Produktion noch bei etwa der Hälfte dieses Volumens. Palmöl ist vor Sojaöl, Öl aus Raps- und Sonnenblumen-Saaten das weltweit am meisten gehandelte und produzierte Pflanzenöl. Die Hauptverwendung von Palmöl liegt in der Lebensmittelindustrie, jedoch wächst seit einigen Jahren die Verwendung als Biokraftstoff (Biodiesel) dynamisch an, was Palmöl in Zeiten hoher Energiepreise zu einem international begehrten Rohstoff macht. Biokraftstoffe sollen dazu beitragen fossile Energieträger zu schonen und den CO_2-Ausstoß zu verringern. Biodiesel aus Palmöl kommt dabei eine wichtige Rolle zu, denn der Energieertrag pro angebautem Hektar liegt mit 4-6 Tonnen Palmöl mehr als doppelt so hoch wie beispielsweise bei Raps. Indien und Indonesien sind die größten

Palmölpreise an der Warenterminbörse in Malaysia, 2000-2012

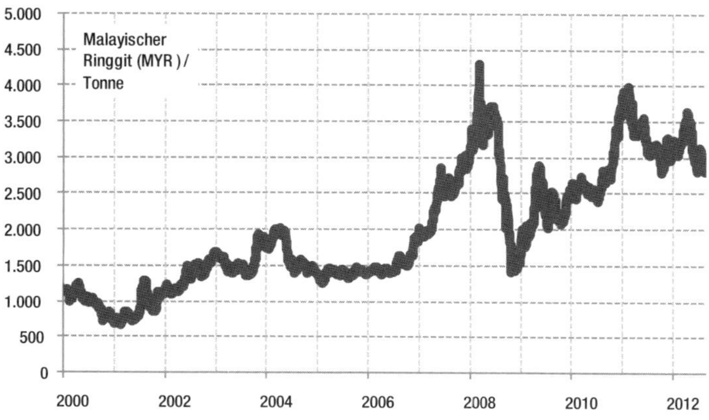

Quelle: Bloomberg 2012

Abnehmer von Palmöl, gefolgt von China und Europa. Zusammen verbraucht diese Ländergruppe mehr als die Hälfte des jährlich erzeugten Palmöls. Obwohl die Palmöl-Pflanze ursprünglich aus Westafrika stammt, dominieren heute Malaysia und Indonesien mit einem Marktanteil von knapp 90 Prozent die weltweite Produktion von Palmöl.

Vor rund 200 Jahren war Westafrika das Zentrum der Palmöl-Industrie. Im Zeitalter des Kolonialismus betrieben Europäer Palmöl-Plantagen in vielen Ländern West- und Zentralafrikas. Der überwiegende Anteil des zu exportierenden Palmöls mit einem schon damals dominierenden Anteil Nigerias stammte aus Britisch-Westafrika, das aus dem heutigen Ghana, Sierra Leone und Nigeria bestand. Bis Palmöl in den 1880er-Jahren von Kakao abgelöst wurde, war der Rohstoff das lukrativste Exportgut einiger westafrikanischer Länder wie Ghana und Nigeria. Ende des 19. Jahrhunderts führten die Briten die Palmöl-Pflanze in Malaysia ein und dank einer ausgedehnten Plantagenwirtschaft überholte Malaysia in den 1930er-Jahren Nigeria als größter Exporteur von Palmöl. Mit Nigeria und der Demokratischen Republik Kongo auf den Spitzenplätzen führte Afrika die weltweite Produktion und den Export von Palmöl bis Ende der ersten Hälfte des 20. Jahrhunderts weiter an. In den 1960er-Jahren übertrafen Malaysia und Indonesien erstmalig die gesamte afrikanische Palmöl-Produktion. Bis Indonesien 2007 erstmals mehr Palmöl produzierte, war Malaysia der weltgrößte Produzent und Exporteur des Rohstoffes.

Während noch zu Beginn der 1960er-Jahre Nigeria für über 40 Prozent der weltweiten Palmölproduktion verantwortlich war, hat das Land heute nur noch einen Anteil von knapp über fünf Prozent an der Weltproduktion. Neben lokalem Missmanagement, an dem das politische und wirtschaftliche Umfeld in Nigeria einen erheblichen Anteil hat, haben vor allem die Größenvorteile der Plantagenwirtschaft in Südostasien zu dieser Entwicklung beigetragen. Auch heute noch stammen mehr als 80 Prozent der nigerianischen Ernte von mehreren Millionen Kleinbauern, die über ein Anbaugebiet von 1,5 bis drei Millionen Hektar verstreut sind und die Ernte per Hand einbringen.

In Malaysia, dem zweitgrößten Produzentenland, schränkt die fehlende Verfügbarkeit von Ackerland das Wachstum neuer Palmöl-Plantagen bereits seit mehreren Jahren ein. Überraschend brachte Indonesien,

Internationale Agrarkonzerne und Palmölproduzenten

(nach Börsenplatz und Marktkapitalisierung)

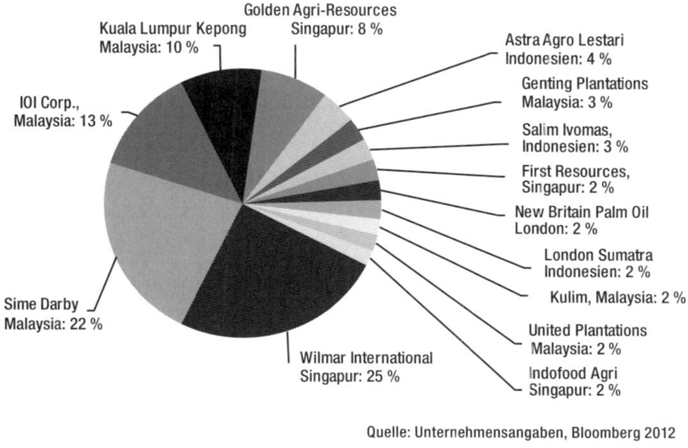

Quelle: Unternehmensangaben, Bloomberg 2012

das derzeit rund die Hälfte des weltweit benötigten Palmöls produziert, Anfang 2011 ein zunächst auf zwei Jahre begrenztes Moratorium für neue Palmöl-Plantagen auf den Weg, um die Regenwälder des Landes vor der drohenden Rodung zu schützen. Aufgrund dieser Entwicklung ist zu beobachten, dass die großen Palmöl-Produzenten Wachstumsprojekte außerhalb von Malaysia und Indonesien verfolgen. Hierbei rückt der afrikanische Kontinent einmal mehr in den Fokus der Investoren. Der nach Börsenwert (über 20 Milliarden US-Dollar) und nach Anbauflächen größte weltweite Palmöl-Anbauer, die in Malaysia gelistete **Sime Darby**, pachtete 2010 zum Beispiel 220.000 Hektar Land in Liberia für mehr als 60 Jahre und zieht eine weitere Investition über 300.000 Hektar in Kamerun zum Aufbau einer Palmöl-Industrie in Betracht. Konkurrenten wie **Sinar Mar**, **Olam International** und **Wilmar International** ziehen nach und verhandeln in Liberia, Gabon und Ghana. Mit einer Anbaufläche von über 400.000 Hektar in Indonesien ist **Golden Agri** der weltweit zweitgrößte Anbauer von Palmöl. Für den Gegenwert von rund 1,5 Milliarden US-Dollar kam im Jahr 2010 Golden Agri ebenfalls in Liberia zum Zug. Mit einer Anbaufläche von knapp 170.000 Hektar ist die britische **Equatorial Palm Oil** bereits in Liberia vertreten. Olam schloss 2010 bereits einen Pachtvertrag über 300.000 Hektar mit Gabon ab. Im noch immer von den Folgen des Bürgerkrieges erschütterten Liberia sind in der Summe mehr als fünf Prozent der Landmasse in den Händen von ausländischen Investoren, die Palmöl-Plantagen aufbauen. Dabei importiert das Land noch immer den überwiegenden Teil seiner Grundnahrungsmittel.

Im benachbarten Sierra Leone, das ebenfalls erst kürzlich einen Bürgerkrieg zu verkraften hatte, haben ausländische Konzerne Pachtverträge für mehr als eine halbe Million Hektar Land über mehrere Jahrzehnte abgeschlossen. Dies entspricht etwa zehn Prozent der Nutzflächen in Sierra Leone. Mehr als die Hälfte dieser Flächen ist für den Aufbau von Palmöl-Plantagen vorgesehen. In der DR Kongo hat die chinesische ZTE Agribusiness einen Pachtvertrag über 100.000 Hektar abgeschlossen, um Palmöl-Plantagen anzulegen. Der Pachtvertrag sieht eine Option auf eine Erweiterung auf eine Million Hektar vor. Die Pacht weiterer umfangreicher Agrarflächen in Benin, Nigeria, Gabon, Kamerun, der Republik Kongo und der Demokratischen Republik Kongo steht zur Verhandlung. Derzeit ist Afrika noch eine zu vernachlässigende Größe in der globalen Palmöl-Industrie. Mittel- bis langfristig ist jedoch abzusehen, das Afrika international wieder eine größere Bedeutung in der Produktion von Palmöl zukommen wird.

Bezeichnenderweise sind es die ärmsten und zerrüttetsten Länder mit zumeist korrupten Regierungen, mit denen die meisten Landkäufe oder Pachtverträge verhandelt und abgeschlossen werden, was am Beispiel des Sudan zu sehen ist.

Landnahmen im Südsudan

Mit der Unabhängigkeitserklärung des Südsudan im Juli 2011 überwand das Land nach einer Übergangsperiode den zweiten blutigen Bürgerkrieg seiner Geschichte, der von 1983 bis 2005 andauerte. Mehr als 2,5 Millionen Menschen verloren in dieser Zeit ihr Leben und mehr als vier Millionen verloren ihr Zuhause. Nach einer Studie des Oakland Institute erwarben Investoren zwischen 2007 und Ende 2010 mehr als fünf Millionen Hektar Agrarflächen, was annähernd zehn Prozent der gesamten Landfläche des neuen Staates entspricht.

Den größten Pachtvertrag im Südsudan hat im März 2008 die amerikanische **Nile Trading and Development** abgeschlossen. Für eine jährliche Pacht von umgerechnet 25.000 US-Dollar pachten die Amerikaner 600.000 Hektar Land mit der Option auf weitere 400.000 Hektar für einen Zeitraum von 49 Jahren. Im Fokus steht der Anbau von Nutzholz, aber der Vertrag lässt die Ausbeutung sämtlicher Bodenschätze zu. Lokale Bauern werden in diesem Zusammenhang oft ohne Entschädigung vertrieben und die Einnahmen wandern meist in die Taschen der lokalen Eliten und werden ins Ausland transferiert. Dadurch, dass keine Grundnahrungsmittel, sondern höherwertige Agrarerzeugnisse oder Pflanzen für die Herstellung von Biotreibstoff angebaut werden, verbessert sich die Versorgungslage der Bevölkerung nicht. Besonders prekär macht die Lage, dass nach Angaben der FAO mehr als ein Drittel der Einwohner des Südsudan an Hunger leiden und auf Hilfsleistungen sowie Nahrungsmittelimporte der Nachbarländer angewiesen sind.

Hungerkatastrophe am Horn von Afrika

Als Horn von Afrika wird umgangssprachlich der östlichste, keilförmige Teil der Landmasse Afrikas zwischen dem Golf von Aden und dem Indischen Ozean bezeichnet, das die Länder Äthiopien, Somalia, Eritrea und Dschibuti umfasst. An der äußersten Spitze des Horns von Afrika liegt zudem noch die abtrünnige somalische Region Puntland.

Die Region um das Horn von Afrika war in den letzten Jahrzehnten mehrfach von schweren Hungerkatastrophen betroffen. Mitte der 1970er-Jahre starben in Somalia mehrere Tausend

Menschen und Millionen Stück Vieh verendeten infolge einer schweren Dürre. Zehn Jahre später kam es in Äthiopien nach einer katastrophalen Dürre zu fast einer Million Toten. Und Anfang der 1990er-Jahre verstärkte eine langanhaltende Dürre die Auswirkungen des somalischen Bürgerkrieges. Nachdem eine erneute Hungerkrise 2006 die Region erschütterte, wurde die Situation 2011 noch einmal schlimmer. Mehr als zwölf Millionen Menschen leiden in Somalia, Kenia, Äthiopien, Eritrea, Dschibuti, Uganda und im Sudan unter einer erneuten verheerenden Hungersnot. Nach Angaben von internationalen Hilfsorganisationen ist es die verheerendste Dürre der vergangenen 60 Jahre. Obwohl Millionen Menschen in dieser Region unter chronischer Unterernährung leiden, vergeben die Länder fruchtbares Acker- und Weideland an ausländische Investoren, um exportorientierte Agrargüter wie Reis oder Palmöl und Zuckerrohr zur alternativen Energieerzeugung anzubauen.

Äthiopien – Ein Epizentrum der internationalen Landnahme in einer Hungerregion

> *„It's very good land. It's quite cheap.*
> *In fact it is very cheap.*
> *We have no land like this in India."*
>
> – Karmjeet Sekhon, Projektmanager Karuturi

Äthiopien ist das zehntgrößte Land in Afrika und rund dreimal so groß wie Deutschland. Es grenzt an den Sudan, Südsudan, Kenia, Somalia und Dschibuti sowie an das seit 1993 von Äthiopien unabhängige Eritrea. Als einziger Staat Afrikas, abgesehen von einer kurzzeitigen Besetzung durch Italien während des Zweiten Weltkrieges, fiel Äthiopien nie unter europäische Kolonialherrschaft und zählt zu den ältesten noch bestehenden Staaten der Welt. Die Monarchie wurde in den 1970er-Jahren gestürzt und durch eine kommunistisch geprägte Diktatur abgelöst. Anfang der 1990er-Jahre stürzten Rebellengruppen unter der Führung des heutigen Staatsoberhauptes Meles Zenawi das Regime und errichteten ein autoritäres Mehrparteiensystem. Heute zählt Äthiopien zu den ärmsten Ländern der Welt. In den ländlichen Gebieten verfügen die meisten Haushalte über ein Einkommen von weniger als 0,50 US-Dollar am Tag. Das Land wird zudem in immer kürzeren Abständen von Dürreperioden heimgesucht. Nach Schätzungen von Hilfsorganisationen sind die Hälfte der knapp 90 Millionen Einwohner unterernährt und selbst in guten Erntejahren sind mehrere Millionen Menschen auf regelmäßige Nahrungsmittelhilfen angewiesen. 2005 wurde dem Land von der G8-Gruppe ein Großteil seiner Schulden erlassen. Wichtigstes Exportgut ist Kaffee, der mehr als zwei Drittel zu den Deviseneinnahmen des Landes beiträgt.

Äthiopien ist eines der Epizentren der ausländischen Investitionen im Agrarsektor. In Äthiopien gibt es keinen privaten Landbesitz, das Land gehört dem Staat. Theoretisch sind drei Viertel der rund 110 Millionen Hektar Landfläche für die Landwirtschaft geeignet, doch bislang werden nur etwa 15 Millionen Hektar bestellt. Seit der Explosion vieler Nahrungsmittelpreise 2007/2008 hat die Regierung in Addis Abeba mehr als drei Millionen Hektar Agrarland an ausländische private und staatliche Investoren verpachtet, was in etwa der Größe Belgiens entspricht. Nach Angaben der Regierung haben 36 Länder, inklusive Indien, China, Pakistan und Saudi-Arabien, Agrarland in den Provinzen Gambella, Omo Valley, Benishangul Gumuz und Oromia gepachtet. Allein in der fruchtbaren Gambella-Provinz im Westen des Landes, die an den Sudan und den Südsudan grenzt, wurden ausländischen Investoren Flächen von mehr als einer Million Hektar angeboten. Meist erfuhren die betroffenen Dorfbewohner erst von der Landnahme, als die Bulldozer der Investoren anrückten. Etwa ein Drittel der bäuerlichen Haushalte bewirtschaften weniger als einen halben Hektar Land, was kaum ausreicht, um genügend Nahrung für einen durchschnittlichen Haushalt zu produzieren. Doch statt der lokalen Bevölkerung mehr Land zur Bewirtschaftung zuzuteilen, verpachtet die Regierung in Addis Abeba riesige Flächen an ausländische Investoren.

Zwei in der Region aktive Unternehmen sind **Saudi Star Agricultural Development** und die indische **Karuturi Global**. Der Agrarkonzern Saudi Star Agricultural gehört Scheich Mohammed Al-Amoudi, dem laut *Forbes* mit einem Gesamtvermögen von mehr als zwölf Milliarden US-Dollar zweitreichsten Einwohner Saudi-Arabiens. Derzeit betreibt Saudi Star Anbauflächen von rund 10.000 Hektar in Gambella und verfolgt die Absicht, diese auf eine halbe Million Hektar auszuweiten. Hierfür hat sich das Unternehmen bereit erklärt, bis 2020 rund 2,5 Milliarden US-Dollar in Agrarflächen in Äthiopien zu investieren. Dem indischen Nahrungsmittelkonzern Karuturi Global wurden 100.000 Hektar Land in der Gambella-Region zugewiesen. Hier planen die Inder Palmöl, Zucker, Reis, Mais und Baumwolle für den Export anzubauen. Doch die Zukunftspläne gehen darüber hinaus. Bis 2015 sollen die Flächen auf 300.000 Hektar ausgeweitet werden und mehr als 50.000 Menschen eine Arbeit bieten.

Die Zwangsumsiedlung von Dorfbewohnern hat bereits zu lokalen Konflikten geführt. Die Organisation Human Rights Watch schätzt, dass mehr als 1,5 Millionen Äthiopier gezwungen sind, ihre Dörfer und ihr Land zu verlassen, um den ausländischen Investoren Platz zu machen. Und über die nächsten Jahre plant die Regierung in Addis Abeba weitere zwei Millionen Hektar Land zu verpachten.

Neben Äthiopien und dem Südsudan wurden in den letzten Jahren in vielen weiteren afrikanischen Ländern spektakuläre Pachtverträge über riesige Agrarflächen abgeschlossen. Die meisten ausländischen Pachtverträge wurden seit der Jahrtausendwende neben Äthiopien und dem Südsudan mit Madagaskar geschlossen, gefolgt von Tansania, Mali und Mosambik. In Bezug auf die Größe der zur Verhandlung stehenden Flächen stechen neben Äthiopien vor allem der Kongo, Mosambik, Uganda, Sambia, Madagaskar, Malawi, Mali, Senegal und Tansania hervor. In jedem dieser Länder beziehen sich die ausländischen Investitionen in Agrarflächen auf mehr als fünf Prozent der gesamten landwirtschaftlichen Nutzflächen der beteiligten Länder.

Investitionen in Agrarland auch in anderen afrikanischen Ländern sind ein verbreitetes Phänomen

Landnahmen in Madagaskar

„Just smile and wave, boys. Smile and wave."

– Skipper the Penguin, Madagascar 2005

International erregten die ausländischen Investitionen im Agrarsektor in Madagaskar besondere Aufmerksamkeit, da sie zum Sturz der Regierung des Landes führten. Die ehemalige französische Kolonie mit ihren rund 20 Millionen Einwohnern ist bezogen auf die Fläche des Staatsgebietes nach Indonesien der zweitgrößte Inselstaat der Welt und liegt vor Ostafrika. International verhalf die Odyssee von fünf New Yorker Zootieren im Film „Madagascar" der Dreamworks Studios 2005 dem Entwicklungsland zu mehr Aufmerksamkeit.

Im Jahr 2008 wurde bekannt, dass das südkoreanische Unternehmen **Daewoo Logistics** Pachtverträge über 1,3 Millionen Hektar Land über einen Zeitraum von 99 Jahren mit der Staatsführung unter Präsident Ravalomanana abgeschlossen hat. Dies entspricht mehr als der Hälfte des fruchtbaren Bodens des Inselstaates. Das koreanische Unternehmen plante den Anbau von Mais und Palmöl, primär für den heimischen Markt in Korea, obwohl in Madagaskar über eine halbe Million Menschen von internationalen Nahrungsmittelhilfen abhängig sind. Im Gegenzug versprach Daewoo in Arbeitsplätze und den Aufbau von Infrastruktur zu investieren.

Präsident Ravalomanana gelangte 2002 in demokratischer Wahl an die Macht, wurde 2006 mit großer Mehrheit bestätigt und genoss international, zum Beispiel beim IMF, hohes Ansehen. Doch dem zunehmend autokratisch regierenden Präsidenten wurden Korruption und Bereicherung vorgeworfen und es formte sich eine Opposition, die dem Amtsinhaber den Ausverkauf des Landes an internationale Unternehmen vorwarf. An die Spitze der Protestbewegung setzte sich Andry Rajoelina, dem es schließlich nach einem kurzen, aber blutigen Machtkampf gelang, den Präsidenten aus dem Amt zu jagen. Eine der ersten Amtshandlungen der neuen Staatsführung bestand in der Aufkündigung des Pachtvertrages mit Daewoo, die sich daraufhin aus Madagaskar zurückzogen.

KAPITEL 13

Quo vadis, Afrika? Investmentchancen für den Anleger

Afrika – Kontinent im Wandel

Der afrikanische Kontinent ist im Wandel begriffen. Für viele Länder in Afrika wirken die gestiegenen Rohstoffpreise als positiver Katalysator für die wirtschaftliche sowie die politische Entwicklung. Staaten wie Botswana, Ghana oder auch Liberia konnten in den vergangenen Jahren hinsichtlich der Faktoren Wirtschaftswachstum, politische Stabilität, Transparenz und Bekämpfung von Korruption enorme Fortschritte erzielen.

Das dynamische und anhaltende Wachstum der chinesischen Volkswirtschaft, in Verbindung mit zwei Jahrzehnten der Unterinvestition in die Erschließung neuer Rohstoffvorkommen, führte zu der seit der Jahrtausendwende anhaltenden Verteuerung vieler

Rohstoffe. Und genau dies hat dazu geführt, dass Investoren Afrika wieder für sich entdeckt haben, denn viele afrikanische Staaten verfügen über weltweit begehrte Rohstoffvorkommen wie Öl und Erdgas, Gold oder industriell benötigte Metalle wie Eisenerz und Kupfer.

War der China-Afrika-Gipfel 2006 in Peking ein Startschuss für die Erschließung neuer afrikanischer Rohstoffvorkommen, markierte das Jahr 2010 einen weiteren wichtigen Zwischenschritt: Die Investitionen Chinas auf dem afrikanischen Kontinent überstiegen erstmalig die gesamten Zahlungen der Weltbank an Afrika. Wirtschaftliche Interessen und wirtschaftliche Entwicklung sind erstmalig von größerer Bedeutung als Entwicklungshilfe und humanitäre Hilfe für einen Kontinent, der in Westeuropa noch immer häufig pauschal als hilfsbedürftige „Dritte Welt" abgetan wird.

Rohstoffreichtum als Katalysator einer positiven Entwicklung?

Die Aussicht auf die Erschließung profitabler Rohstofflagerstätten lockt neben den Chinesen auch internationale Konzerne der Sektoren Energie und Bergbau sowie kleine unabhängige Explorationsgesellschaften in die Länder des afrikanischen Kontinents. Doch Rohstoffreichtum ist nicht gleichbedeutend mit einer positiven wirtschaftspolitischen und sozialen Entwicklung in den betroffenen Ländern. Zu oft waren Rohstoffe der Auslöser für Konflikte in Afrika. Hier gilt es neben einer ausreichenden politischen Stabilität auch Rahmenbedingungen zu setzen, innerhalb derer nicht nur die politischen Eliten, sondern auch die Bevölkerung vom Rohstoffreichtum ihrer Region profitieren. Nur so kann gewährleistet werden, dass die Rohstoffe des afrikanischen Kontinents nicht geplündert werden, sondern dass ein Vermögenstransfer stattfindet, der sich positiv auf die Entwicklung der jeweiligen Volkswirtschaften niederschlägt. Dies würde den Wohlstand auf eine breitere Basis verteilen, die

Entstehung einer afrikanischen Mittelschicht fördern und positive Effekte auf andere Sektoren der jeweiligen Volkswirtschaften wie zum Beispiel Finanzdienstleistungen und den inländischen Konsum entfalten.

Bei der „Roadmap" zu mehr Wohlstand sowie einer stabilen und positiven Entwicklung inklusive einer Zunahme der persönlichen Freiheiten machen derzeit viele afrikanische Länder in einem atemberaubenden Tempo Fortschritte. Doch Afrika ist nicht gleich Afrika: Wo Licht ist, ist auch Schatten. Länder wie Simbabwe oder die Demokratische Republik Kongo, die beide über attraktive Rohstoffvorkommen verfügen, haben es bisher versäumt, positive Rahmenbedingungen für Investitionen zu schaffen. Beide Länder belegen regelmäßig die letzten Plätze im von den Vereinten Nationen erhobenen *Human Development Index* (HDI), was sich ebenfalls in einem negativen Wirtschaftsklima niederschlägt. Doch in der Summe ist das wirtschaftliche Umfeld in Afrika besser als sein Ruf.

Afrika ist nicht gleich Afrika – Wirtschaftliche Rahmenbedingungen im Vergleich

Seit Ende der 1990er-Jahre führt das nordamerikanische *Fraser Institute* eine jährliche Erhebung der wirtschaftspolitischen Rahmenbedingungen für fast 80 Regionen der Welt durch. Die Ergebnisse gehen in den *„Policy Potential Index" (PPI)* ein, der als Maßstab für politische Stabilität, Durchsetzung von Eigentumsrechten, Besteuerung und anderer Kriterien gilt und so als Barometer für die Attraktivität für ausländische Investitionen angesehen werden kann. Ein Wert von 100 würde perfekte Investitionsbedingungen signalisieren, die jedoch nirgendwo auf der Welt erreicht werden,

> Länder wie Botswana, Burkina Faso und Mali bieten 2011 ein attraktives Umfeld für Investitionen …

während ein Wert von null ein wirtschaftsfeindliches Umfeld bescheinigt.

Unter die Top 10 der Länder und Regionen fallen vier Regionen in Kanada, drei Regionen in den USA sowie Schweden, Finnland und Chile – im Durchschnitt erzielten diese Länder 2011 einen PPI-Wert von 84,6. Der Durchschnittswert von Afrika liegt knapp über 40 Indexpunkten und hat sich in den letzten fünf Jahren kaum verbessert. Dagegen sind die regionalen Unterschiede auf dem afrikanischen Kontinent weiter angewachsen. Die drei afrikanischen Länder mit den höchsten PPI-Werten und somit mit den besten Rahmenbedingungen für ausländische Investitionen sind 2011 Botswana, Burkina Faso und Mali – mit einem Durchschnittswert von 66 liegen sie deutlich über dem afrikanischen Durchschnitt. Aufgrund der Aufstände und Unruhen in Mali rutschte das einstige afrikanische Vorzeigeland in der aktuellen Umfrage des Fraser Institute vom Februar 2013 jedoch deutlich ab.

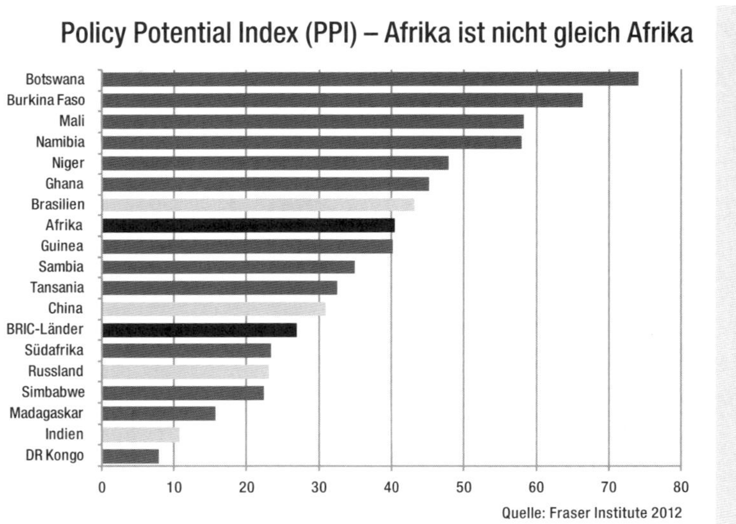

Auch Namibia, Niger, Ghana, Guinea, Sambia und Tansania liegen noch deutlich über dem afrikanischen Durchschnitt und weit vor Südafrika, das lediglich einen Indexwert von 23 erreicht.

Unter die schlechtesten zehn Länder fallen jedoch auch drei afrikanische Staaten: die Demokratische Republik Kongo, Madagaskar und Simbabwe. Der Mangel an Investitionen und der Grad der politischen Unsicherheit scheinen auch weiterhin eine positive wirtschaftliche Entwicklung dieser Länder zu verhindern.

... während die Demokratische Republik Kongo, Madagaskar und Simbabwe unattraktiv bleiben

Im Vergleich zu anderen Wachstumsregionen der Welt schneidet Afrika bezogen auf die wirtschaftlichen Rahmenbedingungen gut ab. Ende 2001 prägte Jim O'Neill, der Chefvolkswirt der amerikanischen Investmentbank Goldman Sachs, den Begriff „BRIC". Die Abkürzung steht für die Länder Brasilien, Russland, Indien und China, die als die Wachstumszentren der Welt bis 2050 die Länder der G8-Gruppe überholen könnten. Die wachstumsstarken BRIC-Länder weisen im Durchschnitt einen PPI-Wert von unter 27 auf. Das BRIC-Land mit den attraktivsten Rahmenbedingungen für Investitionen ist Brasilien und liegt nur knapp über dem Durchschnitt von Afrika.

Aktienmärkte und Anlagemöglichkeiten im Vergleich

In den vergangenen Jahren haben sich Investitionen in die Aktienmärkte der BRIC-Länder als Investmentthema fest etablieren können und wiesen sowohl im Vergleich zu anderen Emerging-Market-Investments als auch zu Anlagen in entwickelten Kapitalmärkten eine überzeugende Performance aus.

Aktieninvestments in Afrika übertreffen entwickelte Aktienmärkte und BRIC-Länder

Doch auch Afrika braucht sich beim Vergleich der erzielten Gewinne nicht zu verstecken.

Die Aktienbörsen in Afrika sind im internationalen Vergleich noch winzig, was direkte Aktienkäufe von Anlegern erschwert. Die Ausnahme ist Südafrika: Die Johannesburger Börse (Johannesburg Securities Exchange) ist mit einer Marktkapitalisierung von rund 800 Milliarden US-Dollar die mit Abstand größte Börse des Kontinents. Neben Südafrika weisen lediglich die Aktienbörsen von Ägypten, Marokko und Nigeria eine zwar eingeschränkte, aber ausreichende Liquidität auf. Bleibt Südafrika unberücksichtigt, werden an allen afrikanischen Aktienmärkten zusammengenommen in einem Jahr weniger Aktien gehandelt als an der Wall Street in einer Stunde. Viele Anleger beschränken sich aus diesem Grund auf Südafrika oder investieren in Unternehmen, die an Börsen in den USA, Kanada, Europa oder Australien gelistet sind, aber ihren Tätigkeitsschwerpunkt in Afrika haben.

Weltweite Aktienmärkte im Vergleich zu Afrika und BRIC 2006-2012

Quelle: Bloomberg 2012; Daten bis 20.12 .2012

Eine transparente Möglichkeit, die Entwicklung der afrikanischen Aktienmärkte zu verfolgen, bietet zum Beispiel der **Dow Jones Africa Titans 50 Index**. Der panafrikanische Aktienindex setzt sich aus 50 Unternehmen zusammen und bildet in Abhängigkeit von Unternehmensgröße und -liquidität die Handelsplätze Südafrika, Ägypten, Marokko, Nigeria und Kenia ab. Darüber hinaus werden auch Unternehmen berücksichtigt, die ihren Firmensitz zwar nicht in Afrika haben, aber dennoch den Schwerpunkt ihrer Geschäftstätigkeit in Afrika sehen. Paradebeispiel ist das in London notierte Indexschwergewicht Tullow Oil.

Dow Jones Africa Titans 50 Index und Van Eck's Market Vectors Africa Index ETF

Mit dem **Market Vectors Africa Index ETF** (ISIN US5706 0U7871) bietet beispielsweise die rund 35 Milliarden US-Dollar verwaltende amerikanische Van-Eck-Gruppe einen börsengehandelten Indexfonds an, der den Dow Jones Africa Titans 50 Index abbildet.

Aktives Anlagemanagement kann Mehrwert bieten

Die im Vergleich zu Nordamerika oder Europa weniger effizienten Kapitalmärkte in Afrika bieten aktiv agierenden Fondsmanagern die Chance, einen im Vergleich zum Durchschnitt deutlich besseren Anlageerfolg zu erzielen.

Die beiden größten in Afrika agierenden Investmentfonds sind der **JP Morgan Africa** (ISIN LU0355584979) und der **DWS Invest Afrika** (ISIN LU0329759764). Zusammengenommen verwalten die beiden Fonds ein Volumen von etwas mehr als einer halben Milliarde Euro. Der Fidelity European Growth Fund als einer der erfolgreichsten europäischen Aktienfonds verwaltet ein Vermögen von rund 6,5 Milliarden Euro beziehungsweise der DWS Invest BRIC etwa 1,5 Milliarden Euro. Dies verdeutlicht den geringen

Investmentfonds mit Schwerpunkt Afrika im Vergleich

			Performance[1]			
Bezeichnung	**Auflage**	**ISIN**	**2012**	**2011**	**2010**	**2009**
Dow Jones Africa Titans 50 Index			19,5%	-19,2%	34,5%	30,9%
Market Vectors Africa Index ETF	14.07.2008	US57060U7871	20,8%	-21,7%	34,3%	31,4%
Aktiv gemanagte Afrika-Fonds (Durchschnitt)			16,1%	-27,0%	35,0%	65,2%
Magna Africa Fund	10.04.2006	IE00B0TB5201	16,1%	-31,6%	44,6%	54,0%
DWS Invest Africa	11.07.2008	LU0329759764	6,5%	-22,5%	37,7%	76,5%
JPMorgan Africa Equity Fund	09.12.2008	LU0355584979	19,3%	-19,9%	49,5%	65,2%
Nestor Afrika Fonds	02.01.2009	LU0407232692	10,4%	-37,0%	21,6%	36,8%*
Silk - African Lions Fund	27.03.2009	LU0389403337	16,4%	-26,3%	22,7%	17,9%*
Bellevue African Opportunities	30.06.2009	LU0433847240	25,1%	-24,9%	33,6%	8,8%*
VCH Africa Fund	23.02.2011	LU0563445195	19,2%	-21,4%*	-	-

[1] Alle Angaben in Euro, Daten 2012 per 20.12.2012 in Euro *Performance seit Auflage in diesem Jahr
Quelle: Bloomberg 2012

Stellenwert, den Afrika für Investoren noch innehat. Neben JP Morgan und der Fondstochter der Deutschen Bank, der DWS, bieten Anbieter wie die **VCH**, **Magna**, **Nestor**, **Silk** oder **Bellevue** aktiv verwaltete afrikanische Aktienfonds an, die aufgrund ihrer kleineren Größe eine noch größere Flexibilität in ihrer Anlagepolitik aufweisen.

Im Gegensatz zu einem passiven Investment sind spezialisierte Vermögensverwalter beispielsweise in der Lage, ihre Anlagepolitik bei einer Änderung der politischen oder wirtschaftlichen Rahmenbedingungen in einzelnen Regionen entsprechend anzupassen.

Als Beispiele können die Unruhen in Nordafrika während der Phase des Arabischen Frühlings Anfang 2011 oder die Unsicherheiten während der Präsidentschaftswahlen in Ägypten Mitte 2012 herangezogen werden.

Von der Börse in Südafrika abgesehen kann ein direktes Engagement an lokalen Börsenplätzen in Afrika dem Anleger nicht empfohlen werden. Wichtige Faktoren, die dagegen sprechen, liegen in der derzeit mangelnden Liquidität, der fehlenden Handelbarkeit, den hohen Kosten und dem Risiko der jeweiligen Währungsentwicklung begründet. Das wirtschaftliche Sentiment in Südafrika hat sich dagegen über die vergangenen Jahre eingetrübt, was sich in dem schlechten Abschneiden des Landes im „Policy Potential Index“ widerspiegelt. Somit ist Südafrika nicht unbedingt repräsentativ für die Entwicklungspotenziale, die andere afrikanische Länder aufweisen.

Direktes Engagement in Unternehmen mit Afrika-Fokus?

Eine Möglichkeit für den an einer direkten Aktienanlage interessierten Anleger, dieses Dilemma zu überwinden, ist die Beteiligung an Unternehmen, die ihren Geschäftsschwerpunkt in Afrika haben, jedoch an internationalen Börsenplätzen wie USA, Kanada, Australien oder Großbritannien gelistet sind. Doch auch diese zumeist kleineren Unternehmen, die im Rohstoffsegment und überwiegend in Afrika tätig sind, weisen im Vergleich zu großen, etablierten Unternehmen wie beispielsweise einer RWE, Siemens oder Deutschen Telekom eine deutlich höhere Wertschwankung auf. Aus diesem Grund sei dem Anleger empfohlen, eine breite Diversifikation, also eine Streuung des Anlagebetrags über das Thema „Rohstoffe & Afrika“ über mehrere Titel, in Betracht zu ziehen.

Chancenreiche Aktieninvestments – Rohstoffe und Afrika

Die **Kapitel 3 bis 12** zeigen für den Anleger attraktive und weniger attraktive Segmente der Rohstoffmärkte auf, in denen die Rolle Afrikas in Zukunft an Bedeutung gewinnt. Kombiniert man die Risikoprofile der jeweiligen afrikanischen Länder mit den Möglichkeiten und Aussichten der vorhandenen Bodenschätze sowie der vor Ort tätigen Unternehmen, so bieten die Bereiche Rohöl, Gold, Eisenerz und Kupfer derzeit die attraktivsten Chancen für den Anleger. Ein noch immer überdurchschnittliches Chance-Risiko-Verhältnis weisen mineralische Sande, Diamanten und Uran auf. Im Gegensatz dazu sind die Themen Platin, Bauxit und Agrar für den Aktienanleger weniger aussichtsreich.

Chancenreiche Aktieninvestments im Segment Rohöl: Tullow Oil, Afren, African Petroleum und Africa Oil

Kapitel 3 stellt einige der Profiteure der wachsenden Bedeutung Afrikas in der Versorgung der Weltmärkte mit **Rohöl** und **Erdgas** vor. Während derzeit etwa drei Viertel der gesamten afrikanischen Rohölförderung aus Nigeria, Algerien, Angola und Libyen stammen, weisen die Küstengewässer vor West- und Ostafrika das größte zukünftige Wachstumspotenzial auf. Durch die Entwicklung der hier bereits gefundenen Vorkommen dürfte die Bedeutung Afrikas weiter steigen. Hiervon dürften vor allem Unternehmen wie **Tullow Oil**, **Afren**, **African Petroleum** und **Africa Oil** profitieren. In Bezug auf die Unternehmensgröße ist **Tullow Oil** als eines der größten unabhängigen E&P-Unternehmen in Europa ein Schwergewicht. Seit 1986 ist das Unternehmen in Afrika aktiv und erzielte mit der Entdeckung des Jubilee-Ölfeldes 2007 in Ghana den ersten großen Erfolg. In Uganda hat sich Tullow zur Ölförderung mit CNOOC und Total zusammengeschlossen. Neben dieser bereits umfangreichen

Förderung verfolgt Tullow die Suche nach neuen Ölquellen in 15 afrikanischen Ländern wie Äquatorialguinea, Côte d'Ivoire, Gabon, Ghana, Kongo-Brazzaville, Liberia, Mauretanien, Senegal und Sierra Leone in Westafrika sowie in ostafrikanischen Ländern wie Äthiopien, Kenia, Madagaskar, Namibia, Tansania und Uganda. Auch die seit 2005 ebenfalls in London gelistete **Afren** fördert bereits Öl vor den Küsten Nigerias und Côte d'Ivoires und sucht weitere Vorkommen unter anderem in Westafrika (Ghana, Kongo-Brazzaville), Südafrika und in ostafrikanischen Ländern wie Äthiopien, Kenia, Tansania, Seychellen und Madagaskar. Im Gegensatz zu Tullow Oil und Afren weisen African Petroleum und Africa Oil noch keine eigene Förderung auf. Die in Australien gelistete **African Petroleum** sucht vor der Küste von Liberia nach dem begehrten Rohstoff. Die in Kanada börsennotierte **Africa Oil** konzentriert sich dagegen auf die Ölsuche in den ostafrikanischen Ländern Kenia, Äthiopien und in der Region Puntland in Somalia.

Chancenreiche Aktieninvestments bei Gold, Platin und Diamanten: Randgold, Semafo, Resolute Mining, Banro, Anglo Platinum, Petra Diamonds und Lucara Diamond

Die **Kapitel 4, 5 und 6** behandeln den Reichtum an **Gold**, **Platin** und **Diamanten** einiger afrikanischer Länder. Während in der Vergangenheit Südafrika als weltweit größter Goldproduzent glänzte, verlagert sich der Fokus der Goldindustrie zunehmend nach Westafrika wie nach Ghana und Mali. Neben afrikanischen Produzenten beschäftigt sich hier eine Vielzahl von kleinen und mittelgroßen Unternehmen mit aussichtsreichen Projekten. In Ostafrika ist Tansania bereits ein großes Produzentenland und in Zentralafrika locken in der Demokratischen Republik Kongo noch chancenreichere, aber ebenfalls riskantere Projekte eine Handvoll Unternehmen an. In der Förderung von Platin und anderen Platingruppenmetallen dominiert

Südafrika weiterhin das weltweite Angebot. Jedoch ist das wirtschaftliche Umfeld für die in diesem Sektor tätigen Unternehmen alles andere als positiv und Simbabwe als zweites Produzentenland hat ausländische Investoren bislang nicht ermutigen können. Diamanten sind dagegen für viele Unternehmen in Afrika ein profitableres Geschäft. Insbesondere Botswana hat es in den letzten Jahren verstanden, von seinem Ressourcenreichtum zu profitieren und ansässigen Unternehmen ein attraktives Umfeld zu schaffen.

Als auf Afrika fokussierte Goldminengesellschaften erscheinen **Randgold**, **Semafo**, **Resolute Mining** und **Banro** attraktiv. Die in London gelistete **Randgold Resources** ist neben den südafrikanischen Goldminengesellschaften der größte Goldförderer in Afrika. Mit Morila, Loulo und Gounkoto in Mali und Tongon in Côte d'Ivoire betreibt das Unternehmen vier Goldminen. Eine fünfte Mine soll Ende 2013 in der Demokratischen Republik Kongo den Betrieb aufnehmen. Darüber hinaus sucht Randgold im Senegal und Burkina Faso nach Gold. Die kanadische **Semafo** ist ebenfalls ein auf Westafrika fokussierter Goldproduzent mit drei Minen in Burkina Faso, Niger und Guinea. Mit einer Produktion von rund 250.000 Unzen Gold ist Semafo deutlich kleiner als Randgold, die 2011 knapp 700.000 Unzen Gold fördern konnten. Zusammen mit einer Goldmine in Queensland, Australien, fördert **Resolute Mining** rund 400.000 Unzen Gold in einer Mine in Mali und Tansania. Die kanadische **Banro** konzentriert sich bei der Suche nach attraktiven Goldvorkommen auf die Demokratische Republik Kongo. Mit Twangiza brachte das Unternehmen im Oktober 2011 die erste Goldmine in Produktion, die mehr als 100.000 Unzen pro Jahr erbringen soll, und entwickelt noch drei weitere Projekte in der gleichen Region.

Unternehmen mit Fokus auf die Förderung von Platin leiden unter den derzeit niedrigen Preisen für das Edelmetall. In diesem Umfeld sollte die mehrheitlich zum diversifizierten Bergbaukonzern

Anglo American gehörende **Anglo Platinum** aufgrund ihres großen Fördervolumens gut gerüstet sein, um von wieder steigenden Preisen zu profitieren. Das Unternehmen betreibt zehn Bergwerke und zwei Entwicklungsprojekte in Südafrika sowie eine weitere Mine in Simbabwe, die zusammen mehr als 40 Prozent zur weltweiten Platinproduktion beitragen.

In der afrikanischen Diamantenförderung weisen Petra Diamonds und Lucara Diamond ein attraktives Wachstumsprofil auf. Der in London börsengelistete Diamantenförderer **Petra Diamonds** betreibt acht Diamantenminen in Afrika, sieben davon in Südafrika und eine in Tansania. Eine weitere Mine baut das Unternehmen derzeit in Botswana auf. Von einer derzeitigen Jahresproduktion von einer Million Karat plant Petra bis 2020 die Förderung auf fünf Millionen Karat auszuweiten. Die kanadische **Lucara Diamond** ist ein kleiner, aufstrebender Förderer von Diamanten und betreibt derzeit eine Mine in Botswana, die rund 300.000 Karat pro Jahr fördert, sowie eine weitere Mine in Lesotho, die jedoch erst 2015 die Förderung aufnehmen wird.

Rechnet man die Uranförderung von Namibia, Niger, Malawi und Südafrika zusammen, ist Afrika nach Kanada und Australien der drittgrößte Produzent von Uran auf dem Weltmarkt. Vom Wachstum der **Uranförderung** in Afrika (**Kapitel 7**) profitieren unter anderem die kanadische Uranium One und die australische Paladin Energy. **Uranium One**, an der die staatseigene russische ARMZ eine Mehrheitsbeteiligung hält, betreibt neun Uranminen in den USA, Kasachstan, Australien und in Afrika. Mit dem Mkuju-River-Projekt in Tansania verfügt das Unternehmen über ein attraktives Wachstumsprojekt, das in den nächsten Jahren mehr als vier Millionen Pfund Uran pro Jahr fördern könnte.

Chancenreiche Aktieninvestments bei Uran: Uranium One und Paladin Energy

Neben mehreren Explorations- und Entwicklungsprojekten in Australien liegen die Kernprojekte des australischen Uranproduzenten **Paladin Energy** in Afrika. Hier betreibt das Unternehmen in Namibia die Langer-Heinrich-Mine und in Malawi die Kayelekera-Mine. Die Flaggschiff-Mine in Namibia fördert derzeit über fünf Millionen Pfund Uran pro Jahr. Bis 2014 soll die Förderung auf zehn Millionen Pfund Uran verdoppelt werden. Weitere drei Millionen Pfund Uran werden in Malawi gefördert.

Westafrika ist nicht nur für die Förderung von Gold und Rohöl eine zunehmend wichtige Region. Länder wie Guinea, Liberia und Sierra Leone geben Anlass zu großen Hoffnungen hinsichtlich der zukünftigen Förderung von **Eisenerz** (**Kapitel 8**). Derzeit verfügt lediglich Südafrika über nennenswerte Exportkapazitäten, doch werden alle derzeit in Planung befindlichen Projekte umgesetzt, hat Westafrika das Potenzial, innerhalb von zehn Jahren rund ein Viertel des weltweit benötigten Eisenerzes zu liefern. Die Entwicklung der Eisenerzindustrie in Westafrika ist das für den Anleger spannendste Investmentthema der afrikanischen Rohstoffmärkte. Denn chinesische Investoren versorgen insbesondere kleinere Explorationsgesellschaften mit Kapital zur Entwicklung ihrer Projekte, um sich im Gegenzug die langfristige Belieferung mit Eisenerz zu sichern. Ein positiver Nebeneffekt ist, dass hierdurch das Risiko für den Anleger, der sich an kleineren Eisenerzprojekten in Form von in Kanada oder in Großbritannien gelisteten Explorationstiteln beteiligt, deutlich sinkt. Neben dem größten afrikanischen Eisenerzproduzenten, **Kumba Iron Ore**, versprechen kleinere Unternehmen wie **African Minerals**, **Sundance** und **Bellzone** für den Anleger attraktive Chancen. Die in Südafrika gelistete **Kumba**

Chancenreiche Aktieninvestments bei Eisenerz: Kumba Iron Ore, African Minerals, Sundance und Bellzone

Iron Ore gehört zu zwei Dritteln dem diversifizierten Minenkonzern Anglo American. Kern des Unternehmens ist der Mehrheitsbesitz an Sishen, der größten produzierenden Eisenerzmine Afrikas. 2012 lief darüber hinaus die Förderung von Eisenerz in der Kolomela-Mine an, die 2013 eine Förderung von neun Millionen Tonnen erreichen soll. Die in London gelistete **African Minerals** entwickelt in der Sierra Leone ein großes Eisenerzprojekt, das in der ersten Produktionsphase rund 20 Millionen Tonnen Eisenerz fördern soll und auf rund 80 Millionen Tonnen Jahresproduktion ausgeweitet werden kann. Dies würde das Unternehmen zum größten Eisenerzproduzenten Afrikas machen. Die australische **Sundance Resources** strebt mit dem Mbalam-Projekt an der Grenze zwischen Kamerun und der Demokratischen Republik Kongo eine Förderung von 35 Millionen Tonnen Eisenerz an. Die in London gelistete **Bellzone** entwickelt das Kalia-Projekt in Guinea, das nach vollständiger Entwicklung rund 50 Millionen Tonnen Eisenerz pro Jahr fördern soll. Alle drei Explorationsgesellschaften konnten für die weitere Finanzierung der Projekte bereits finanzstarke chinesische Partner gewinnen.

Chancenreiche Aktieninvestments bei Kupfer: First Quantum Minerals, ENRC und Tiger Resources

Im afrikanischen Kupfergürtel schlummern immense Reichtümer an **Kupfer, Kobalt und anderen Metallen (Kapitel 9)**. Trotz der lukrativen Aussichten dieses Bereiches ist eine direkte Partizipation durch einzelne spezialisierte Unternehmen für den Anleger schwierig. Die Unternehmen **First Quantum Minerals** und **ENRC** sind neben anderen Aktivitäten im afrikanischen Kupfergürtel ebenso vertreten wie die wesentlich kleinere **Tiger Resources**. Der kanadische Bergbaukonzern **First Quantum Minerals** betreibt derzeit zwei Kupfer-Gold-Minen in Sambia und Mauretanien sowie eine Nickel-Kobalt-Mine in Australien.

Ausgehend vom derzeitigen Produktionsniveau plant das Unternehmen bis 2015 die Förderung von Kupfer auf eine Million Tonnen pro Jahr zu verdreifachen. First Quantum verfolgt in Sambia eine ambitionierte Wachstumsstrategie. Ehemals war das Unternehmen auch in der Demokratischen Republik Kongo tätig, wurde jedoch vom Staat enteignet. Von dieser Entwicklung konnte Kasachstans größter diversifizierter Bergbaukonzern **Eurasian Natural Resources Corporation** (ENRC) profitieren, der die attraktiven Kupfervorkommen günstig erwerben konnte. Derzeit trägt Afrika nur wenig zum Umsatz des Unternehmens bei, doch die Bedeutung dieser Region wächst durch Zukäufe und die Umsetzung eigener Projekte deutlich an. Die Aktivitäten von ENRC in Afrika umfassen Kupfer und Kobalt (DR Kongo und Sambia), Platin (Südafrika und Simbabwe), Bauxit (Mali) sowie Mangan und Flussspat (Südafrika). Das deutlich kleinere, auf Kupfer und Kobalt spezialisierte Explorationsunternehmen **Tiger Resources** aus Australien verfolgt zwei Entwicklungsprojekte in der Demokratischen Republik Kongo: Kipoi und Lupoto. Innerhalb von drei Jahren soll hier eine jährliche Kupferförderung von über 100.000 Tonnen entstehen. Für das noch sehr kleine Unternehmen, an dem der Rohstoffhändler Trafigura zu 25 Prozent beteiligt ist, wäre dies ein großer Erfolg.

Chancenreiche Aktieninvestments im Segment mineralische Sande: Kenmare Resources und Mineral Deposits

Mit Zirkon und Titandioxid beziehungsweise den Vorprodukten Ilmenit und Rutil bildet das **Segment der mineralischen Sande** eine attraktive Nische auf den internationalen Rohstoffmärkten (**Kapitel 11**). Eine Vielzahl der neu zu erschließenden Förderprojekte liegt in der Sub-Sahara-Region Afrikas. Während das größte unabhängige Förderunternehmen, die australische Iluka Resources, nicht in Afrika aktiv ist und der Bereich Mineralsande für die anglo-australische Rio Tinto nur untergeordnet zum Umsatz des Unternehmens beiträgt, weisen die in Großbritannien börsengelistete **Kenmare Resources** und die australische **Mineral Deposits** ein auf Afrika konzentriertes Wachstum auf. Kenmare Resources baut derzeit die bereits bestehende Förderung seiner Mine in Mosambik aus, während das australische Explorationsunternehmen Mineral Deposits zusammen mit der französischen Eramet erst Ende 2013 plant, die Förderung von mineralischen Sanden im Senegal aufzunehmen.

Im Vergleich zu den anderen Investmentthemen der afrikanischen Rohstoffmärkte ist es für den Anleger schwieriger, sich am Wachstum der **Bauxit-Förderung** in Afrika zu beteiligen (**Kapitel 10**). Ebenso schwierig und noch dazu mit ethischen Bedenken verbunden ist der Zugang zu Anlagen im afrikanischen **Agrarsektor** (**Kapitel 12**). Hier herrschen meist direkte Käufe von Staaten oder nicht-börsennotierten Gesellschaften vor. Eine Ausnahme sind die großen Palmöl-Produzenten, die zumeist in Malaysia, Singapur oder Indonesien gelistet sind und die das zukünftige Flächenwachstum ihrer Plantagen vor allem in Afrika sehen.

Rohstoffe und Afrika – Die Weichen sind gestellt

Die zum Teil immensen Rohstoffvorkommen des afrikanischen Kontinents bieten Chancen für die jeweiligen afrikanischen Länder, die erfolgreich vor Ort arbeitenden Unternehmen, die oft große Wagnisse eingegangen sind, und schließlich auch für den Anleger, der sich an diesen Unternehmen, ihrem zukünftigen Wachstum und den steigenden Gewinnen beteiligen kann.

„Afrika – Kontinent der Chancen" soll dazu beitragen, die Hintergründe, die mögliche zukünftige Entwicklung als auch die Chancen und die damit verbundenen Risiken einer Aktienanlage mit dem Themenbezug „Afrika & Rohstoffe" näher zu beleuchten.

Der Fokus auf die Rohstoffvorkommen Afrikas soll jedoch nicht darüber hinwegtäuschen, dass es auch außerhalb der Rohstoffsegmente in Afrika eine Vielzahl attraktiver Investmentmöglichkeiten – wie zum Beispiel in den Bereichen Finanzdienstleistungen, Konsum und Infrastruktur – gibt.

Jedoch ist absehbar, dass die Themen Rohstoffe, China und Afrika in den nächsten Jahren näher zusammenrücken und sich für den risikobewussten Anleger eine Vielzahl attraktiver Investmentmöglichkeiten in diesem Bereich eröffnen. Die Weichen für diese Entwicklung wurden in den vergangenen Jahren gestellt und der Zug hat Fahrt aufgenommen.

Niemals zuvor hatten so viele afrikanische Länder die Aussicht auf Wachstum und Wohlstand wie in der heutigen Zeit. Die Welt braucht Rohstoffe und die Welt braucht Afrika.

Jambo Afrika!

Exploration und Förderung von Rohöl

#	Unternehmen	Größe*	Währung	Börsen-notierung	Website	Anmerkung
1	EXXON MOBIL CORP	320.378	USD	USA	www.exxonmobil.com	Integriertier Energiekonzern (IOC), USA
2	PETROCHINA CO LTD-H	199.061	HKD	China	www.petrochina.com.cn	Integriertier Energiekonzern (IOC); China
3	ROYAL DUTCH SHELL PLC-A SHS	180.204	GBp	GB	www.shell.com	Integriertier Energiekonzern (IOC), Großbritannien (GB) / Niederlande
4	CHEVRON CORP	174.967	USD	USA	www.chevron.com	Integriertier Energiekonzern (IOC), USA
5	BP PLC	106.611	GBp	GB	www.bp.com	Integriertier Energiekonzern (IOC); Großbritannien (GB)
6	TOTAL SA	94.617	EUR	Europa	www.total.com	Integriertier Energiekonzern (IOC); Frankreich
7	CNOOC LTD	67.272	HKD	China	www.cnoocltd.com	Öl-& Gas-Exploration&Production (E&P); China
8	CHINA PETROLEUM & CHEMICAL-H	65.590	HKD	China	www.sinopec.com	Integriertier Energiekonzern (IOC); China
9	STATOIL ASA	65.280	NOK	Norwegen	www.statoil.com	Integriertier Energiekonzern (IOC); Norwegen; E&P auch in Afrika
10	ENI SPA	63.526	EUR	Europa	www.eni.it	Integriertier Energiekonzern (IOC); Italien; E&P auch in Afrika
11	BG GROUP PLC	55.735	GBp	GB	www.bg-group.com	Integriertier Energiekonzern (IOC) mit Fokus auf Erdgas&LNG
12	CONOCOPHILLIPS	54.837	USD	USA	www.conocophillips.com	Integriertier Energiekonzern (IOC); in Afrika: Angola, Algerien, Libyen, Nigeria
13	ROSNEFT OAO	50.821	RUB	Russland	www.rosneft.ru	Integriertier Energiekonzern (IOC), Schwerpunkt Russland/Sibirien
14	SUNCOR ENERGY INC	38.416	CAD	Kanada/USA	www.suncor.com	Integriertier Energiekonzern (IOC), Schwerpunkt Ölsande in Kanada
15	ANADARKO PETROLEUM CORP	27.518	USD	USA	www.anadarko.com	Öl-& Gas-Exploration&Production (E&P) in USA, in Afrika: Algerien, West- und Ostafrika

#	Unternehmen	Größe*	Währung	Börsen-notierung	Website	Anmerkung
16	APACHE CORP	26.671	USD	USA	www.apachecorp.com	Öl-& Gas-Exploration&Production (E&P) in USA, in Afrika: Ägypten und Kenia
17	CANADIAN NATURAL RESOURCES	26.540	CAD	Kanada	www.cnrl.com	Integrierter Energiekonzern; Fokus Nordamerika, Afrika, Nordsee
18	REPSOL SA	18.566	EUR	Europa	www.repsol.com	Integriertier Energiekonzern (IOC), weltweite Aktivitäten inkl. Afrika
19	TULLOW OIL PLC	15.779	GBp	GB	www.tullowoil.com	Führendes Öl-& Gas-Exploration&Production (E&P) Unternehmen in Afrika
20	MARATHON OIL CORP	15.603	USD	USA	www.marathonoil.com	Öl-& Gas-Exploration&Production (E&P), Fokus Nordamerika, Afrika, Europa
21	HESS CORP	13.720	USD	USA	www.hess.com	Integrierter Energiekonzern; in Afrika: Ägypten, Algerien, Libyen, Äqu.-Guinea, Ghana
22	LUNDIN PETROLEUM AB	5.653	SEK	Schweden	www.lundin-petroleum.com	Öl-& Gas-Exploration&Production (E&P) mit Fokus Europa und Südostasien
23	OPHIR ENERGY PLC	3.004	GBp	GB	www.ophirenergy.com	Öl-& Gas-Exploration&Production (E&P); 8 Länder in West-& Ostafrika
24	KOSMOS ENERGY LTD	2.995	USD	USA	www.kosmosenergy.com	Öl-& Gas-Exploration&Production (E&P); 4 Länder in Westafrika
25	AFREN PLC	1.783	GBp	GB	www.afren.com	Exploration&Production (E&P); u.a. West- und Ostafrika, Südafrika
26	AFRICAN PETROLEUM CORP LTD	1.727	AUD	Australien	www.africanpetroleum.com.au	Öl- & Gas-Exploration&Production (E&P); 5 Länder in Westafrika (Offshore)
27	AFRICA OIL CORP	1.568	CAD	Kanada	www.africaoilcorp.com	Exploration&Production (E&P); u.a. in Mali, Kenia, Äthiopien, Somalia (Puntland)
28	COVE ENERGY PLC	1.552	GBp	GB	www.cove-energy.com	Exploration&Production (E&P); u.a. in Mosambik, Kenia, Tansania
29	SOCO INTERNATIONAL PLC	1.438	GBp	GB	www.socointernational.co.uk	Exploration&Production (E&P); u.a. in Angola, DR Kongo, Kongo und Vietnam
30	CHARIOT OIL & GAS LTD	293	GBp	GB	www.chariotoilandgas.com	Unabhängiges Explorations-Unternehmen; Assets in Namibia und Mauretanien

Daten: Bloomberg 31.08.2012; *Unternehmensgröße gemessen durch den Börsenwert des Unternehmens in Millionen Euro.

Exploration und Förderung von Gold

#	Unternehmen	Größe*	Währung	Börsen-notierung	Website	Anmerkung
1	BARRICK GOLD CORP	30.683	CAD	Kanada/USA	www.barrick.com	Senior-Goldproduzent, weltweite Förderung
2	GOLDCORP INC	26.465	CAD	Kanada/USA	www.goldcorp.com	Senior-Goldproduzent, weltweite Förderung mit Fokus Nord- und Südamerika
3	NEWMONT MINING CORP	20.060	USD	USA	www.newmont.com	Senior-Goldproduzent, weltweite Förderung
4	YAMANA GOLD INC	10.219	CAD	Kanada/USA	www.yamana.com	Südamerika (Brasilien und Argentinien)
5	ANGLOGOLD-ASHANTI LTD	9.793	ZAr	Südafrika	www.anglogoldashanti.com	Größter Goldproduzent in Afrika; u.a. Südafrika, Ghana, Mali, Tansania, Namibia, Guinea
6	KINROSS GOLD CORP	8.051	CAD	Kanada/USA	www.kinross.com	Ghana, Mauretanien, Nord- und Südamerika, Russland
7	CIA DE MINAS BUENAVENTUR-ADR	7.595	USD	Peru	www.buenaventura.com.pe/	Peru
8	ELDORADO GOLD CORP	7.529	CAD	Kanada/USA	www.eldoradogold.com	Türkei, Griechenland, China
9	RANDGOLD RESOURCES LTD	7.474	GBp	GB	www.randgoldresources.com	Größter Goldproduzent in Afrika außerhalb von Südafrika; Mali, Côte d'Ivoire, Senegal, DR Kongo
10	GOLD FIELDS LTD	7.016	ZAr	Südafrika	www.goldfields.co.za	Südafrika, Ghana, Australien und Peru
11	AGNICO-EAGLE MINES LTD	6.580	CAD	Kanada/USA	www.agnico-eagle.com	weltweite Exploration und Förderung
12	NEW GOLD INC	4.070	CAD	Kanada/USA	www.newgoldinc.com	Kanada und Chile
13	IAMGOLD CORP	3.911	CAD	Kanada/USA	www.iamgold.com	Fokus auf Südamerika und Westafrika; u.a. Mali, Botswana, Burkina Faso
14	HARMONY GOLD MINING CO LTD	2.853	ZAr	Südafrika	www.harmony.co.za	Südafrika, Papua-Neuguuiea

#	Unternehmen	Größe*	Währung	Börsen-notierung	Website	Anmerkung
15	AFRICAN BARRICK GOLD PLC	2.337	GBp	GB	www.africanbarrickgold.com	Tochtergesellschaft Barrick Gold; Fokus Ostafrika/Tansania
16	AURICO GOLD INC	1.558	CAD	Kanada/USA	www.auricogold.com	Mexiko
17	CENTAMIN PLC	1.135	GBp	Australien	www.centamin.com.au	Ägypten
18	PERSEUS MINING LTD	960	AUD	Kanada	www.perseusmining.com	Westafrika, Ghana
19	SEMAFO INC	820	CAD	Kanada	www.semafo.com	Westafrika (Burkina Faso, Guinea, Niger)
20	RESOLUTE MINING LTD	779	AUD	Kanada	www.resolute-ltd.com.au	Ghana, Mali, Tansania, Australien
21	BANRO CORPORATION	686	CAD	Kanada	www.banro.com	DR Kongo
22	NEVSUN RESOURCES LTD	638	CAD	Kanada	www.nevsun.com	Eritrea
23	TERANGA GOLD CORP	398	CAD	Kanada	www.terangagold.com	Senegal
24	ENDEAVOUR MINING CORP	392	CAD	Kanada	www.endeavourmining.com	Westafrika (Burkina Faso, Ghana, Côte d'Ivoire)
25	GOLDEN STAR RESOURCES LTD	303	CAD	Kanada	www.gsr.com	Ghana
26	NGEX RESOURCES INC	263	CAD	Kanada	www.ngexresources.com	Nord- und Südamerika sowie Afrika
27	AVION GOLD CORP	250	CAD	Kanada	www.avionresources.com	Mali
28	KEEGAN RESOURCES INC	222	CAD	Kanada	www.keeganresources.com	Ghana
29	VISTA GOLD CORP	189	USD	USA	www.vistagold.com	Mexiko und Australien
30	GREAT BASIN GOLD LTD	92	USD	USA	www.greatbasingold.com	Südafrika und USA

Daten: Bloomberg 31.08.2012; *Unternehmensgröße gemessen durch den Börsenwert des Unternehmens in Millionen Euro.

Exploration und Förderung von Platingruppenmetallen (PGMs)

#	Unternehmen	Größe*	Währung	Börsen-notierung	Website	Anmerkung
1	MMC NORILSK NICKEL	22.569	USD	GB	www.nornik.ru	Russland, hauptsächlich Palladium
2	ANGLO PLATINUM	10.729	ZAr	Südafrika	www.angloamericanplatinum.com	Mehrheitlich im Besitz von Anglo American, Weltmarktführer
3	IMPALA PLATINUM	7.972	ZAr	Südafrika	www.implats.co.za	Südafrika und Simbabwe, zweitgrößter Produzent
4	LONMIN	1.493	GBp	GB	www.lonmin.com	Südafrika, drittgrößter Produzent
5	NORTHAM PLATINUM	977	ZAr	Südafrika	www.northam.co.za	Südafrika
6	STILLWATER MINING	971	USD	USA	www.stillwatermining.com	USA/Montana
7	ZIMPLATS	711	AUD	Australien	www.zimplats.com	Simbabwe
8	ROYAL BAFOKENG PLATINUM	707	ZAr	Südafrika	www.bafokengplatinum.co.za	Südafrika
9	NORTH AMERICAN PALLADIUM	253	CAD	Kanada	www.napalladium.com	Kanada, hauptsächlich Palladium
10	AQUARIUS PLATINUM	218	GBp	GB	www.aquariusplatinum.com	Südafrika und Simbabwe
11	EASTERN PLATINUM	139	CAD	Kanada	www.eastplats.com	Südafrika
12	PLATINUM GROUP METALS	110	CAD	Kanada	www.platinumgroupmetals.net	Südafrika und Kanada
13	WESIZWE PLATINUM	92	ZAr	Südafrika	www.wesizwe.co.za	Südafrika
14	JUBILEE PLATINUM	31	GBp	GB	www.jubileeplatinum.com	Südafrika
15	ATLATSA RESOURCES (ANOORAQ)	24	CAD	Kanada	www.atlatsaresources.co.za	Südafrika

Daten: Bloomberg 31.08.2012; *Unternehmensgröße gemessen durch den Börsenwert des Unternehmens in Millionen Euro.

Exploration und Förderung von Diamanten

#	Unternehmen	Größe*	Währung	Börsen-notierung	Website	Anmerkung
1	ANGLO AMERICAN (INKL. DE BEERS)	19.552	GBp	GB	www.angloamerican.com	Diversifizierter Bergbaukonzern
2	ALROSA	4.412	RUB	GB	http://eng.alrosa.ru	Größter Produzent neben De Beers, Russland
3	HARRY WINSTON	849	CAD	Kanada	www.harrywinston.com	Förderung (Kanada) und Sales/Marketing, ehemals ABER DIAMONDS
4	PETRA DIAMONDS	665	GBp	GB	www.petradiamonds.com	8 Diamantenminen in Afrika; Südafrika, Tansania, Botswana
5	GEM DIAMONDS	290	GBp	UK	www.gemdiamonds.com	Lesotho, Botswana, Australien
6	MOUNTAIN PROVINCE DIAMONDS	283	CAD	Kanada	www.mountainprovince.com	Kanada
7	LUCARA DIAMOND	200	CAD	Kanada	www.lucaradiamond.com	Botswana und Lesotho
8	GEMFIELDS	139	GBp	GB	www.gemfields.co.uk	Sambia
9	STORNOWAY DIAMOND	78	CAD	Kanada	www.stornowaydiamonds.com	Kanada
10	PARAGON DIAMONDS	62	GBp	GB	www.paragondiamonds.co	Sierra Leone, Tansania
11	MWANA AFRICA	53	GBp	GB	www.mwanaafrica.com	u.a. Diamanten; Südafrika, Simbabwe, DRC, Botswana, Angola
12	SHORE GOLD	52	CAD	Kanada	www.shoregold.com	Kanada
13	NAMAKWA DIAMONDS	43	GBp	GB	www.namakwadiamonds.co.za	Südafrika, Lesotho, DRC, Namibia
14	PEREGRINE DIAMONDS	42	CAD	Kanada	www.pdiam.com	Kanada
15	ARCHON MINERALS	37	CAD	Kanada	n.a.	Kanada
16	FIRESTONE DIAMONDS	34	GBp	GB	www.firestonediamonds.com	Botswana, Lesotho

#	Unternehmen	Größe*	Währung	Börsen-notierung	Website	Anmerkung
17	TRANS HEX GROUP	31	ZAr	Südafrika	www.transhex.co.za	Südafrika, Angola
18	LONRHO MINING	29	AUD	Australien	www.lonrhomining.com	Angola
19	OLIVUT RESOURCES	26	CAD	Kanada	www.olivut.com	Kanada
20	TSODILO RESOURCES	23	CAD	Kanada	www.tsodiloresources.com	Botswana
21	NORTH AUSTRALIAN DIAMONDS	20	AUD	Australien	www.nadl.com.au	Australien
22	DIAMANDCORP	15	GBp	GB	www.diamondcorp.plc.uk	Südafrika, Botswana
23	ROCKWELL DIAMONDS	11	CAD	Kanada	www.rockwelldiamonds.com	Südafrika
24	IGE RESOURCES AB	10	NOK	Norwegen	www.ige.se	Gold, Nickel, Diamanten; Angola, DRC, Südafrika
25	STELLAR DIAMONDS	10	GBp	GB	www.stellar-diamonds.com	Guinea, Sierra Leone

Daten: Bloomberg 31.08.2012; *Unternehmensgröße gemessen durch den Börsenwert des Unternehmens in Millionen Euro.

Exploration und Förderung von Uran

#	Unternehmen	Größe*	Währung	Börsen-notierung	Website	Anmerkung
1	BHP BILLITON	132.445	GBp	Australien/GB	www.bhpbilliton.com	Diversifizierter Bergbaukonzern
2	RIO TINTO	67.401	GBp	Australien/GB	www.riotinto.com	Diversifizierter Bergbaukonzern
3	CAMECO	6.850	CAD	Kanada	www.cameco.com	Größter unabhängiger Uranförderer
4	AREVA	4.963	EUR	Europa	www.areva.com	Größtenteils in französischem Staatsbesitz
5	URANIUM ONE	1.822	CAD	Kanada	www.uranium1.com	Russischer Großaktionär (ARMZ); Kasachstan, USA, Australien, Afrika
6	PALADIN ENERGY	883	AUD	Aust./Kanada	www.paladinresources.com.au	Afrika und Australien
7	DENISON MINES	428	CAD	Kanada	www.denisonmines.com	Kanada, Mongolei und Afrika, Exploration&Development
8	FORSYS METALS	59	CAD	Kanada	www.forsysmetals.com	Namibia, Exploration
9	AFRICAN ENERGY RESOURCES	48	AUD	Australien	www.africanenergyresources.com	Kohle; Uran-Exploration in Sambia
10	DEEP YELLOW	40	AUD	Australien	www.deepyellow.com.au	Namibia und Australien, Exploration
11	FIRST URANIUM	30	CAD	Kanada	www.firsturanium.com	Südafrika, Exploration
12	BANNERMAN RESOURCES	26	AUD	Australien	www.bannermanresources.com.au	Namibia
13	A-CAP RESOURCES	23	AUD	Australien	www.a-cap.com.au	Botswana
14	GLOBE METALS AND MINING	16	AUD	Australien	www.globemetalsandmining.com.au	Exploration Seltene Erden und Uran; Malawi und Mosambik
15	URANEX	16	AUD	Australien	www.uranex.com.au	Exploration Australien und Afrika

Daten: Bloomberg 31.08.2012; *Unternehmensgröße gemessen durch den Börsenwert des Unternehmens in Millionen Euro.

Exploration und Förderung von Eisenerz

#	Unternehmen	Größe*	Währung	Börsen-notierung	Website	Anmerkung
1	BHP BILLITON	132.445	GBp	Australien/GB	www.bhpbilliton.com	Diversifizierter Bergbaukonzern; Umsatzanteil Eisenerz rd. 33%
2	VALE	69.409	USD	USA	www.vale.com	Diversifizierter Bergbaukonzern; Umsatzanteil Eisenerz rd. 50%
3	RIO TINTO	67.401	GBp	Australien/GB	www.riotinto.com	Diversifizierter Bergbaukonzern; Umsatzanteil Eisenerz rd. 33%
4	ARCELORMITTAL	18.606	EUR	Europa	www.arcelormittal.com	Integrierter Stahlkonzern, aggressives Wachstum der Eisenerzförderung
5	KUMBA IRON ORE	14.653	ZAr	Südafrika	www.kumba.co.za	Südafrika
6	FORTESCUE METALS GROUP	9.041	AUD	Australien	www.fmgl.com.au	Australien
7	EXXARO RESOURCES	5.015	ZAr	Südafrika	www.exxaro.com	Südafrika
8	EURASIAN NATURAL RESOURCES	4.962	GBp	Europa	www.enrc.com	Diversifizierter Bergbaukonzern; Umsatzanteil Eisenerz rd. 33%
9	ASSORE	4.116	ZAr	Südafrika	www.assore.com	Südafrika
10	CLIFFS NATURAL RESOURCES	4.060	USD	USA	www.cliffsnaturalresources.com	Nordamerika, Australien und Brasilien
11	AFRICAN RAINBOW MINERALS	2.895	ZAr	Südafrika	www.arm.co.za	Diversifizierter Bergbaukonzern; Umsatzanteil Eisenerz rd. 40%
12	SESA GOA	2.142	INR	Indien	www.sesagoa.com	Diversifizierter Bergbaukonzern; Umsatzanteil Eisenerz rd. 90%
13	FERREXPO	1.205	GBp	Europa	www.ferrexpo.com	Ukraine
14	AFRICAN MINERALS	1.051	GBp	GB	www.african-minerals.com	Sierra Leone
15	ATLAS IRON	974	AUD	Australien	www.atlasiron.com.au	Australien

#	Unternehmen	Größe*	Währung	Börsen-notierung	Website	Anmerkung
16	SUNDANCE RESOURCES	771	AUD	Australien	www.sundanceresources.com.au	Kamerun, Kongo
17	MOUNT GIBSON IRON	638	AUD	Australien	www.mtgibsoniron.com.au	Australien
18	NORTHLAND RESOURCES	263	NOK	Europa	www.northland.eu	Schweden, Finnland
19	GRANGE RESOURCES	245	AUD	Australien	www.grangeresources.com.au	Australien
20	LONDON MINING	243	GBp	GB	www.londonmining.co.uk	Sierra Leone
21	WEST AFRICAN MINERALS	211	GBp	GB	www.westafricanminerals.com	Kamerun, Sierra Leone
22	ZANAGA IRON ORE	198	GBp	GB	www.zanagairon.com	Kongo
23	NEW MILLENNIUM IRON	188	CAD	Kanada	www.nmliron.com	Kanada
24	EQUATORIAL RESOURCES	175	AUD	Australien	www.equatorialresources.com.au	Kongo
25	ALDERON IRON ORE	171	CAD	Kanada	www.alderonironore.com	Kanada
26	CAPE LAMBERT RESOURCES	163	AUD	Australien	www.capelam.com.au	Australien
27	SABLE MINING AFRICA	112	GBp	GB	www.sableminingafrica.com	Guinea, Liberia
28	BELLZONE MINING	120	GBp	GB	www.bellzone.com.au	Guinea
29	PETMIN	100	ZAr	Südafrika	www.petmin.co.za	Liberia, Südafrika
30	LABRADOR IRON MINES	93	CAD	Kanada	www.labradorironmines.ca	Kanada

Daten: Bloomberg 31.08.2012; *Unternehmensgröße gemessen durch den Börsenwert des Unternehmens in Millionen Euro.

Exploration und Förderung von Kupfer

#	Unternehmen	Größe*	Währung	Börsen-notierung	Website	Anmerkung
1	BHP BILLITON PLC	132.445	GBp	Australien/GB	www.bhpbilliton.com	Diversifizierter Bergbaukonzern
2	RIO TINTO PLC	67.401	GBp	Australien/GB	www.riotinto.com	Diversifizierter Bergbaukonzern
3	XSTRATA PLC	36.340	GBp	GB	www.xstrata.com	Diversifizierter Bergbaukonzern
4	GLENCORE INTERNATIONAL PLC	33.568	GBp	GB	www.glencore.com	Diversifizierter Bergbaukonzern
5	ANGLO AMERICAN PLC	31.026	GBp	GB/Südafrika	www.angloamerican.com	Diversifizierter Bergbaukonzern
6	BARRICK GOLD CORP	30.683	CAD	Kanada/USA	www.barrick.com	Weltweite Förderung von Gold und Kupfer
7	FREEPORT-MCMORAN COPPER	27.252	USD	USA	www.fcx.com	weltweite Förderung von Kupfer und Gold
8	MMC NORILSK NICKEL JSC-ADR	22.491	USD	GB	www.nornik.ru	Russland, Australien, Botswana und Südafrika (Nickel, PGMs, Kupfer, Gold)
9	SOUTHERN COPPER CORP	21.960	USD	USA	www.southerncoppercorp.com	Kupferförderung in Mexiko, Peru, Chile
10	ANTOFAGASTA PLC	13.967	GBp	GB	www.antofagasta.co.uk	Schwerpunkt: Kupferförderung in Chile; weltweite Explorationstätigkeit
11	TECK RESOURCES LTD-CLS B	12.893	CAD	Kanada	www.teck.com	Kohle, Kupfer, Zink in Kanada, Peru, Chile
12	JIANGXI COPPER CO LTD-H	7.571	HKD	China	www.jxcc.com	Größter chinesischer Kupferproduzent
13	FIRST QUANTUM MINERALS LTD	7.297	CAD	Kanada	www.first-quantum.com	Kupfer und Nickel in Sambia, Mauretanien und Australien
14	KGHM POLSKA MIEDZ SA	6.312	PLN	Polen	www.kghm.pl	Polen, USA, Kanada, Chile (Kupfer und Silber)
15	EURASIAN NATURAL RESOURCES	4.962	GBp	GB	www.enrc.com	Diversifizierter Bergbaukonzern (Kasachstan, China, Russland, Brasilien und Afrika)
16	KAZAKHMYS PLC	4.007	GBp	GB	www.kazakhmys.com	Kasachstan

#	Unternehmen	Größe*	Währung	Börsen-notierung	Website	Anmerkung
17	VEDANTA RESOURCES PLC	3.319	GBp	GB	www.vedantaresources.com	Indien und Australien
18	AFRICAN RAINBOW MINERALS LTD	2.895	ZAr	Südafrika	www.arm.co.za	Diversifizierter afrikanischer Bergbaukonzern (Eisenerz, Kupfer, Kohle, Gold, Platin)
19	INMET MINING CORPORATION	2.463	CAD	Kanada	www.inmetmining.com	Kupfer und Zink in Europa und Panama
20	LUNDIN MINING CORP	2.102	CAD	Kanada	www.lundinmining.com	Europa, DR Kongo
21	OZ MINERALS LTD	1.544	AUD	Australien	www.ozminerals.com	Australien
22	MINMETALS RESOURCES LTD	1.507	HKD	China	www.minmetalsresources.com	Australien, DR Kongo, Laos
23	PANAUST LTD	1.297	AUD	Australien	www.panaustralian.com.au	Südostasien, Laos, Chile
24	DISCOVERY METALS LTD	377	AUD	Australien	www.discoverymetals.com.au	Botswana, Exploration&Development
25	TIGER RESOURCES LTD	162	AUD	Australien	www.tigerresources.com.au	DR Kongo
26	WESTERN COPPER AND GOLD CORP	69	CAD	Kanada	www.westerncoppercorp.com	Kanada (Yukon), Exploration&Development
27	AFRICAN COPPER PLC	23	GBp	GB	www.africancopper.com	Botswana, Exploration&Development

Daten: Bloomberg 31.08.2012; *Unternehmensgröße gemessen durch den Börsenwert des Unternehmens in Millionen Euro

Produzenten/Verarbeiter von Aluminium und Bauxit

#	Unternehmen	Größe*	Währung	Börsen-notierung	Website	Anmerkung
1	BHP BILLITON	132.445	GBp	Australien/GB	www.bhpbilliton.com	Diversifizierter Bergbaukonzern
2	RIO TINTO	67.401	GBp	Australien/GB	www.riotinto.com	Diversifizierter Bergbaukonzern
3	CHALCO	7.354	HKD	China	www.chalco.com.cn	Muttergesellschaft: Aluminum Corporation of China (CHINALCO)
4	ALCOA	7.261	USD	USA	www.alcoa.com	Integrierter Aluminium-Produzent
5	NORSK HYDRO	7.104	NOK	Norwegen	www.hydro.com	Norwegen
6	RUSAL	6.572	HKD	Russland/HK	www.rusal.ru	Russland
7	HINDALCO	2.861	INR	Indien	www.hindalco.com	Indien
8	SHANDONG NANSHAN ALUMINUM	1.542	CNY	China	www.600219.com.cn	China, Aluminium-Produkte
9	ALUMINIUM BAHRAIN	1.491	BHD	Bahrain	www.aluminiumbahrain.com	Bahrain
10	ALUMINA	1.453	AUD	Australien	www.aluminalimited.com	Bauxitbergbau und Tonerdeherstellung
11	ALUAR ALUMINIO ARGENTINO	1.059	ARS	Argentinien	www.aluar.com.ar	Argentinien
12	YUNNAN ALUMINIUM	976	CNY	China	www.ylgf.com	China, Aluminium-Produkte
13	HENAN ZHONGFU INDUSTRY	952	CNY	China	www.zfsy.com.cn	China, Aluminium-Produkte
14	GUANGDONG DONGYANGGUANG	898	CNY	China	www.yzg.cn	China, Aluminium-Produkte
15	KAISER ALUMINUM	858	USD	USA	www.kaiseraluminum.com	USA, Aluminium-Produkte

Daten: Bloomberg 31.08.2012; *Unternehmensgröße gemessen durch den Börsenwert des Unternehmens in Millionen Euro.

Exploration und Förderung von Mineralsanden

#	Unternehmen	Größe*	Währung	Börsen-notierung	Website	Anmerkung
1	RIO TINTO PLC	67.401	GBp	Australien/GB	www.riotinto.com	Diversifizierter Bergbaukonzern
2	EXXARO RESOURCES LTD	5.015	ZAr	Australien/GB	www.exxaro.com	Diversifizierter Bergbaukonzern, Südafrika
3	ILUKA RESOURCES LTD	3.224	AUD	Südafrika	www.iluka.com	Spezialisiert auf mineralische Sande, Australien und USA
4	TRONOX LTD-CL A	2.600	USD	USA	www.tronox.com	Verarbeiter; Übernahme der Sparte Mineralsande von Exxaro 2012
5	TITANIUM METALS CORP	1.704	USD	USA	www.timet.com	Verarbeiter/Flugzeugindustrie
6	KENMARE RESOURCES PLC	1.252	GBp	Australien	www.kenmareresources.com	Mosambik
7	SIERRA RUTILE LTD	520	GBp	GB	www.sierra-rutile.com	Sierra Leone
8	MINERAL DEPOSITS LTD	354	AUD	GB	www.mineraldeposits.com.au	Senegal, zusammen mit Eramet
9	BASE RESOURCES LTD	154	AUD	Australien	www.baseresources.com.au	Kenia
10	WORLD TITANIUM RESOURCES LTD	52	AUD	Australien	www.worldtitaniumresources.com	Madagaskar
11	PATHFINDER MINERALS PLC	11	GBp	Australien	www.pathfinderminerals.com	Mosambik

Daten: Bloomberg 31.08.2012; *Unternehmensgröße gemessen durch den Börsenwert des Unternehmens in Millionen Euro.

Unternehmen im Agrarsektor – Agribusiness, Saatgut und Düngemittel

#	Unternehmen	Größe*	Währung	Börsen-notierung	Website	Anmerkung
1	MONSANTO CO	36.910	USD	USA	www.monsanto.com	Saatgut
2	POTASH CORP OF SASKATCHEWAN	27.972	CAD	Kanada/USA	www.potashcorp.com	Düngemittel
3	SYNGENTA AG-ADR	25.025	USD	USA	www.syngenta.com	Saatgut
4	MOSAIC CO/THE	19.589	USD	USA	www.mosaicco.com	Düngemittel
5	URALKALI-SPON GDR-REG S	17.964	USD	GB	www.uralkali.com	Düngemittel
6	SIME DARBY BERHAD	15.061	MYR	Malaysia	www.simedarby.com	Agribusiness / Palmöl
7	ARCHER-DANIELS-MIDLAND CO	14.007	USD	USA	www.admworld.com	Agribusiness
8	QUIMICA Y MINERA CHIL-SP ADR	12.898	USD	USA	www.sqm.com	Düngemittel
9	WILMAR INTERNATIONAL LTD	12.860	SGD	Singapur	www.wilmar-international.com	Agribusiness / Palmöl
10	AGRIUM INC	12.367	CAD	Kanada/USA	www.agrium.com	Düngemittel
11	YARA INTERNATIONAL ASA	11.293	NOK	Norwegen	www.yara.com	Düngemittel
12	ISRAEL CHEMICALS LTD	11.217	ILs	Israel	www.icl-group.com	Düngemittel
13	CF INDUSTRIES HOLDINGS INC	10.803	USD	USA	www.cfindustries.com	Düngemittel
14	IOI CORPORATION BHD	8.549	MYR	Malaysia	www.ioigroup.com	Agribusiness / Palmöl, Kautschuk
15	CONAGRA FOODS INC	8.139	USD	USA	www.conagra.com	Agribusiness
16	K+S AG-REG	7.489	EUR	Europa	www.k-plus-s.com	Düngemittel, Salz
17	BUNGE LTD	7.391	USD	USA	www.bunge.com	Agribusiness

#	Unternehmen	Größe*	Währung	Börsen-notierung	Website	Anmerkung
18	KUALA LUMPUR KEPONG BHD	6.394	MYR	Malaysia	www.klk.com.my	Agribusiness / Palmöl, Kautschuk, Kakao
19	GOLDEN AGRI-RESOURCES LTD	5.812	SGD	Singapur	www.goldenagri.com.sg	Agribusiness / Palmöl
20	SUEDZUCKER AG	5.070	EUR	Europa	www.suedzucker.de	Agribusiness / Zucker
21	TYSON FOODS INC-CL A	4.506	USD	USA	www.tyson.com	Agribusiness / Fleisch
22	PHOSAGRO OAO-GDR REG S	3.860	USD	USA	www.phosagro.com	Düngemittel
23	INGREDION INC	3.260	USD	USA	www.cornproducts.com	Agribusiness
24	ASTRA AGRO LESTARI TBK PT	2.849	IDR	Indonesien	www.astra-agro.co.id	Agribusiness / Palmöl, Kautschuk, Kakao, Tee
25	SMITHFIELD FOODS INC	2.378	USD	USA	www.smithfieldfoods.com	Agribusiness / Fleisch
26	FIRST RESOURCES LTD	2.101	SGD	Singapur	www.first-resources.com	Agribusiness / Palmöl
27	MARINE HARVEST	2.225	NOK	Norwegen	www.marineharvest.com	Agribusiness / Fisch
28	SALIM IVOMAS PRATAMA TBK PT	1.733	IDR	Indonesien	n.a.	Agribusiness / Palmöl
29	GENTING PLANTATIONS BHD	1.805	MYR	Malaysia	www.gentingplantations.com	Agribusiness / Plantagen
30	PP LONDON SUMATRA INDONES PT	1.402	IDR	Indonesien	www.londonsumatra.com	Agribusiness / Plantagen

Daten: Bloomberg 31.08.2012; *Unternehmensgröße gemessen durch den Börsenwert des Unternehmens in Millionen Euro.

Anmerkungen

1. Afrika – Kontinent der Chancen?

Till Fähnders, *China – Des „Nachzüglers" wilde Jagd nach Rohstoffen*, www.faz.net, 02.09.2011

Bartholomäus Grill, *Afrika – Die Musterstaaten Ghana, Mali, Botsuana: Es gibt viele hoffnungsvolle Länder in Afrika*, www.zeit.de, 26.01.2009

Peter Meyns, *Dossier Afrika – Afrika zwischen Autokratie und Demokratie*, www.bpb.de, 2006

Auswärtiges Amt, www.auswaertigesamt.de

2. Vom „Wettlauf um Afrika" zum erneuten Wettlauf um die Rohstoffe des Schwarzen Kontinents

Till Fähnders, *China – Des „Nachzüglers" wilde Jagd nach Rohstoffen,* www.faz.net, 02.09.2011

Joachim Buwembo, *Die Mehrparteiendemokratie in Afrika ist gescheitert,* www.taz.de, 14.05.2010

Bartholomäus Grill, *Afrika – Die Musterstaaten Ghana, Mali, Botsuana: Es gibt viele hoffnungsvolle Länder in Afrika,* www.zeit.de, 26.01.2009

Kampf um Rohstoffe – Die knappen Schätze der Welt, Der Spiegel (Sonderheft), 05/2006

Kampf um die Rohstoffe – Der neue Kalte Krieg, www.spiegel.de, 27.03.2006

Peter Meyns, *Dossier Afrika – Afrika zwischen Autokratie und Demokratie,* www.bpb.de, 2006

Axel Harneit-Sievers, *Dossier Afrika – Rohstoffe für den Export,* www.bpb.de, 05.12.2005

Freedom in the World 2012, http://freedomhouse.org, 2012

3. Afrikas steigende Bedeutung im weltweiten Geschäft mit Rohöl

BP Statistical Review of World Energy 2011, www.bp.com, 2011

Christian Schubert, *Ölplattform vor Angola – Ein technisches Ungetüm für 9 Milliarden Dollar*, www.faz.net, 23.11.2011

Libyen – ENI und Total fördern wieder Öl, www.focus.de, 26.09.2011

Jon Gambrell, *U.N. reports widespread oil damage in Nigeria delta*, www.washingtonpost.com, 05.08.2011

Angela Henshall, *Pushing the Boundaries*, http://europe.wsj.com, 11.04.2011

Bill Van Auken, *USA und Nato-Verbündete: Wettlauf um Libyens Öl*, www.wsws.org, 07.04.2011

Florian Hassel, *Gaddafi kämpft mit roher Gewalt um Öl-Milliarden*, www.welt.de, 04.03.2011

Adam Nossiter, *Far From Gulf, a Spill Scourge 5 Decades Old*, www.nytimes.com, 16.06.2010

John Vidal, *Nigeria's agony dwarfs the Gulf oil spill. The US and Europe ignore it*, www.guardian.co.uk, 30.05.2010

Ansgar Haase und Houria Ait Kaci, *Die Hölle von Hassi Messaoud – Gewalt gegen algerische Frauen*, www.n-tv.de, 27.05.2010

Rising Angola – Oil, glorious oil, www.economist.com, 28.01.2010

Die vergessene Ölkatastrophe in Nigeria, www.zeit.de, 16.07.2010

Konzerne entdecken riesiges Ölfeld vor afrikanischer Küste, www.spiegel.de, 17.09.2009

Andrea Stäritz, *Ghanas Ölfunde bergen Chancen für das Land, aber auch große Risiken*, www.welt-sichten.org, September 2008

Angola – Oil-rich but dirt-poor, www.nytimes.com, 20.03.2007

Jad Mouawad, *Angola, one of the poorest places on Earth, is an oil industry darling*, www.nytimes.com, 19.03.2007, www.mbendi.com

4. Die Gier nach Gold

Hungerkatastrophe in Ostafrika, www.spiegel.de, 31.07.2011

Christian Putsch, *In Ostafrika bahnt sich eine Katastrophe an*, www.welt.de, 12.07.2011

Björn Junker, *Neue Probleme in Tansania: African Barrick Gold – Tote auf North Mara*, www.wallstreet-online.de, 17.05.2011

EMFIS, *Barrick Gold: Tansania-Engagement wird zunehmend zur Goldgrube*, www.wallstreet-online.de, 29.07.2011

Renaissance Capital, *China in Africa*, 21.04.2011

McKinsey & Company, *Lions on the move: The progress and potential of African Economics*, 2010

Sébastien Daycard und Anne Poiret, *Südafrika: Die Sklaven des Goldes*, 2009

Thomas Seifert und Brigitte Reisenberger, *Goldrausch in Ghana – auf der Spur der Gier*, www.diepresse.com, 14.03.2009

Claudia Bröll, *Goldschürfer im Tiefenrausch*, www.faz.net, 19.07.2008

U.S. Geological Survey Minerals Yearbook, www.auswaertiges-amt.de

5. Platin, das Gold des reichen Mannes

J.P.Morgan Cazenove, South Africa Equity research, Platinum Year, 31.01.2012

Special Report Neville Nicolau – CEO, Anglo Platinum, www.moneyweb.co.za, 07.02.2011

What the ANC Youth League wants, www.miningmx.com, 27.10.2011

Claudia Bröll, *Platin hat den Bafokeng-Stamm reich gemacht*, www.cicero.de, 01.08.2011

6. Blutige Geschäfte mit Diamanten

Wolfgang Drechsler, *Das Diamantenfieber kehrt zurück*, www.handelsblatt.com, 07.09.2010

Thomas Scheen, *Blutdiamanten – Als Sierra Leone ein Tollhaus war*, www.faz.net , 04.08.2010

Frieder Leipold, *Diamantenfieber in Südafrika*, www.focus.de, 26.01.2010

Silvia Liebrich, *Die Spur der Blutdiamanten*, www.sueddeutsche.de, 03.01.2010

Stefan Schultz, *Die Rückkehr der Blutdiamanten*, www.spiegel.de, 26.06.2009

Thomas Darnstädt und Jan Puhl, *Der Schlächter von Monrovia*, www.spiegel.de, 01/2008

Frank Räther, *Diamanten bringen Botswana Reichtum*, www.nzz.ch, 17.07.2007

Stefanie Duckstein, *Botswana: Diamanten fürs Volk*, www.dw-world.de, 04.07.2007

Lutz Kinkel, *Wieviel Blut klebt an Diamanten?*, www.stern.de, 26.01.2007

The World Diamond Council, www.worlddiamondcouncil.com

PolishedPrices, www.polishedprices.com

7. Uran als Garant einer strahlenden Zukunft?

Charlotte Wiedemann, *Uran-Bergbau in Afrika ist ein Desaster für die Gesundheit der Menschen und für die Natur*, www.zeit.de, 12.04.2011

Jamie Ashcroft, *Namibia: Kalahari Minerals – Is the Rössing South Story Approaching a Crossroads?*, http://allafrica.com, 25.02.2011

Russlands Uran-Produzent ARMZ will zur Nummer zwei weltweit aufsteigen, http://de.rian.ru, 16.12.2010

Esmarie Swanepoel, *Namibia's Rössing South now 6th-largest uranium deposit*, www.miningweekly.com, 11.08.2010

Russische Uran-Holding ARMZ übernimmt Mehrheit an kanadischer Uranium One, http://de.rian.ru, 08.06.2010

Cordula Meyer, *Uranförderung in Niger – Der gelbe Fluch*, www.spiegel.de, 02.04.2010

Ralph Ahrens, *Belastete Zukunft – Der Abbau des begehrten Uran in Afrika hat weitreichende Folgen*, www.dradio.de, 18.05.2009

Joseph Schatz, *Die Suche nach Uran in Afrika wird zum großen Geschäft*, www.epochtimes.de, 20.01.2008

Jon Swain, David Leppard und Brian Johnson-Thomas, *Iran's plot to mine uranium in Africa*, Sunday Times, 06.08.2006

World Nuclear Association, www.world-nuclear.org

8. „Feeding the Dragon": China hungert nach Eisenerz

William MacNamara, *Vale set to cede 35% of Guinea mining project*, www.ft.com, 21.09.2011

Claudia Wanner, *Bergbaukonzern Vale erwägt Flottenverkauf*, www.ftd.de, 07.09.2011

Vale investiert Milliarden in Hafenausbau, www.emfis.de, 26.05.11

Bate Felix, *Rio says reaches accord with Guinea over Simandou*, www.reuters.com, 22.04.2011

William MacNamara und Jonathan Wheatley, *Vale snaps up concession in Guinea*, www.ft.com, 30.04.2010

Don Miller, *Historic Agreement Ends 40 Year Old Iron Ore Benchmark as Miners Get Short-Term Pricing Contracts*, http://moneymorning.com, 30.03.2010

Michaela Paul, *Guinea schließt Milliarden-Deal mit China ab*, www.dw-world.de, 14.10.2009

Sebastian Funke und Iwailo Nikolov, *Sierra Leone – Wahl im Land der Blutdiamanten*, www.spiegel.de, 11.08.2007

9. Der afrikanische Kupfergürtel. Kupfer, Kobalt und Coltan in Zentralafrika

Brenda Bouw, *First Quantum exits DRC with $1.25-billion settlement*, www.trademarksa.org, 09.01.2012

BBC News Africa, *Joseph Kabila: DR Congo's president in profile*, www.bbc.co.uk, 9.12.2011

Deborah Brautigam, *Michael Sata and China in Zambia*, www.chinaafricarealstory.com, 03.10.2011

Zambia election: Rupiah banda faces Michael Sata threat, www.bbc.co.uk, 20.09.2011

Jesse Riseborough und Juan Pablo Spinetto, *Vale May Lift Metorex Bid After Jinchuan Offer*, www.bloomberg.com, 07.07. 2011

William MacNamara, *Rumble in the Congo: Junchuan v Vale*, www.ft.com, 05.07.2011

Christopher Donville und Sean B. Pasternak, *Barrick Gold to Buy Equinox for $7.66 Billion, Topping Offer by Minmetals*, www.bloomberg.com, 26.4.2011

Barrick und Equinox: Milliardenübernahme bei Rohstoff-Giganten, www.handelsblatt.com, 25.04.2011

Zambia approves Barrick, Equinox deal, www.mineweb.com, April 2011

William MacNamara und Miles Johnson, *Disquiet over ENRC's purchase of Congo assets*, www.ft.com, 03.09.2010

William MacNamara und Christopher Thompson, *Congo seizes First Quantum Minerals' assets*, www.ft.com, 31.08.2010

Christopher Thompson und William MacNamara, *ENRC buys into disputed Congo project*, www.ft.com, 21.08.2010

Congo – Africa's disaster, www.independent.co.uk, 30.06.2010

Benjamin Dürr, *Umkämpftes Coltan – Der Stoff, aus dem die Handys sind*, www.stern.de, 16.03.2010

Robin Pagnamenta, *Nikanor and Katanga Mining merge to create $3.3bn African giant,* http://business.timesonline.co.uk, 07.11.2007

Camec Katanga bid withdrawn after DRC „uncertainy", www.mining-weekly.co, 05.09.2007

Jan van Criekinge: *Kongo (DRC) und Kriegsprofiteure,* www.wri-irg.org, Januar 2007

Thilo Thielke, *Kongo – Gier nach Coltan,* Der Spiegel, 20/2004

John-Thor Dahlburg, *Mobutu lost his power – but not his wealth,* www.deseretnews.com, 17.05.1997

ZCCM Investments Holdings, www.zccm-ih.com.zm

10. Bauxit und Aluminium – Im Westen unverzichtbar

Josephine Mason und Carole Vaporean, *Alcoa's Kleinfeld sees 2012 aluminum deficit,* www.reuters.com, 09.01.2012

Dieter Grau, *Chinesen wollen großes Stück von Guineas Bauxit-Kuchen,* www.gtai.de, 26.08.2011

Guinea – Viele Schätze liegen brach, http://www.kfw-entwicklungs-bank.de, Juli 2011

Tansa Musa, *Cameroon Alumina says finds 550 mln tonnes bauxite,* www.reuters.com, 16.10.2009

Dieter Claassen, *Neuer Weltmarktführer am Aluminium-Markt*, www.sueddeutsche.de, 04.09.2006

US Geological Survey, www.usgs.gov

International Aluminium Institute, www.world-aluminium.org

www.mbendi.com

11. Sonne, Strand und Meer – Der Abbau von Mineralsanden

Kenmare's mineral sands look inviting despite delays, www.telegraph.co.uk, 24.07.2012

Emiko Terazono, *Miners reap rewards in mineral sands*, www.ft.com, 25.01.2012

Jana Marais, *Exxaro Resources, Tronox to Combine Mineral Sands Operations*, www.bloomberg.com, 26.09.2011

GMP Securities, *African mineral sands*, 15.06.2011

Dieter Grau, *Franzosen und Australier setzen auf Sand in Senegal*, www.gtai.de, 26.08.2011

Mineral Deposits confirms deal with Eramet, www.theaustralian.com.au, 20.06.2011

12. Plantagenwirtschaft und Landnahmen – Die dunkle Seite der Landwirtschaft in Afrika

Aaron Maasho, *Ethiopia „forcing out thousands in land grab"*, www.independent.co.uk, 18.01.2012

Ekow Quandzie, *Attention on Africa's agriculture as food becomes world's „new oil"*, www.ghanabusinessnews.com, 03.12.2011

Joan Baxter, *Africa: Palm Oil Fuels Land Grabs in Africa*, http://allafrica.com, 15.09.2011

Philipp Hedemann, *Riesenfarmen: Hunger und Landgrabbing in Äthiopien*, http://derstandard.at, 20.07.2011

Hedge funds „grabbing land" in Africa, www.bbc.co.uk, 08.06.2011

Africa and the imperial land and resource grab, http://richardbrenneman.wordpress.com, 27.03.2011

Tom Levitt, *Palm oil giants target Africa in „land grab" following Indonesia deforestation ban*, www.theecologist.org, 25.03.2011

William Davison, *Saudi Billionaire's Company will invest $2.5 Billion in Ethiopia Rice farm*, www.bloomberg.com, 23.03.2011

John Vidal, *Ethiopia at centre of global farmland rush*, www.guardian.co.uk, 21.03.2011

Kevin Brown, *Sime Darby eyes palm oil expansion in Africa*, www.ft.com, 27.02.2011

African natural rubber is booming, http://www.afriqueavenir.org, 02.12.2010

Roger Thurow, *Africa: Agriculture's Final Frontier,* www.business-week.com, November/Dezember 2010

Jessica Silver-Greenberg, *Land Rush in Africa,* www.businessweek .com, 25.11.2009

Ivory Coast targets tripling rubber output by 2025, www.africagood-news.com 03.04.2009

Lorenzo Cotula, Sonja Vermeulen, Rebeca Leonard und James Keeley, *Land Grab or Development Opportunity? Agricultural investment and international land deals in Africa,* Food and Agriculture Organization of the United Nations (FAO), International Fund for Agricultural Development (IFAD), International Institute for Environment and Development (IIED), 2009

Song Jung, Christian Oliver und Tom Burgis, *Daewoo to cultivate Madagascar land for free,* www.ft.com, 19.11.2008

Carsten Dierig, *Reifenknappheit macht Baumaschinen-Herstellern zu schaffen,* www.welt.de, 30.04.2007

Kenya's flower farms flourish, http://news.bbc.co.uk, 14.02.2002

Weltbank, www.worldbank.org

Food and Agriculture Organization of the United Nations, www .fao.org

Über den Autor

Dr. Torsten Dennin hat an der *Universität zu Köln* und an der *Pennsylvania State University*, USA, Volkswirtschaftslehre studiert und an der *Schumpeter School of Business and Economics* zum Thema Rohstoffmärkte promoviert. An der *International Faculty of Finance*, London, gewann er einen Einblick ins Commodity Futures and Options Trading. Von 2003 bis 2010 war Dr. Dennin als Portfoliomanager für die *Deutsche Bank AG* in Frankfurt am Main tätig. Hier analysierte er die internationalen Rohstoffmärkte sowie Unternehmen des Basic Resources Sektors.

Er verantwortete die Anlageentscheidungen mehrerer diskretionärer Rohstoff-Investmentstrategien sowie der Investmentfonds „DB Flexible Commodity Strategy“ und „PWM Commodity Optimum“. Seine Erfahrungen im Rohstoffbereich fanden daneben auch Eingang in die Anlageentscheidungen der Vermögensverwaltung der Deutschen Bank AG.

Mitte 2010 ergriff Dr. Dennin die Chance, den Rohstoffbereich der *Altira Group,* einer auf die Bereiche Rohstoffe und Emerging Markets/Afrika spezialisierten Asset Management Boutique in Frankfurt am Main, mit aufzubauen. Hier war er verantwortlich für die Analyse der internationalen Rohstoffmärkte sowie für Unternehmen der Sektoren Metals & Mining und Oil & Gas. In dieser Zeit zeichnete sich Dr. Dennin als Manager des VCH Commodity Alpha Fonds und Co-Manager des VCH Expert Natural Resources Fonds aus, Publikumsfonds, die in Rohstoffe und in Unternehmen des Rohstoffsegments investieren. Im April 2013 nahm Dr. Dennin eine neue Aufgabe für die auf Rohstoffe spezialisierte Tiberius Asset Management Gruppe in der Schweiz an.

Neben „Afrika – Kontinent der Chancen“ ist Dr. Dennin Autor der Bücher „Lukrative Rohstoffmärkte – Ein Blick hinter die Kulissen“ sowie „Rohstoffterminkontrakte im Asset Management“. Neben zahlreichen Fachvorträgen und -artikeln ist Dr. Dennin häufig als Experte zum Thema Rohstoffe in den Medien präsent. Der Autor freut sich über weitere Anregungen zum Thema Rohstoffmärkte und kann über XING und über Facebook kontaktiert werden.